百年法学

北京大学法学院院史

（1904—2004）

—— 修订版 ——

李贵连　孙家红　李启成　俞　江　著

北京大学出版社
PEKING UNIVERSITY PRESS

图书在版编目（CIP）数据

百年法学：北京大学法学院院史：1904—2004 / 李贵连等著. -- 修订版. -- 北京：北京大学出版社, 2025.3. -- ISBN 978-7-301-36035-4

Ⅰ. D92-40

中国国家版本馆 CIP 数据核字第 2025JQ7260 号

书　　　名	百年法学——北京大学法学院院史（1904—2004）（修订版） BAINIAN FAXUE ——BEIJING DAXUE FAXUEYUAN YUANSHI（1904—2004）（XIUDINGBAN）
著作责任者	李贵连　孙家红　李启成　俞江　著
责 任 编 辑	关依琳　王建君
标 准 书 号	ISBN 978-7-301-36035-4
出 版 发 行	北京大学出版社
地　　　址	北京市海淀区成府路 205 号　100871
网　　　址	http://www.pup.cn　http://www.yandayuanzhao.com
电 子 邮 箱	编辑部 yandayuanzhao@pup.cn　总编室 zpup@pup.cn
新 浪 微 博	@北京大学出版社　@北大出版社燕大元照法律图书
电　　　话	邮购部 010-62752015　发行部 010-62750672 编辑部 010-62117788
印 　刷 　者	涿州市星河印刷有限公司
经 　销 　者	新华书店 720 毫米 ×1020 毫米　16 开本　18.75 印张　296 千字 2025 年 3 月第 1 版　2025 年 3 月第 1 次印刷
定　　　价	79.00 元

未经许可，不得以任何方式复制或抄袭本书之部分或全部内容。
版权所有，侵权必究
举报电话：010-62752024　电子邮箱：fd@pup.cn
图书如有印装质量问题，请与出版部联系，电话：010-62756370

修订版序

《百年法学：北京大学法学院院史（1904—2004）》一书初版于2004年，当时正值北京大学法学院举办100周年院庆。如今二十年倏焉飞逝，北京大学法学院迎来了她的120周年院庆，在北京大学出版社蒋浩先生的主张下，本书得以修订重梓，再次成为院庆献礼之作。客观上看，本书在过去二十年间固然积累了一些读者，获得了一些专业人士的好评，但很多人未必知晓本书的撰述初衷。故而借此机会，作为当年项目的主持者，我觉得有必要将个中来龙去脉补充交代，并略申"百年法学"一题的应有之义。

首先，研究撰写北京大学法律学术和法学教育的历史，是多年前早就确定的学术计划。记得20世纪七八十年代，我在北京大学读研究生期间看了钱穆、梁启超各自撰写的《中国近三百年学术史》，还有胡适的《中国哲学史大纲》、江庸的《五十年来中国之法制》等，就想知道一百多年的中国法学是怎么走过来的。但当时根本就没有办法。我在主编《自修大学》的时候，曾和罗玉中教授聊过，我们一致觉得条件很不成熟。

及至1996年我从日本访学归来，情况有了一些变化。尤其我在日本的时候看到日本很多大学，如东京大学、早稻田大学、法政大学等，整理出版了"百年史"，而且都是内容丰富且细致的大部头，很受触动，回国后就想做这个事。所以，1997年年初《中外法学》编辑部考虑如何发稿的时候，便再次和罗教授提起：我们是不是可以进行学术史的梳理？对方表示完全同意。于是，也就有了我的那篇长文《二十世纪初期的中国法学》在《中外法学》上的率先发表。随后，我按照各个学科组稿，陆续发表了中国法律史、刑法、刑事诉讼法、犯罪学、婚姻家庭法、环境法、经济法、商法等专业的百年学术史，内容虽难言完整，但规模已经粗具。次年即1998年北京大学百年校庆之际，我在已经发表的论文的基础上，主编出版了《二十世纪的中国法学》一书，作为小结。遗憾的是，因1999年我赴美办事，这个计划被迫中断。

记得2003年七八月份朱苏力教授找到我，希望由我来写北京大学法学院的院史，并说除我之外没有人能写，其他人也没资格写。考虑到北京大学法学院即将迎来百年院庆，我就答应了，同时向他提出：要做这个项目，学院必须提供经费，而且还要给我人手。随后，调来俞江博士和李启成博士——当时俞江在华中科技大学，启成则在厦门大学，同时希望在读博士生王瑞峰参加项目，但他因故推辞了，转而邀请还在历史系的硕士研究生孙家红加入。就这样，队伍基本齐备，紧锣密鼓，持续工作了几个月，在北京大学图书馆、档案馆和北京市档案馆查阅复制了大量文献，并在此基础上分工写作院史：启成负责撰写前四章，家红撰写五、六两章，俞江完成最后三章，大致于当年年底完成书稿，交给院方。紧接着，我去香港树仁学院讲学，便没再管此事。因此必须承认，这个项目从立项到完成不过数月时间，由于当时各种条件限制，又不得不如此，难免留下遗憾。

其次，回到本书的书名，副标题（北京大学法学院院史）似乎无可厚非，但将"百年法学"作为主标题是否合适，却是一个问题。记得当初交稿给院方时，我预拟的书名是"中国百年法学教育的一个缩影"，后来出版时被改成了"百年法学"。对此，我是存在不同意见的。所谓"百年法学"，必须见人、见物、见评价。也就是说，我们至少要知道这一百年间有哪些法学人物，出版了哪些代表性法学著作，并且必须在相当系统深入地研读过史料的基础上进行详尽的学术梳理。只有这样，才是名副其实的"百年法学"。要想做到这一点，其实是很难的，不仅要花费大量时间搜罗各种原始文献，更要突破很多专业屏障，对于各部门法学的内在脉络有清晰了解，才能作出恰如其分的学术评价，讲清中国的"百年法学"。

当然，这里还有一个样本选取的问题。自晚清以降，在中国法学百余年发展进程中，从法学教育和法学研究的延续性、各学科所取得的学术成就，以及对中国法学和法治建设的广泛深远影响来看，北京大学法学院的历史无疑最具代表性，无能出其右者。单就这一点，我们的样本选取应该是没问题的。但即便如此，从目前本书所呈现的情况来看，作为"院史"，恐怕有些勉强。例如，对于1949年后的"反右倾"斗争、"文革"等政治事件在中国法律和法学教育方面的影响付诸阙如，"院史"便不完整。至于百余年间中国出了哪些重要法学人物、出版了哪些代表性著作、如何进行学术评价，这些问题在书中大多没有触及，只是把北京大学百年法学教育的基本情况摸清楚了，距离我最初所设想的，想要解答百余年的中国法学是如何走过来的这一问题，还很遥远。这是我必须要阐明的。可是，这并不是我们主观造成的，主要是因为项目时间太短，经费严重不足，人力也十分有限，在当时的条件下也只能做到这个样子。不仅如此，由于当年北京大学法学院院庆在即，出版流程人为加快，在图书排版和文字编辑方面也出现不少讹误，改之莫及。

二十年过去了，有些情况发生很大变化，有些情况则没有得到根本改善，甚至有愈演愈烈之势。令人欣慰的是，当年参与项目的三位年轻人，有守有为，各自在所擅长的领域不断进行着学术探索和思考。面对这次书稿修订，意图从根本上解决上述问题，达致理想，或另起炉灶、推翻重写，显然没有可能。有鉴于此，我们只是在原稿基础上进行简单修正，争取做到"修旧如旧"，重点解决当年由于出版仓促留下的排版、图注等方面问题。在此需要特别说明的是，对于本书附录部分的修订增补是由北京大学法学院青年教师张一民独立完成的。但整体上，毋庸讳言，作为"百年法学"，本书在某些方面是说不过去的，更非我理想中的样子。要想全面梳理百余年中国法学的发展演进历史，客观认识当下中国法学的真实水平和历史阶段性，寻绎未来中国法治和法学的康庄大道，我们还有很长的路要走。其间是非功过，也只能任由后人评说。

是为序。

李贵连

2024年10月29日于百旺茉莉园

第一版序

1840年，中国社会由古代转入近代。但是，法律和法律制度，以及作为法律和法律制度的学问及其传授——法学和法学教育，并未随社会的这种变化而同步进入近代。直到19世纪结束，在这不算太短的60年里，由于没有新的近代立法，没有新的教育体系，中国的近代法学和法学教育并未展开。这中间，尽管有同文馆和广方言馆等的公法学教育，北洋大学堂的律例学教育，以及一定数量的外国法律法典和法学著作的翻译传播，但就整体而言，解释、指导中国立法和司法的学问，仍然是传统的古老律学。

系统而有组织地讲授近现代法，把法作为研究对象，把法学作为近代教育的一个门类，实在说，是始于1902年。这一年，除清廷下令"参酌各国法律"，从而启动了晚清的10年立法活动外，京师大学堂仕学馆开学，比较系统地讲授法学课程，标志着作为知识体系的近现代的法学和法学教育，已被最高当局认可并有计划地加以推行。1904年，《奏定大学堂章程》更将法律学列为10种专门学之一。以此为端，100年来，法律学始终是我国大学的学科之一。

1904年确立我国大学法律学学科的设置，除京师大学堂外，还有当时的北洋大学堂、山西大学堂。但是，山西大学堂的法律学科，不知何时销声匿迹，北洋大学堂法律学则于1917年蔡元培先生长北大之时并入北大。因此，就大学法律学科的设置而言，能有百年经历者，阙惟北大。也因此，北京大学的法学教育，适成中国近代法学教育的缩影。研究中国的近现代法学和法学教育，就不可能回避北京大学法学院的历史发展。

自 1904 年法学列为京师大学堂的正式学科之日起，北京大学法学院就与我国近现代法学和法学教育同命运，浮沉起伏，历经百年艰难曲折的发展历程。由清末的京师大学堂法政科法律门，到民国初期的国立北京大学法科法律门，再到国立北京大学法律学系；20 世纪 20 年代末的国立京师大学校法科、国立北平大学北大学院社会科学院法律系，再到国立北京大学法学院法律系；由抗战爆发后的长沙临时大学法商学院法律系、国立西南联合大学法律系，再到抗战胜利后的国立北京大学法学院法律系；由 1954 年后的北京大学法律学系，到今天的北京大学法学院。从北京的马神庙，到长沙的韭菜园，从云南的蒙自、昆明，到今日的燕园。不用细读它的历史，仅就这些名称的变更，就能使人感受到其中的动荡；仅就它的南北足迹，就能使人明白它的艰辛。这是北京大学法学院，同时也是中国的近现代法学和法学教育。

本书的撰写，缘起今年的法学院百年院庆。为了筹备百年院庆，2003 年暑假，法学院的领导们委托我承担这一研究课题。我在北京大学法学院二十多年，既然无法推卸我对法学院的责任，自然也就无法拒绝这个委托。为在规定的时间里完成这一课题，我请来对这一课题既有兴趣又有所了解的俞江、李启成、孙家红三位。我很欣慰，他们十分愉快地接受了我的邀请。从 8 月下旬起，他们抛下手头所有的事情，不辞辛苦，全天候投入工作；甚至国庆长假也没有去观赏那大好的秋日风光。经过近两个月的努力，到 10 月下旬，终于把散落在北京大学图书馆、档案馆、校史馆以及北京市档案馆中的有关资料，初步收集起来。在这样的基础上，分工撰写，最后由我统稿。这就是本书撰写的全过程。

从这个过程，读者可以看出，在毫无资料准备的状态下，完成一个前人从未做过的、跨越一个世纪的课题，时间远远不足。正是这个原因，我对本书是不满意的。因为其没有达到我理想中的比较详细地解说中国近现代法学学术发展这一目的，只是第一次比较全面、比较完整、比较系统、粗线条勾勒了北京大学法学院的百年历程。

2004 年，北京大学法学院迎来了它的百年华诞。100 年，在中国国内，再没有比它更老的了；但是，和国外相比，它又太年轻了。它有光辉的过去，但是远未达到国家民族对它的期望和要求，也远未达到世界最好的法学院的水平。"路漫漫其修远兮"，北大法学人在为此而努力攀登。我想，这是北大法学人纪念法学院百年华诞真意之所在，同时也是撰写本书的目的。

李贵连

2004 年 3 月 16 日

目 录

◆ **第一章　京师大学堂之前的近代中国法学教育** / 1

　　第一节　北洋大学法科英美法系教育模式的选择和评判 / 5
　　第二节　京师大学堂法科的筹办所带来的法学教育模式的转型 / 14

◆ **第二章　京师大学堂的法学教育（1902—1913）** / 19

　　第一节　政法科之前的法学教育 / 20
　　第二节　法政科大学的法学教育 / 31

◆ **第三章　蔡元培改革之后的北京大学法科（1917—1919）** / 47

　　第一节　蔡元培改革与北京大学法科规模的扩大 / 48
　　第二节　北京大学法科法学教育的革新 / 67

◆ **第四章　北京大学法律学系的法学教育（1919—1927）** / 77

　　第一节　北京大学法科20世纪20年代的改革与发展 / 78
　　第二节　北京大学法律学系法学研究的深入 / 97

◆ **第五章　抗战前的北京大学法律学系（1927—1936）** / 101

　　第一节　京师大学校、北平大学区及复校初期 / 102
　　第二节　课程、考试与招生 / 114

第三节　研究、社团与交流　/ 128

第四节　法律教育、法治与爱国　/ 136

第六章　长沙临时大学、西南联合大学及复校后的北京大学法律学系（1937—1949）/ 151

第一节　长沙临时大学时期　/ 152

第二节　西南联合大学时期（上）/ 155

第三节　西南联合大学时期（下）/ 167

第四节　"伪北大法学院"及回迁后的北大法律学系　/ 176

第七章　转型中的北京大学法律学系（1949—1952）/ 199

第一节　过渡岁月　/ 200

第二节　短暂取消　/ 213

第八章　重建后的北京大学法律学系（1954—1976）/ 217

第一节　重建初期　/ 218

第二节　踉跄而行　/ 228

第三节　"文革"风云　/ 246

第九章　改革开放以来的北京大学法律学系／法学院（1977—2004）/ 251

第一节　复办初期　/ 252

第二节　继往开来　/ 266

附录：京师大学堂以来历任法政科监督、法科学长、法律门主任、法律（学）系主任、法学院院长简介　/ 279

第一章
京师大学堂之前的近代中国法学教育

北洋大学堂正面

在中国传统社会，中华文明的高度发展产生了一套适用于农耕社会的法律制度体系，尽管在制度框架内没有现代意义上的法律职业和职业团体，但解决纠纷、维护秩序的实际需求使得其法律和司法具有明显不同于其他领域的知识范畴和从业特点。虽然中国传统社会没能像西方社会那样，从哲学意义上系统阐释自然理性和人为理性的区别，也没有把法律和司法领域视为一门艺术①，但在实践中认识到真正从事法律和司法工作的人，必须经过长期的学习和实践方足胜任。因此中国传统社会也有自己的一套法学教育理念和模式。如中国台湾地区学者张伟仁先生的《清代的法学教育》就是对中国传统法学教育进行深入研究的成果。②

同文馆旧址

但由于中国传统社会正规学校教育和科举考试都不重视法学，当时从事法制工作的官吏和书役主要是自修或从师受业，这种方式不同于近代以来以学校为载体而展开的法学教育。中国社会进入近代后开始了大规模的西法输入，随着西法的移植，近代法学教育的内容也迥异于传统以律学为核心内容的法

---

① 〔美〕爱德华·S.考文：《美国宪法的"高级法"背景》，强世功译，生活·读书·新知三联书店1996年版，第35页。
② 张伟仁：《清代的法学教育》，载贺卫方编：《中国法律教育之路》，中国政法大学出版社1997年版，第145—247页。

学教育。京师大学堂法科创办之前的中国法学教育已不是完整的中国传统意义上的法学教育。

中国较早讲授西方法律的教育机构是京师同文馆。同文馆的设立是鸦片战争以来中外交涉的产物。设立同文馆的初衷是学习西方的语言文字，培养翻译人员。但随着洋务运动的展开和中外交涉的需要，1867年12月，同文馆决定聘请已经在馆担任英文教习的丁韪良（W. A. P. Martin）①开设国际法方面的课程。1869年9月，丁韪良正式被任命为同文馆的总教习兼万国公法教习。从1870年以后开始实行的课程表来看，无论是八年课程表，还是五年课程表，万国公法都被列为高年级阶段学习的课目。鉴于此，有学者指出："仅从课表上看，公法一课被列在语言、科学等课之后学习。这种编排课程的思路，颇似今天美国法学院对于法律学习的课程设计。它在一定程度上反映了丁韪良自担任总教习以后，要把同文馆办成美国式的'学院'所作的努力。"②这个结论虽然含有猜测的成分，但结合光绪十二年的大考题五题（其中有两题直接跟英美有关，另外三题属于普遍适用的国际公法③），再结合总教习丁韪良的教育背景，可以发现，同文馆的国际法教育更易受英美法的影响之说并非臆说。

---

① 丁韪良，1827—1916，美国人，早年在美国印第安纳和新阿尔巴尼神学院读书，1850年来华。曾于1868年到耶鲁大学法学院进修国际法，1870年获美国纽约大学名誉法学博士。1898年被聘为京师大学堂总教习。1902年受张之洞聘请到武昌办学讲授国际法，晚年曾担任袁世凯的家庭教师。他在中国人的帮助下最早完整翻译或校订了《万国公法》《星轺指掌》《公法便览》和《公法会通》等西方国际法论著。
② 王健：《中国近代的法律教育》，中国政法大学出版社2001年版，第141页。
③ 五个题目是：1.海上盘查他国船只，限制有四，试论之。2.盘查之权每有条约范围之，试述其一二。3.邦国任其自护之权，不理局外旗号，而追捕船只者，其例案若何？4.英美两国设法禁绝贩卖黑奴之事，其大端若何？5.美国与英国第二次启衅，其故有二，试言之。（《同文馆题名录》，光绪十三年刊）

丁韪良与同文馆其他教员合影（约1900年）

从同文馆开始，学习公法的观念随之传遍开来，上海广方言馆聘请了法国法学家鲍安（Boyer）讲授国际法，广东水陆师学堂则聘请了英国的哈柏（Harper）讲授公法学。至19世纪末20世纪初，随着民族危机和社会危机的加深，变法的呼声日益高涨，改革传统的法律和司法制度成为一大重要问题，为培养新式法律人才，一系列近代大学的"法律学科"得以相继创办。比较著名的有北洋大学法律科，北洋大学是较早开设法科的大学校，后来并入北京大学法科，成为北京大学法科的一部分。

第一节
北洋大学法科英美法系教育模式的选择和评判

北洋大学于 1895 年由盛宣怀创办,当时称为天津中西学堂。该学堂成立之前曾拟定《天津头二等学堂章程》,由北洋大臣王文韶奏准施行。这个章程所规定的分科和教学模式是美国传教士丁家立(Charles Daniel Tenney)以美国哈佛、耶鲁等大学的学制为蓝本设计的。学堂分为头等学堂与二等学堂两级,各以四年卒业。"二等学堂即外国所谓小学堂,西学之根柢皆从此起。""凡欲入二等学堂之学生,自十三岁起至十五岁止,按其年岁,考其读过四书,并通一二经,文理稍顺者,酌量收录;十三岁以下,十五岁以上者,俱不收入。二等学堂之学生,照章须习西文四年,方能挑入头等学堂。"头等学堂,即外国所说的大学,分专门学为五:工程学、电学、矿务学、机器学和律例学。所以"大约二等学堂所学功课,以英文为主,头等学堂所学功课,则以各种实用科学……为主"①。头等学堂中的律例学门即后来法科的雏形,它开设多门法律科目,以培养专门的法律人才为目标,这不同于同文馆所开设的国际法课程以培养外交人才为依归。

天津中西学堂律例学门开设之时究竟由哪些人担任授课职务,其教材来源如何,其授课方式为何等诸问题,由于没有相关的原始资料,因此无法做出准确的评估。但有学者通过对相关材料的考察,发现律例学门学生 4 年所修的课程主要包括:英文、几何学、八线学、化学、格致学、物理学、身理学、天文学、富国论、法律通论、罗马律例、英国合同法、英国罪犯律、万国公法、商务律例等。②1899 年第一批学生毕业,这是中国自己培养出来的第一批法学

---

① 姜书阁编:《中国近代教育制度》,商务印书馆 1933 年版,第 100 页。
② 王健:《中国近代的法律教育》,中国政法大学出版社 2001 年版,第 154 页。

北洋大学堂正门

毕业生。由于义和团运动的兴起和八国联军入侵，学堂陷入停顿。到1903年4月1日，天津中西学堂重新开办，校名改为北洋大学堂。

重建后的北洋大学设立专门的法科，下分正科和预备科，正科学制为4年，预科为3年。法科的课程设置为国文国史、英文（兼习法文或德文）西史、生理、天文、大清律例要义、中国近世外交史、宪法史、宪法、法律总义、法律学原理、罗马法律史、合同律例、刑法、交涉法、罗马法、商法、损害赔偿法、田产法、成案比较、船法、诉讼法则、约章及交涉法参考、理财学、兵学、兵操。① 但是，究竟有哪些人在这一时期的北洋大学法科任教，目前还没有找到确切的资料。有学者考察，1907年，法科仅有教员2人，美国人林文德（Edgar Pierce Allen）和中国人刘国珍，其中林文德讲授外国法，刘国珍讲授中国法律。入民国后，在曾任法律与理财学教员的赵天麟长校后，北洋大学法科得到一定的发展，表现之一就是教员的增加。如冯熙运任英国法教员、陶木森为民法教员。外籍教员也有增加，如爱温斯（Richard Taylor Evans）、法克斯（Charles James Fox）等。至此，北洋大学法科已具有相当规模，法律研究室的书刊也增加到三四千种。②

---

① 《京外学务报告》，载《学部官报》第21期（光绪三十三年四月十一日）。
② 《1914年北洋大学周年概况报告》，载《教育公报》第4卷第5期。

1917年，北京大学校长蔡元培向教育部建议调整北大与北洋两校的科系设置，即从该年开始北京大学只办文、理、法三科，4年毕业，其工科与北洋大学的法科就现有各班毕业后停办，预科学生毕业后升入对方学校。所以，到1918年，北洋大学法科停办。1920年6月，北洋大学最后一届法科学生毕业。北洋大学法科的相关图书资料在北洋大学保留了一段时间后，1922年，保定河北大学法科学长吴扶青考虑到"法学深奥，并北洋大学先前所存的法学书籍悉归于其中"，在此基础上创办了河北大学法学研究社。①

北洋大学法科自开办之时起即参照英美法系的教学模式。其外籍教员，如林文德、爱温斯和法克斯都是美国人，只有1917年聘任的外籍教员孔爱格是奥地利人，接受的是大陆法系法学教育。它的毕业生也大多赴美留学，其中很多人都进入哈佛、耶鲁等名校法学院进一步深造，一些未毕业的学生也被公派美国留学。如1906年正科第三班全体34名学生尚未毕业，即全部公派赴美法等国留学，1907年夏，袁世凯又派尚未毕业的法科学生11名赴美。②这么高比例的学生赴美国学习法律，是与其采用英美法系的教学模式分不开的。据李书田先生回忆，北洋大学法科的教育，除《大清律例》和商法等不便用西文学习外，其余课程的教学均要求用外文讲授，因此学生必须熟练掌握一门外文。在其开办初期，课程编排、讲授内容、授课进度、教课用书，均与美国东方最著名的哈佛、耶鲁等大学法学院同步。③因此，可以说北洋大学法科主要是按照英美法系法学教育的模式创办的。

北洋大学法科受英美法系法学教育风格的影响，对于学生毕业后在英美国家接受进一步的深造起了重要的作用，但一种法学教育体制能否成功移植取决于诸多因素。有学者在研究法律移植时，与生物移植进行了类比，归纳出法律移植得以成功的三个条件，即供体与受体之间质的相似性、植体本身较强的

---

① 《法学月刊》，河北大学法学研究社编，1929年4月创刊号。
② 《北洋周报》第17期（1937年6月），转引自王健：《中国近代的法律教育》，中国政法大学出版社2001年版，第155页。
③ 李书田：《北洋大学五十年之回顾与前瞻》，载《东方杂志》第20号第41卷。

生命力以及植体与受体之间的较大亲和力。^①这种思考有一定的道理，但由于供体与受体之间质的相似性和植体与受体之间的较大亲和力这两个因素有内在的关联，而植体本身的生命力因素在晚清法律移植过程中相对易于把握，所以核心问题就是亲和力因素。决定这种亲和力的要素很多，包括二者之间的政治制度、经济模式、文化、道德、历史传统、风俗习惯等，甚至还包括地理、资源、气候等自然因素。其实这在孟德斯鸠《论法的精神》一书中已有过详细阐述。[②]

自中国步入近代社会以来，民族危机和社会危机日益加深，这些危机的出现又与西方列强对中国的侵略有直接关系。美国汉学家费正清解释近代中国社会发展的"挑战—应战"模式具有一定的合理性，并在学界产生较大影响的原因即在此。尽管近代法律变革在某种程度上滞后于社会变革，但规范传统社会的法律和司法传统需要在不断变更的社会情势之下而变革则是一个明确的要求。这种要求在甲午之后，尤其在戊戌维新前后成为近代中国思想界的一种呼声。要变法，那又如何变；曰要学习西方，随着对西方本身认识的加深，西方世界也有诸多差异，要学习哪个西方则是摆在国人面前的又一重大难题。就法律而言，西方法律体系还有大陆法系和英美法系之别。要变法，则需有变法之人；要推行变法，则需有推行变法之人。欲培育法律人才，端赖法律教育。"一国法律教育之得失，有关于国家法治之前途。"[③]法律教育与变法和法治的关系如此重要，而我们所要学习的西方，法学教育又有大陆法系法学教育模式和英美法系法学教育模式之别。二者的差别何在，简言之，"英美法学者，恒重法律训练（Legal Training）。且汇集判例，著成课本（Case Book）。其偏重分析方法，由来久矣……（大陆）法律教授，均以理论为主，判例为从。法官之平衡案情（Judicial Process），多采归纳方法，集一案之事实，纳诸已成之条文。既采取自由心证之原则，事实毋庸苛究。惟对于条文，则咬文嚼字，深究其原理（ratio legist），阐明其真意。故法律解释学之缜密，首推德法。英美学

---

① 陈传法：《法律移植简论——从发展的观点看》，载何勤华主编：《法的移植与法的本土化》，法律出版社2001年版，第12—15页。
② 〔法〕孟德斯鸠：《论法的精神》，张雁深译，商务印书馆1961年版。
③ 孙晓楼：《法律教育》，中国政法大学出版社1997年版，"自序"。

者，虽有发明，终莫能望其肩背"①。所以在这有差别的二者中间，必然有个选择取舍的问题。

为什么近代中国较早的北洋大学法学教育更多地选择了英美法系的教育模式？学界对这个问题并没有给出满意的答复。由于直接资料的缺乏，据笔者的观察，可能有下述原因：

第一，英美两国，尤其是英国相比其他列强对19世纪的中国有更大的影响力。最早敲开中国闭关自守大门并迫使清政府缔结城下之盟的是英国。作为对清政府内政和外交有重要影响的总税务司职位一直由英国人占据，先是李泰国，后是赫德。赫德更是把持这一职位达40多年。赫德在任总税务司期间，多次应清政府的要求，就清政府内政、外交、司法等方面的兴革事宜提出了建议并得到了总理衙门的重视。②1872年由曾国藩、李鸿章协同奏请派遣的中国第一批留学生也是到美国学习。1876年清政府派遣福建船政学堂学生赴欧留学，是中国派留欧学生之始，绝大部分都到了英国。其中严复成了宣扬变法维新、进行思想启蒙的重要人物。这些事实都足见英美对清政府的重大影响。

第二，在天津中西学堂建立之时，由于见识方面的原因，清政府并没有在法律和司法领域制定一个明确的学习指导思想，这就给了各地方较大的试验摸索的机会。在这个过程中，必然有很多随机、偶然的因素发生作用。

到同光时代，因湘淮军的崛起，清政府已逐渐形成了内轻外重的政治格局。"曾国藩去世后，李鸿章又是所谓中兴立功的惟一重臣，为西太后所倚任；除领有直隶总督本任外，又兼任北洋通商大臣，并且戴有大学士的头衔（初为协办大学士，后升任大学士），部下又有兵有将，可以指挥如意；所以李氏成为此时代惟一的中心人物。他在直隶任内的二十余年，不惟为主持西法

---

① 刘世芳：《大陆英美法律教育制度之比较及我国应定之方针》，载孙晓楼：《法律教育》，中国政法大学出版社1997年版，第185页。
② 〔英〕赫德：《局外旁观论（1865年）》，王健编：《西法东渐——外国人与中国法的近代变革》，中国政法大学出版社2001年版，第3—8页；〔英〕赫德：《改变中国法律与政务之条例》，王健编：《西法东渐——外国人与中国法的近代变革》，中国政法大学出版社2001年版，第9—30页。

模仿的要人，凡此时代的重要外交问题，大抵皆由他主持；其他各种要政，西太后也多征求他的意见。外国人的眼中，也只有一个李鸿章。要办什么交涉，也多向李鸿章进行。故此时代的直隶总督，几有成为清政府第二朝廷的趋势，李鸿章便是这个第二朝廷的主脑人物。"① 李鸿章在朝廷的地位如此显赫，那又有些什么人能够对李鸿章的决策施加一定的影响呢？自曾国藩开府两江，其幕府就已经集中了一批全国优秀人才。李鸿章师承这一做法，其幕府也规模庞大，人物鼎盛，基本上各方面的人才都有所网罗。伍廷芳作为中国近代第一个法学博士，于1874年自费留学英国，入伦敦林肯律师会馆，1877年在林肯律师会馆毕业，得大律师资格，是近代中国留学生学习法政的元老。伍氏于1882年11月到天津，出任李鸿章幕僚，襄办洋务。② 到1896年，伍氏开始了长达14年的幕僚生涯，因为其见识和阅历，在幕府里一直受到李鸿章的重视。早在1892年，盛宣怀即秉承李鸿章的意旨与美国传教士丁家立商办筹建中西大学堂事宜。如何向西方学习办学，李鸿章本人并没有明确的见解。此时伍廷芳还在李鸿章幕府，尽管现在没有直接资料来证明伍廷芳对创办该大学堂所起的作用，但由于伍氏在幕府中的地位和伍氏作为留学法政的元老经历，似乎可以推断他的意见可能对李鸿章有一定影响，直接与丁家立谈判的盛宣怀又是李鸿章的亲信，因此伍氏的主张对于筹办该学堂有重要价值。对于晚清移植西法，伍氏一直对英美法系的制度情有独钟。而丁家立则为美国传教士，于1882年来华，曾在山西传教，1886年起赴天津担任李鸿章的家庭英文教师，同时在天津开办中西书院，1894年至1896年又兼任美国驻津副领事。考虑到丁家立作为美国人和在美国受教育的经历，其办学模式自然倾向于其母国的法学教育制度，这也与伍廷芳对英美法系的一贯推崇相吻合。这种共同的思想基础是盛宣怀与丁家立就办学事宜的谈判比较顺利的重要原因，也构成了天津中西学堂的法学教育采用英美法系教育模式在人事方面的偶然因素。

---

① 李剑农：《中国近百年政治史（1840—1926年）》，复旦大学出版社2002年版，第113页。
② 《申报》1882年11月6日。

正是英美对近代中国的重大影响以及上述人事方面的偶然因素使得中国早期大学的法学教育采纳了英美法系法学教育模式。

事实上要成功移植某种法学教育模式，必须深入考察供体和受体之间的亲和力程度，即不仅要深入分析本国的情形，还要把握移植对象本身及存在于其中的制度环境。从上述分析可以看出，天津中西学堂移植英美法系的教学模式并不是建立在对中国法律传统及英美法系深入考察的基础上的，对于二者是否具有较强的亲和力更没有进行充分的论证，所以这种选择并非出于理性，它考虑较多的是法律以外的与法律教育缺乏直接关联的事实因素和人事因素。这种基于非理性的简单嫁接，其成功的概率当然不会太高，能否经得起事实的检验才是此种移植能否坚持并得到推广的决定因素。

前面曾谈到北洋大学法科模仿英美法系的教学对于培养学生出国留学，尤其是进入美国名校的法学院进一步深造很有利。尽管在学习西方先进的法律和司法方面，留学对于那些需要进行法律变革的国家具有重要的意义，但培养留学生本身并不是目的，目的"可从国家社会的需要来规定"[①]，具体到19世纪至20世纪之交的晚清，则是为中国即将到来的法律变革培养自己的法律人才。判断一个人是否为当时合格的法律人才，尽管经历和学历是一个重要因素，但其对中国当时所存在的问题的关注并有能力、有见解解决这些问题的才是中国所应当培养的法学人才，也才配称得上合格的法律人才。[②]尽管不排除有些留学生回国之后通过自身的阅历进行观察思考，逐渐了解中国社会，并将其在国外所学用于解决中国的问题，但不可否认的是，绝大部分留学生由于生活的隔膜，存在对国内情况一知半解的问题。出现如蔡枢衡先生所批判的"刀的外语观"造成的两个后果："第一，使外国整个的法律知识，成了残肢断臂；第二，使外国活的法律知识，成了知识的僵尸。"[③]姑且不谈蔡枢衡先生的批判是否完全与事实吻合，但这种现象在一定范围内的存在充分证明了法学教育的着

---

① 蔡枢衡：《中国法理自觉的发展》，河北第一监狱1947年发行，第125页。
② 苏力：《法治及其本土资源》，中国政法大学出版社1996年版，"自序"。
③ 蔡枢衡：《中国法理自觉的发展》，河北第一监狱1947年发行，第119页。

重点不应当定位于仅仅培养留学生，而应该是培养适合本国需要的法律人才。因此，检验北洋大学法科教育成功与否的事实主要的不在留学生的培养上面，而在于其教育能否切合中国的实际，所培养的学生能否满足当时中国的社会需要。

有资料评价了当时的北洋大学法科教育，"法科的美国教员没有了解中国社会的能力，他们除了给学生讲些固定的课本外，就把学生塞到许多美国案例里；法科学生肚子里装满了美国案例，但要当律师，做法官，还得自修中国法律，因此不少北洋法科的毕业生都转入了外交界"[①]。这就反映了北洋大学法科模仿英美法系教学所造成的教学内容与中国实际情形的脱节问题。从这个角度来看，北洋大学法科所选择的英美法系教育模式是不成功的。随后创办的京师大学堂法科放弃了英美法系的教育模式而转采大陆法系的教育模式则有了事实方面的基础。

英美法系的教育模式在北洋大学法科移植的不成功，最根本的原因还在于英美法系的法律制度及其背后的法律精神与中国的法律传统在"形"和"神"两方面皆不能契合。就"形"而言，英美法律传统的核心是普通法，而普通法"主要是一种司法和法学思想的模式，一种解决法律问题的方法而非许多一成不变的具体规定"[②]。这种模式或方法是法院的法官们通过对具体案件的审理和判决形成的一个个判例而发展出来的，更通过随后的判例得到维护和发展，因此判例是其主要表现形式。从法律条文的明确性角度而言，普通法的法律规则是不成文的法律规则。而中国则有历史悠久的成文法传统，法官裁判案件的自由裁量权更是受到严格的限制。故英美法系的教育模式所培养出来的中国学生，就像蔡枢衡先生所指出的那样："虽未至于不承认条文是法律的形式，却也充分暴露了对于成文法之过分不理解，不易首肯成文法和习惯法仅有形式的不同，以及二种形式间的伯仲关系。因此，英美法学的现实，虽并不是只有空论，没有规范。若把过重理论，过轻规范和成文，当作留学英美习法者的作风

---

① 《北洋大学事略》，载《天津文史资料》第 11 辑。
② 〔美〕罗斯科·庞德：《普通法的精神》，唐前宏等译，法律出版社 2001 年版，第 1 页。

之共通的特色，我虽不敢说不会有不平之鸣，可是我的良心始终执拗不过经验的启示。"① 此乃"形"方面的不吻合。就"神"方面而言，英美普通法是在反对封建王权、保护自由的过程中通过法院的判决逐渐发展起来的，因此其背后的精神实质是"对个人自由的极端重视和对私人财产的无限尊崇"。② 而整个中国的政治体制发展到清代，皇帝的专制集权发展到顶峰。尽管到晚清，皇权对整个国家的实际控制能力有所削弱，但皇权本身及其背后支撑的意识形态依旧，皇权至上则谈不到对个人自由的重视；在经济上支撑皇权的是家族财产的存在和继续保有，即便是这些家族财产，也不能与皇权冲突，因为从理论上讲，"普天之下，莫非王土"。所以晚清虽在一定程度上承认私有财产的存在，但对它的严格保护和无限尊崇则是不可能的。对私有财产的绝对尊崇就意味着对皇权至上从根本上进行否定，所以英美法的精神实质与晚清中国的社会情形恰恰相悖。考虑到在近代中国，法律的变革滞后于社会本身所发生的变化这一事实，进入20世纪以后，(中国法学萌芽之要素)才在中国社会陆续萌生。③ 直到20世纪的晚清法律改革才掀开了真正意义上的近代法律变革。至此，可以看出英美法和20世纪之交的中国法在精神内核方面的差距是如何之大。英美法和当时的中国法在形和神两方面都缺乏契合的因素乃北洋大学法科移植英美法系教育模式不甚成功的根本原因所在。

　　上述原因方面的分析，是我们事后对历史事件的反思和认识，是我们对包括时人在内的之前的所有人的行为和事件的再型构，并不是时人对该特定事件的看法和认识。对原因的深层追问并不能从根本上改变客观存在的事件本身。即便如此，北洋大学法科移植英美法系教育模式所产生的不理想的社会效果也在某些方面为时人所认识并能够起到某些警示作用。虽然这些警示作用在当时并不如在后来那么凸显，但这种警示也足以使更多的人将移植的眼光投入大陆法系的教育模式上去。

---

① 蔡枢衡：《中国法理自觉的发展》，河北第一监狱1947年发行，第114页。
② 〔美〕罗斯科·庞德：《普通法的精神》，唐前宏等译，法律出版社2001年版，第9页。
③ 李贵连：《二十世纪初期的中国法学》，载李贵连主编：《二十世纪的中国法学》，北京大学出版社1998年版，第2页。

第二节

京师大学堂法科的筹办所带来的法学教育模式的转型

在北洋大学法科移植英美法系法学教育模式前后，因甲午战争中国的失败，日本明治维新后所进行的法律变革逐渐引起国人的注意。早在战前的19世纪80年代，黄遵宪利用使日的机会，撰写了《日本国志》，在《刑法志》中，他不仅将日本明治十三年（1880年）公布施行之《治罪法》和《刑法》全部译成中文，而且对其中疑难不易理解的条款，逐条作注，阐发其义。黄氏的《日本国志》对维新派产生了一定的影响①，其对法律名词的翻译所进行的开创性工作为后来者学习日本法学奠定了基础。关于甲午一役对近代中国的重大影响，历史学界已有充分的论述。简言之，蕞尔小国之日本一举战胜老大帝国，且使洋务派惨淡经营的北洋陆海军全军覆没，使得中国人的日本观发生了根本的变化。张之洞即指出了此点："日本，小国耳，何兴之暴也？伊藤、山县、榎本、陆奥诸人，皆二十年前出洋之学生也，愤其国为西洋所胁，率其徒百余人分诣德、法、英诸国，或学政治、工商，或学水陆兵法，学成而归，用为将相；政事一变，雄视东方。"② 日本观的剧变，使得清政府在遣送留学生时，不再将眼光局限于欧美，而渐将重点转向了日本。"至游学之国，西洋不如东洋：一、路近费省，可多遣；一、去华近，易考察；一、东文近中文，易通晓；一、西书甚繁，凡西学不切要者，东人已删节而酌改之。中东情势风

---

① 李贵连：《近代中国法律的变革与日本影响》，载李贵连：《近代中国法制与法学》，北京大学出版社2002年版，第71页。
② 张之洞：《劝学篇·外篇·游学第二》，载沈云龙主编：《近代中国史料丛刊》（第9辑），文海出版社1967年版，第89—90页。

俗相近，易仿行。事半功倍，无过于此。"①"戊戌以后，法律改革成了国内政治改革的主题之一，而日本的强盛，法学的发达又特别为国人所瞩目，因此，日本法成为中国采用西法的主要对象，成为影响中国法律改革的最重要的法源。"②自1902年始，清政府开始了法律改革，尽管朝廷在上谕里要求沈家本等修律大臣"参酌各国法律"进行改律工作，但由于留日学生的归国，政府派员对日本法政的考察，以及对日本教习的聘请③，晚清法律改革实际上确定了"以日为师"的变法指导思想。既然法律改革的模式已经参照日本进行，那法律教育也模仿日本当在情理之中了。

　　由于传统的教育体制不能培养出适应时代变化和社会需要的合格人才，创办新学堂的建议陆续有人提出。④到1896年（光绪二十二年），刑部左侍郎李端棻上折设立京师大学堂，主张"京师大学，选举贡监生年三十以下者入学，其京官愿学者听之。学中课程，一如省学，惟益加专精，各执一门，不迁其业，以三年为期"⑤。该奏折得到光绪的重视，命孙家鼐负责筹建京师大学堂，京师大学堂终于在1898年的戊戌维新期间成立。同年8月30日，管学大臣孙家鼐即奏请大学堂办事人员赴日本考察学务，认为"日本相距最近，其学校又兼有欧美之长，派员考察，较为迅速"⑥。这说明京师大学堂筹办之始，管学人员办学的理想目标就是按照日本的大学模式来建设京师大学堂。对于创办京师大学堂有重要意义的三个章程，即1898年的《奏拟京师大学堂章程》、1902年的《钦定京师大学堂章程》和1904年的《奏定大学堂章程》。其中所规定的内容，如学

---

① 张之洞：《劝学篇·外篇·游学第二》，载沈云龙主编：《近代中国史料丛刊》（第9辑），文海出版社1967年版，第91页。
② 李贵连：《近代中国法律的变革与日本影响》，载《比较法研究》1994年第1期。
③ 尚小明：《留日学生与清末新政》，江西教育出版社2002年版，第四章"留日学生与清末法制变革"；刘雨珍、孙雪梅编：《晚清政法考察记》，上海古籍出版社2002年版；汪向荣：《日本教习》，中国青年出版社2000年版。
④ 详参郝平：《北京大学创办史实考源》，北京大学出版社1998年版，第113—114页。
⑤ 《刑部左侍郎李端棻奏请推广学校摺》，载北京大学、中国第一历史档案馆合编：《京师大学堂档案选编》，北京大学出版社2001年版。
⑥ 北京大学校史研究室编：《北京大学史料·第一卷（1898—1911）》，北京大学出版社1993年版，第131页。

科分类、教员的聘请、课程的设置以及学制方面,受日本的影响较大。

就法学教育而言,京师大学堂受日本的影响也是显著的。在《奏拟京师大学堂章程》里,法律学被归入高等政治学之下,属于10种专门学之一。在《钦定京师大学堂章程》里,大学堂分为三个层次,即大学院、大学专门分科和预科。在大学专门分科里,法律学与政治学一起同样被归于政治科的范畴;在预科里,准备学法律的学生也统属于政治科预科。《奏定大学堂章程》则规定设立专门的政法科大学,包括政治门和法律门。① 大陆法系的法学教育制度都是将法律、政治、经济三门包括在一个学院内;而在美国,法律一般成立专门的学院,政治、经济等科目则包括在文学院里面;在英国,自19世纪以来,大学法律教育独立成科,蓬勃发展。形成这种不同学科分类体系的原因,据孙晓楼先生分析,是因为"两派对于法律观念基本上的不同":"大陆派对于 Droit 这个字义的解释,因为受到哲学派的影响,不是专指法律,他们于法律的意义之外,包含有理想的公正意义在内;其意义非常广泛,所以他们的法律教育制度,因

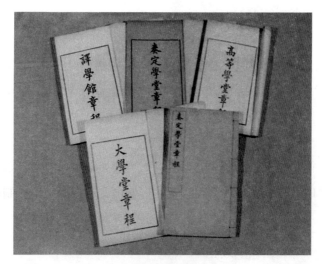

《奏定学堂章程》

---

① 《奏拟京师大学堂章程》,载北京大学校史研究室编:《北京大学史料·第一卷(1898—1911)》,北京大学出版社1993年版,第81—87页。后两个章程的全文参见朱有瓛主编:《近代中国学制史料》(第二辑上册),华东师范大学出版社1987年版,第753—823页。

为法律和政治、经济的关系非常密切,遂不免放在一起研究了。其在英美派因为受到历史法学派、分析法学派的影响很深,所以普遍对于法律(Law)这个字义的解释非常狭窄,好像不能有别的问题牵涉在内。因此英美派的法律教育制度,是以纯法律研究的机关来研究法律。"①据此看来,就法律的学科分类而言,京师大学堂为法学教育所作的学科分类采纳的是大陆法系的分类法。其课程的设置、教材的编订以及授课的内容也更多地受到日本的影响。②所以,京师大学堂的法学教育从其创办之日起就基本采纳了大陆法系的教育模式。

由于京师大学堂在创办之初,既是全国最高学府,也是最高教育管理机关,担负了统管全国教育和培养人才的双重职责,因此作为教育管理机关的京师大学堂被赋予在全国建立新式学制和创办新式学校的职责,这也可以解释在京师大学堂的章程里为何规划了中小学堂的学制。所以京师大学堂自身的教育模式对于全国创办的所有新式学校都具有行政指导意义。具体到法学教育,京师大学堂所采用的大陆法系教育模式真正改变了北洋大学所倡导的英美法系教育模式,并进而在全国绝大多数新式高校的法学教育中得到推广。

近代中国为什么会最终选择大陆法系教育模式,除笔者在前面分析的英美法系教育模式取得的效果不甚理想、甲午战后日本的影响,以及晚清法律改革已经采纳了大陆法系的法律制度模式这些原因以外,还有一个重要原因就是大陆法系的制度品格和教学方法与中国法律传统,乃至对法律移植本身有更大的兼容性。

大陆法系的法律制度渊源于罗马法,到19世纪末已经达到高度完备,其最重要的表现是一系列法典的颁布,那些具有内在、外在关联的法律规则在法典里面已经得到了系统的整合,这样"易为很多地区所接受,如果其地需要迅速采行成熟的法律制度以代替习惯的古老制度,或旧文化下所制定而不适于

---

① 孙晓楼:《法律教育》,中国政法大学出版社1997年版,第48页。
② 《预备科课程设置》,载北京大学校史 研究室编:《北京大学史料·第一卷(1898—1911)》,北京大学出版社1993年版,第247页;《分科大学课程设置》,载北京大学校史研究室编:《北京大学史料·第一卷(1898—1911)》,北京大学出版社1993年版,第248页;《译学馆教科书目录》,载北京大学校史 研究室编:《北京大学史料·第一卷(1898—1911)》,北京大学出版社1993年版,第259页。

今日社会的法律"①。故大陆法系对于法律的移植是非常有利的。对于通过判例而形成的英美普通法，如在前面所谈到的，"如果要在短期内去模仿英美法来适应中国环境，而复由官方规定出来以便法庭适用，几乎是不可能的"②。相应的，传统中国法也是通过法典化的方式来整合成文的法律规则，然后将之适用于判决之中，尽管支撑这种整合的法意识观念以及据以整合的标准甚至规则的形式相差甚远。这些因素成为中国近代法律变革接纳大陆法系的内在原因，同样对于近代中国的法学教育模式的选择具有重要的影响。就法学教育而言，罗马法的复兴是大陆法形成并在西方迅速发展的重要前提，而罗马法的复兴过程中，大学的法学教育成为关键一环。通过大学的讲授，已经复兴的罗马法才得以传到法庭中去，成为很多欧洲大陆，以及法国、西班牙、葡萄牙等国殖民地的法律的基础。大陆法系经由法律教师和大学的努力才得到充分的发展，故带有大学法的特色。"这样使其教学比较容易。"③因此在晚清法律移植的大环境下，大陆法系的法学教育对于移植地区尚有如许的优点，京师大学堂采纳大陆法系的教育模式就是顺理成章的事情了。

在京师大学堂创立之前，中国新式学堂的法学教育模式远未定型，尚处于摸索试验的过程中。其中以北洋大学法科为典型，采纳了英美法系的教育模式，尽管对于留学深造有益，但在培养为本国所需要的法学人才方面不是很成功。随着中国法律改革的逐渐展开以及对西方法认识的加深，特别是日本的影响，中国最终选择了大陆法系的教育模式，其标志是京师大学堂政法教育的开展。这种对大陆法系教育模式的选择是在深入分析中国的具体情况及大陆法系本身的制度品格和教学方法的基础之上而做出来的，是一种理性思考和借鉴的结果。

---

① 〔美〕庞德：《法律与法学家——法律与法学家在现代宪政政府中的地位（1946年）》，王健编：《西法东渐——外国人与中国近代法的变革》，中国政法大学出版社2001年版，第423页。
② 〔美〕庞德：《法律与法学家——法律与法学家在现代宪政政府中的地位（1946年）》，王健编：《西法东渐——外国人与中国近代法的变革》，中国政法大学出版社2001年版，第423页。
③ 〔美〕庞德：《法律与法学家——法律与法学家在现代宪政政府中的地位（1946年）》，王健编：《西法东渐——外国人与中国近代法的变革》，中国政法大学出版社2001年版，第423页。

第二章
京师大学堂的法学教育(1902—1913)

京师大学堂马神庙旧址

1898年京师大学堂在戊戌维新期间开办,作为变法重要成果之一在政变之后得以保留,旋因庚子拳变和八国联军入侵曾一度停办,到1902年才重新开学。重新开学之后的京师大学堂在几任管学大臣的大力规划下有了较大的起色。出于晚清变法的需要,法学教育作为其教育的重要组成部分在京师大学堂的正科及作为速成科的仕学馆、进士馆和译学馆开展,这是北京大学百年法学教育的发端。出于筹备人才的考虑,1909年京师大学堂筹建了专门的法政科大学,进行专门的法学教育。这些共同构成了北京大学百年法学教育的基石。

第一节
政法科之前的法学教育

一、从仕学院到仕学馆

1898年6月,在京师大学堂创办初期,管学大臣孙家鼐在《筹办京师大学堂情形摺》中就提出了设置仕学院的建议,"进士、举人出身之京官,拟立仕学院也"。这种专门培训官员的机构,其课程设置不能同于普通学生,孙家鼐认为:"既由科甲出身,中学当已通晓。其入学者,专为习西学而来,宜听其习西学之专门。至于中学,仍可精益求精,任其各占一门,派定功课,认真研究。每月考课,朋友讲习,日久月长,其学问之深浅,造诣之进退,同堂自有定论……随时考验其人品、学术,分别办理,仕优则学,以期经济博通。"[①]可以看出,办学人员只是意识到仕学院应重视西学,西学也有其系统,有细致的学科分类,但仕学院究竟应重视哪些方面的学习,则语焉不详,更没有单独把法律之学列举出来作为学习的重要内容。1899年仕学院正式招生,据当时的

---

① 《孙家鼐奏覆筹办大学堂情形折》,载北京大学校史研究室编:《北京大学史料·第一卷(1898—1911)》,北京大学出版社1993年版,第47页。

报纸记载，按照学生的住宿情况，仕学院计划招收学生30名，但报名者到该报报道之时仅12名。① 从此可以看出，仕学院是招了学生的，但具体数字是多少，则限于资料，无法详考。

京师大学堂成立不久，因八国联军侵占北京，学堂被俄国和德国侵略军占为兵营，从此被迫停办。在张百熙的努力下，京师大学堂于1902年12月17日（光绪二十八年十一月十八日）重新开学。在此之前，张百熙主持制定了新的京师大学堂章程，即《钦定京师大学堂章程》。该章程借鉴欧美和日本办大学的长处，提出了"全学"和"通才"的概念。所谓"全学"，主要包括大学院、大学专门分科、大学预备科三部分，还有是作为附设名目的仕学馆和师范馆，并规定"凡京员五品以下八品以上，以及外官候选，暨因事留京者，道员以下教职以上，皆准应考，入仕学馆"②。仕学馆就其性质而言实际上是一个政府官员速成培训班。

光绪癸卯仕学馆合影

---

① 《学堂纪事》，载《申报》1899年1月17日。
② （清）朱寿朋编：《光绪朝东华录》（第五册），中华书局1958年版，第4822—4823页。

关于仕学馆的课程，该章程明确提出："自当舍工艺而趋重政法。"其所学门目包括：算学、博物、物理、外国文、舆地、史学、掌故、理财学、交涉学、法律学、政治学等11类。从仕学馆的课程表来观察，仕学馆的学制为3年，每年皆需要学习大量的法律学课程。其中第一年须学习刑法总论、分论，第二年须学习刑事诉讼法、民事诉讼法、法制史，第三年须学习罗马法、日本法、英吉利法、法兰西法和德意志法。另外，包含在政治学科目之下的也几乎全是法律方面的课程，如第一、二两年的行政法，第三年的国法、民法和商法。按照《仕学馆课程一星期时刻表》的规定，法律学和政治学的授课时间每周都为4小时。另外，如果没有学习外国文的学员，每周于理财、交涉、政治、法律还要多学1小时。① 可见，仕学馆对于法律学以及实际上教授法律的政治学科目已经相当重视。

光绪二十八年，即《钦定京师大学堂章程》颁布前后，张百熙主持拟定了《大学堂考选入学章程》，其中第二章为《速成仕学馆考选入学章程》，规定仕学馆学员由考试录取，考试未曾录取者仍回原衙门。其考试之法为：史论一篇、舆地策一篇、政法策一篇、交涉策一篇、算学策一篇、物理策一篇、外国文论一篇。上述7门考试分两天进行，以得全分者为满格，得6/10以上者为及格。如有一、二门其分数为无者为不及格，不及格者不得录取。为了让学员确实在馆学习，该章程还规定，"京官五品以下，外官自道府以下，均得住馆肄业，惟一律考试方得入馆"，仕学馆住馆肄业学员以100人为限。仕学馆作为全国考求政学的学习机构，负有传遍该种学术之义务，所以在该章程的最后还特别规定，"如京外人员欲向馆中考求政理、公法、理财、刑律诸事，可以到馆查询，并可书函问事"②。仕学馆首批招收学员57人。③到1904年4月，仕

---

① 《钦定京师大学堂章程》，载朱有瓛主编：《近代中国学制史料》（第二辑上册），华东师范大学出版社1987年版，第753—769页。
② 北京大学校史研究室编：《北京大学史料·第一卷（1898—1911）》，北京大学出版社1993年版，第352页。
③ 《北京大学沿革略》，载王学珍、郭建荣主编：《北京大学史料·第二卷（1912—1937）》（下册），北京大学出版社2000年版，第3149页。

学馆并入新成立的进士馆。这一时期,仕学馆的课程设置没有多大变动,由于其考试制度的强化和在馆肄业制度的施行,学员们是能够学习到法政基础知识的。此为仕学馆法学教育的大致情形。

二、进士馆的法政教育

1902年12月1日(光绪二十八年十一月初二日),清廷下谕,"储才为当今急务,迭经明降谕旨,创办学堂,变通科举。现在学堂初设,成材尚需时日,科举改试策论,固异帖括空虚,惟以言取人,仅能得其大凡,莫由察其精诣。进士入官之始,尤应加意陶成,用资器使"。① 由于有培训新进士使其能适应形势的变化,能真正成为对国家、朝廷有用人才之需要,朝廷命令:"自明年会试开始,凡一甲之授职修撰编修,二、三甲之改庶吉士用部属中书者,皆令入京师大学堂分门肄业。其在堂肄业之一甲进士庶吉士,必须领有卒业文凭,始准送翰林院散馆,并将堂课分数于引见排单内注明,以备酌量录用。"② 既然进士需要入京师大学堂培训,在封建社会,进士出身的官僚为正途出身,其地位为其他官僚所不及,因此有必要为他们设立一个单独的教育机构,此后不久,《奏定进士馆章程》颁布。该章程首先规定了建馆之目的,"设进士馆,令新进士用翰林部属中书者入焉,以教成初登仕版者皆有实用为宗旨,以明彻今日中外大局,并于法律、交涉、学校、理财、农、工、商、兵八项政事,皆能知其大要为成效。每日讲堂功课四点钟,三年毕业"。其课程设置也以此为出发点,其所开课程共15门,其中11门为必修课,第四门即为法学。按照其课程表的规定,进士馆所讲授的法学科目包括第一年的法学通论、各国宪法、各国民法,每周授课4个钟点;第二年学习商法、各国刑法、各国诉讼法、警察学、监狱学,每周授课5个钟点;第三年学习各国行政法、中国

---

① 《为进士馆学员授职事谕》,载北京大学校史研究室编:《北京大学史料·第一卷(1898—1911)》,北京大学出版社1993年版,第153页。
② 《为进士馆学员授职事谕》,北京大学校史研究室编:《北京大学史料·第一卷(1898—1911)》,北京大学出版社1993年版,第153页。

法制考大要，每周授课 6 个钟点。与仕学馆相比，进士馆在学科门类和授课钟点上都有增加，显示法律之学占据着越来越重要的地位。对于教员的聘请，鉴于东西各国学校，有于教员外另请讲师之法，该章程规定了聘请中外学者的讲座办法。"此次进士入学，类皆已成之才，尤当广其见闻以收速效。凡有中外东西通儒，能以华文华语讲授者，应由监督呈明学务大臣延请入馆，与诸学员讲论，名为讲友，以扩学识，此项讲友不过偶然一次，一年多不过数次。"这是中国近代大学里对讲座所作的较早规定。

1903 年 2 月（光绪二十九年一月），进士馆开学。第一批招收学员 100 多人。由于学馆一时容纳不下这么多学员，年龄较大的学员对于这种较高强度的学习力不从心，同年 6 月，御史张元奇奏请可否酌加变通，对于年长者入学可否宽限，另外进士馆的学员数量也应该有所限制。到 11 月，经当时负责学务的张之洞建议，议定新进士年龄在 35 岁以下，必须到进士馆肄业，年龄在 35 岁以上而无力入学的进士，可到学部说明原因后，以知县分发各省候补，而不能留在中央各部及翰林院。

1904 年 9 月 22 日（光绪三十年八月十七日），针对办理进士馆过程中出现的问题，政务处上折，建议朝廷更改进士馆章程并得到朝廷的允准。《更定进士馆章程》共八个方面，比较重要的是一二两个方面，即分班和聘定教员。它规定新进士入学，应分为内外两班。内班住馆肄业，外班到馆听讲，毋庸住在馆内，但两班在考试上一视同仁。在课程选择上，考虑到新进士乃从政始阶，自应讲求致用之实，而每日上课钟点不多，可以酌量到所分部曹当差。在教员聘请方面，应由学务大臣、京师大学堂监督延请京内外资深望重通晓科学之员，如果有东西留洋学生科学卒业者，品行端正，亦应一体延聘，以重专门而宏教育。[①]进士馆经过此等符合实际情况的改革之后有所进步。

由于仕学馆与进士馆的性质及课程方面不存在质的差别，1904 年 4 月，仕学馆并入进士馆，进士馆一直到 1908 年 6 月第二批学生毕业，才最后撤销。

[①] 《政务处奏更定进士馆章程折（并清单）》，载北京大学校史研究室编：《北京大学史料·第一卷（1898—1911）》，北京大学出版社 1993 年版，第 156—157 页。

1906年8月，34名从仕学馆归并过来的学生毕业。1907年12月进士馆第一批学生（癸卯科进士）106人肄业，其中内班77人（2人未能通过毕业考验），外班28人，出洋游学人员1人。1908年6月，进士馆第二批学生（甲辰科进士）57名毕业（其中1人未能通过毕业考验）。①

为严格考察学员的学习情况，进士馆规定了具体的考试办法。考试分学期考验和毕业考验。学期考验是在学期末，由学务大臣会同进士馆监督分科考验，然后将此次考验分数同平时分数平均即为学期考验成绩，分别存案于学堂、政务处和学员本衙门。毕业考验是学员临毕业之时由钦派大臣会同学务大臣所进行的考验。关于学员是否有资格参加毕业考验，特规定，"凡肄业未满六学期，或学期虽满而所得及格凭照不满三次者，均不得与毕业考验"②。

1906年8月26日（光绪三十二年七月初七日），学部上奏变通进士馆办法，建议派遣学员出洋留学。按照学部的构想，将所有甲辰科进士在馆肄业之内班，均送入法政大学补习科；外班分部各员，如有志游学者，分别选择送入法政大学速成科。这些游学人员回国后可与进士馆在读学员一起参加考试，给予奖励。③受学部建议的影响，很多新进士都选择了出国游学的学习方式。所以到1908年（光绪三十四年）以后，进士馆在馆肄业学员数量很少，但学科又不能精简，考虑到这些实际情况，学部将后来入馆的新进士全部派往日本东京政法大学速成科和早稻田大学学习。至此，进士馆寿终正寝。

进士馆所派出的游学日本学习法政的人员很多。这些人回国后基本上都参加了学部考试，绝大部分人都考验合格，分别分发到中央各部院衙门及地方任职④，在清末和民国的司法界和法学教育界有一定的影响。

---

① 《进士馆毕业学员考试成绩单》《进士馆出洋游学及外班学员毕业考试分数表》，载《北京大学史料·第一卷（1898—1911）》，北京大学出版社1993年版，第412—415页。
② 《奏定进士馆章程》，载北京大学校史馆研究室编：《北京大学史料·第一卷（1898—1911）》，北京大学出版社1993年版，第153—156页。
③ 《奏进士馆游学毕业请照章会考折》，载《学部官报》第58期（光绪三十四年六月初一日）。
④ 《奏会考进士馆游学日本毕业学员折（并单）》，载《学部官报》第138期（宣统二年八月）试进士馆游学毕业酌拟等第分数折（并单）》，载《学部官报》第143期（宣统二年九月）。

1906年（光绪三十二年），给事中陈庆桂上《推广游学折》，建议"国家造就人才自宜统筹办法，应由学部设立法政学堂，凡各部院人员情愿肄业者，悉数报名收考，三年毕业"①。朝廷将该折下发政务处转交学部讨论施行。学部考虑到原在进士馆就读的甲辰、癸卯两科进士相继赴日速成或考察法政而无学员的实际，于1906年年底（光绪三十二年年底）上折，提出把原设进士馆即将空闲下来的馆舍与教习改为法政学堂，"拟于明春开办，名曰京师法政学堂"。此乃设立京师法政学堂的由来。

此时正值晚清宣布预备立宪，对政法人才需用孔亟，因此学部主张广开生源，"法政为专门之学，非普通各学，夙有根柢兼研究东西各国语言文字未易遽言深造，而各部院需才孔亟，凡已、未服官之人，年富力强，有志肄业，尤应广为造就，以资任使"。这些人都要通过一定的考试才能入学堂就学。

学堂"以造就完全法政通才为宗旨"，分设正科、别科和讲习科。正科分政治、法律两门，学习期限为3年，规定由2年预科毕业之后或有相当学历者升入。正科中的政治、法律二门共同开设人伦道德、皇朝掌故、大清律例、政法学、政法史、宪法、行政法、民法、刑法、商法、国际公法、国际私法、理财学、社会学、外交史、统计学、日本语、英语、民事诉讼法、刑事诉讼法、监狱学、体操、财政史、中国法制史、外国法制史。预科招收年龄在20岁至25岁之间，有中学根底者入学，所习课程为人伦道德、中国文学、日本语、历史、地理、算学、理化、论理学、法学通论、理财原论和体操。别科招收年龄在35岁以下的各部院人员和举贡监生，以考试录取入学，亦以3年毕业，旨在造就从政之才。课程较正科略为专门。惟取速成之意，是对在职官员或已有科名人员的特班优待。学堂附设的讲习科是专为吏部新分及裁缺人员入学肄业而设的，政法理财各门只需讲授大要，1年半毕业，相当于今天法律院校的培训部。此乃进士馆为京师法政学堂设立所取代的大致情形。

进士馆作为培养正途官员的教育机构，官员们具备法政知识因筹备立宪而更加必需，其法政教育理应占据首要位置。在进士馆的基础上建成专门的法政学堂亦可证明法政教育的重要性。

---

① 陈宝泉：《中国近代学制变迁史》，山西人民出版社2014年版，第109页。

三、译学馆的法学教育

京师大学堂译学馆的前身是京师同文馆。1902年1月11日,慈禧以光绪的名义颁发了将京师同文馆归入京师大学堂的上谕。1902年年底,管学大臣张百熙奏请将归并的同文馆改为京师大学堂翻译科。不久又任命曾广铨为翻译科总办,负责监督修建校舍、采集图书、延聘教习等具体事宜。1903年清廷为造就外交人才,在京师大学堂附近购置民房,设立译学馆,将原翻译科合并进去,仍由京师大学堂监督。首任译学馆监督为朱启钤。①

译学馆的学制为5年。前两年集中学习外国文和普通学,两年之后兼习法律、交涉专门学。由于译学馆是培养专门外交人才的机构,对入学者的外语水平和学术功底有一定的要求,故开馆之时合格学生不多,就暂时收录了一部分文理通顺、粗通外国语者入馆。这些人都在七月初一、初二两天参加了入学考试,合格人数不多。②因此又从京师大学堂进士馆和速成科里面抽调了一批懂外语的学员入馆肄业。译学馆首批招收学员达到了70多名。译学馆正式开学在1903年9月14日。译学馆为广泛培育人才,特设附学一科,吸收自愿学习者入馆学习,类似于今天的旁听生。

根据《大学堂译学馆章程》的规定,译学馆的办学宗旨是:"以造就译才品端学裕为宗旨,务使具普通之学识,而进于法律交涉之专门,通一国之语文,而周知环球万国之形势,体用兼备,本末交修。上有以应国家需才之殷,下有以广士林译书之益,兼编文典以资会通。"根据这个办学宗旨,在课程设置方面,译学馆吸取了同文馆过去的经验教训,不再把授课范围过度局限于语言方面,更加强调作为基础的国学和西方的科学知识。其所学科目分为三类:一是外语,开设英、法、俄、德、日5门,学生必须任选1门,为求专精,毋庸兼习;一是普通学科,包括人伦道德、中国文学、历史、地理、算学、博

---

① 《京师译学馆建置记》,载《教育杂志》1894年12月24日第6期。
② 《学务大臣荣为招生事告示》,载北京大学校史馆研究室编:《北京大学史料·第一卷(1898—1911)》,北京大学出版社1993年版,第177—178页。

京师大学堂译学馆界碑

物、理化、图画、体操 9 门;一是专门学科,包括交涉学、理财学和教育学 3 门。①

法学教育主要在交涉学范围内,交涉学虽然注重国际公法的讲授,但译学馆的交涉学并不限于国际公法,还包括法学通论等基础理论方面的教学内容。这可以从下面译学馆使用过的教材看出端倪。根据《奏定译学馆章程》的课表,第三年开始学习交涉学,直到毕业。第三年学习法学通论;第四年学习国事交涉,暂用日本国际公法讲授;第五年学习民事交涉,暂用日本国际私法讲授。②

就译学馆所使用的教学参考书而言,章程规定普通学各科以京师大学堂编的讲义为主要教材,交涉、理财等为中国传统所无的专门之学所用教材,章程未作规定,但实际上基本使用的是外国学校主要是日本学校的教学参考书。中国第一历史档案馆保存有京师大学堂译学馆的一部分教科书和教学参考书的目录,共分甲、乙、丙、丁、戊五柜,其法学方面的书籍主要藏在乙柜,包括法律泛论、民法亲族编相继论释义、国际私法、国际公法、民事诉讼法释义、法理学、商法泛论、民法总则编物权编释义、日本帝国宪法论、民法债编解释、运送法、日本法制史、国法学等。③

---

① 《拟定大学堂译学馆章程》,载北京大学校史研究室编:《北京大学史料·第一卷(1898—1911)》,北京大学出版社 1993 年版,第 160—169 页。
② 《奏定译学馆章程》,载北京大学校史研究室编:《北京大学史料·第一卷(1898—1911)》,北京大学出版社 1993 年版,第 169—174 页。
③ 《译学馆教科书目录》,载北京大学校史研究室编:《北京大学史料·第一卷(1898—1911)》,北京大学出版社 1993 年版,第 259—264 页。

译学馆的学生学满5年举行毕业考试，考试合格则分别按照学员的出身予以适当的奖励。下面是北京大学档案馆保存的译学馆毕业考试关于法律方面的部分试题：

➡ 甲级法律学题

（一）法律之成立或改废，皆属于国家统治权之作用，其实质及形体的意义如何？

（二）法律惟国家乃能强行，试说明社会与国家之区别。

（三）国体或政体以何原因而生异同？

（四）中国法家言所以不能发达之理由。

（五）国民与国家之关系在法律乎抑在道德乎？

➡ 乙级法律学题

（一）法学上研究，何以不能与自国现行法相离？

（二）主权以国家为主体，试诠释其意义。

（三）成文法之制定手续如何，必如何而拘束力始发生？

（四）关于惯习法之有力学说及立法上所采用之各主义以何者为适宜？

（五）不文法与成文法异同之点何在？

➡ 甲级国际公法试题

（一）何谓一部主权国，永世中立国得为主权国否？试详论之。

（二）君合国与物合国之性质及其差别。

（三）试举国家承认之种类。国家承认之方法及其效力。

学部考试译学馆甲班学员毕业全题：

➡ 国际公法题

（一）领事裁判权与治外法权有区别否？试详论之。

（二）今有甲乙两国交战，甲国占领乙国土地，其土地内所有财产，甲国应当如何处分？

➡ 国际私法题

（一）问国际法上出生地主义与血统主义之区别，其得失若何？近来各国所行者以何种主义为最善?

（二）今有甲国人入乙国籍，其所享之权利与乙国人民相同否?

➡ 法学通论题

（一）何谓国家主权?①

译学馆在自己培养人才的同时，在创办伊始，即主动送其学员到东西洋留学。从1903年12月（光绪二十九年十一月）开始，到1905年10月（光绪三十一年九月）这不到两年的时间里，先后送出5批留学生，共32人，其中包括一些活跃于民国法学教育界和司法界的学者和官员，著名的有林行规、徐墀等人。②

译学馆于1911年10月（宣统三年九月）停办，共培养了4期毕业生。1912年民国政府教育部拟将原译学馆北河沿一带土地拨归北京大学，改设第三院法科大学。③

译学馆的法学教育在京师大学堂早期分科大学成立之前占据重要地位。因为译学馆本身是培养具有近代知识的外交人才，法律方面的知识理所当然地占据重要位置。清廷也很重视译学馆，对译学馆毕业学员寄予厚望。在译学馆甲级学员毕业之时，就表达了这种期望，"将使诸生宏期所学，察政教之繁变，求学问之贯通，裕为全才，以备国家之用……又值预备立宪之时，百度维新，急须研求各国政法，弼成我盛治以言报称，诸生所负责任其重且远"④。故欲探究北京大学早期法学教育，是不能忽视译学馆的。

---

① 北京大学档案馆藏：《大学堂译学馆各项考试题目》。
② 《咨呈外务部译学馆出洋学生表册请查照文》，载北京大学校史研究室编：《北京大学史料·第一卷（1898—1911）》，北京大学出版社1993年版，第444—447页；《咨外务部汇送译学馆出洋学生履历清册文》，载北京大学校史研究室编：《北京大学史料·第一卷（1898—1911）》，北京大学出版社1993年版，第444—447页。
③ 《京师译学馆始末记》，载北京大学校史研究室编：《北京大学史料》第一卷（1898—1911），北京大学出版社1993年版，第176页。毛子水《国立北京大学简史》中认为译学馆在1913年6月停办，殊属误会，这是译学馆土地划拨给北京大学的时间，其实停办时间更在以前。（《学府纪闻·国立北京大学》，南京出版有限公司1981年版）
④ 《学部大臣训词》，载《顺天时报》宣统元年四月初七日。

第二节
法政科大学的法学教育

一、政法科预科的法学教育

由于中国近代改革学制，建立学堂，全国都在同一时期进行，按照常规制度，京师大学堂作为全国最高学府，其生源应该来自各省的高等学堂。但当时各省高等学堂尚在筹办过程中，并无合格生源进入京师大学堂学习。京师大学堂筹办者考虑到当时并无应入大学肄业之学生，各省的高等学堂不知何时尚能完备，其学生毕业时间也无法确定，因此确立了一个通融办法，即京师大学堂暂不设立专门分科大学，先设预备科，功课仿照日本高等学校，以造就大学合格生源。

张百熙在《奏筹办京师大学堂情形疏》里计划将预科学制定为3年，预科毕业学生，与各省高等学堂毕业的学生一样，仍然要通过考试，合格方能进入大学堂分科学习。按照张百熙的计划，预备科（以下统一简称"预科"）的课程，遵照1902年（光绪二十八年）颁布的变通科举、普设学堂的上谕，分为政科和艺科两类。以经史、政治、法律、通商、理财等事隶属于政科，以声、光、电、化、农、工、医、算等事隶属于艺科。大学堂预科毕业生，由管学大臣择及格者升入大学正科，不及格的，或留级或退学。大学堂预科毕业生，与各省高等学堂的卒业生相同，考试及格则候旨赏给举人，升入正科。

京师大学堂预科的生源又来自何处呢？按照学堂章程，取入预科肄业学生，应该是中学堂的毕业学生。张百熙考察了当时全国的中学教育状况，认为："京外所设学堂，已历数年，办有成效者，以湖北自强学堂、上海南洋公学为最，此外则京师同文馆、上海广方言馆、广东时敏学堂、浙江求是学堂，开办皆在数年以上。余若天津高等学堂之已散学生，出洋游历学生，外洋华商子弟，亦多合格之才。再由各省督抚学政，就地考取各府州县高才生，咨送来京，由管学大臣复试如格，方准送大学堂肄业。其外省考试之法，由大学堂拟定格式，颁发各省，照格考取，以免歧异。"①所以其生源来自全国各地，多受过中学教育。

1902年12月（光绪二十八年十一月）颁布的《钦定大学堂章程》重申："京师大学堂本为各省学堂卒业生升入专门正科之地，无省学则大学堂之学生无所取材。今议先立预备一科，本一时权宜之计。"该章程在订立大学堂功课时，先"定大学堂全学名称：一曰大学院，二曰大学专门分科，三曰大学预备科"。预科中政科科目13门，第11门即为法学，由外国教习讲授。查看该章程所确定的预科课程分年表和预科课程一星期时刻表，政科预科第一年、第二年、第三年都开设法学课，每周授课皆为两课时。法学课程三年皆为法学通论。如果学员意欲在将来入京师大学堂政治科大学继续学习者，第二、三两年可以不上物理课，但得增加法学一课时。可见法学在政治科大学的重要地位。在聘用教习方面，因学生数额未定，该章程计划聘西学教习欧美人6员或4员，教授预科学生。关于预科学生的规模，该章程预定招生200人。②

由于随后由张之洞主持拟定的《奏定大学堂章程》侧重于规定大学堂分科大学事宜，对预科没有作较详细的规定，故京师大学堂预科的主要指导章程仍然是张百熙主持制定的《钦定京师大学堂章程》。

1904年7月，京师大学堂设堂招考学生，择优录取360多人。其中年龄较大、汉文程度较好的进入师范馆学习，年少、聪明刻苦的则进入预备科学习。学生按所学外国语分为两个班，即法文班和英德文班。同年12月（光绪三十年十一月），预科学生开学。

---

① 《张百熙奏筹办京师大学堂情形疏》（光绪二十八年正月初六日），载北京大学校史研究室编：《北京大学史料·第一卷（1898—1911）》，北京大学出版社1993年版，第52页。
② 《钦定京师大学堂章程》，载北京大学校史研究室编：《北京大学史料·第一卷（1898—1911）》，北京大学出版社1993年版，第87—97页。

第二章

京师大学堂的法学教育（1902—1913）

1902年京师大学堂教职员合影（中坐持扇者张百熙）

京师大学堂预备科在性质上等同于高等学堂，所以也须遵守高等学堂章程。高等学堂章程认为，预科为大学之基础，必须兼通两国语文方足敷研究精深学问之用，但该章程考虑的是高等学堂学生都由中学堂学生升补，英语已经十分熟练。而京师大学堂预科所招录的学生，英文程度并不高，兼习两门外语的效果并不理想，因此允许学生只学一门外语，但鼓励有余力的学生兼习两门外语。[①]

按照高等学堂章程的规定，学堂年终考试分数及格者，来岁开学升学年一级，不及格者留原级补习。由于京师大学堂预备科学生在入学第二年始分类，所以到1906年（光绪三十二年）年底满1年，学部要求大学堂为学年考试及格学生发给修业证书，以为升入高一年级的凭证，不及格者则不发给。[②] 可见对预备科学生的严格要求。

---

① 《咨大学堂预备科学生准其单习一国语文》，载《学部官报》，第17期（光绪三十三年二月二十三日）。
② 《咨覆大学堂学生年终考试应加给修业证书文》，载《学部官报》第13期（光绪三十二年十一月初五日）。

为了加强对预科的管理，1906年8月（光绪三十二年七月），学部专门设立预科监督一职，奏派江苏试用知县张祖廉担任。[①]

1908年年底，首届预科学生已在京师大学堂预科学满预科学制所规定的4年时间，所有各科课程已经讲授完毕。学部于1908年12月30日至1909年1月5日在京师大学堂举行预科学生毕业考试。另有7人因事未能参加毕业考试，故于1909年4月12日至4月17日举行了一次补考。按照《学部奏定学堂考试章程》的规定，毕业考试成绩在80分以上的为最优等，70分以上的为优等，60分以上者为中等。其主课有不满70分及60分者照章降等。学部派员评定试卷的结果，考取最优等者8名，优等22名，中等95名，下等及主课无分者8名。所以到此可以断定，京师大学堂预科第一届学生共133人，其中125人顺利毕业，8人留级。对于考试合格之人，朝廷规定有奖励办法。《奏定大学堂预备科奖励章程》规定：考列最优等者列为举人，先以内阁中书尽先补用；外以知州分省尽先补用。考列优等者作为举人，内以中书科中书尽先补用，外以知县分省尽先补用。考列中等者作为举人，内以部寺司务补用，外以通判分省补用。[②] 从1909年（宣统元年）开始，京师大学堂各分科大学陆续设立，这些预科毕业学生最终是到政府任职还是继续在京师大学堂的分科大学学习，限于资料，无法详考。对于那些未能通过毕业考试的预科学生，应照章补习1年再参加毕业考试。

到1909年京师大学堂创办分科大学前后，预科改为京师高等学堂。从1904年开始招生的预科，共开办了大约5年时间。

通观政科预科的法学教育，主要集中于法学入门知识的学习，以便为将来升入法政分科大学作基础知识储备。若论法学教育的水平，远不及与此同时或更早些的进士馆和译学馆的法学教育。之所以会出现这种情况，是由这些机构所培养的人才类型的性质所决定的。

[①] 《学部咨行大学堂分派大学预科师范两监督文》，载《学部官报》第3期（光绪三十二年八月二十一日）。
[②] 《学部为大学堂毕业生请奖事咨会议政务处文》，载北京大学校史研究室编：《北京大学史料·第一卷（1898—1911）》，北京大学出版社1993年版，第383—384页。

民国元年（1912）《北京大学校分科同学录》书影

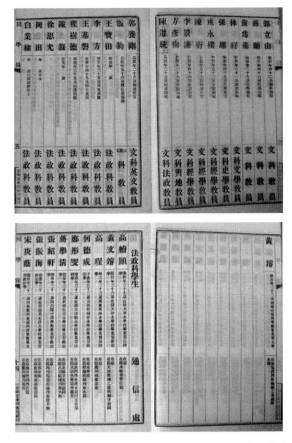

《北京大学校分科同学录》部分法政科教员、学生名单

二、法政科大学的筹办

1904 年颁布的《奏定大学堂章程》规定要设立政法科大学,直到 1905 年年底,学部在奏折里仍然称要设立政法科大学。随着清政府的预备立宪,法律以及法学教育的作用越来越重要,具体不知从何时起,在清政府的官方文件中,改称法政科大学。从政法科大学到法政科大学,不仅是两个字的调换,还具有丰富的内涵,反映了为培养专门法律人才的法学教育在整个教育体系中的重要性。所以,自京师大学堂成立分科大学之时,甚至在以前的两三年时间,都名为法政科大学。

早在张百熙主持拟定的《钦定京师大学堂章程》中就提出了建立政治分科大学的构想,它仿照日本大学的例子,政治科下分二目,一曰政治学,二曰法律学。该章程重点对预科作了详细规定,对于分科大学,只列出简略纲目。在随后张之洞主持拟定的《奏定大学堂章程》里,首先确立了大学堂办学的宗旨,即端正趋向,造就通才。随即正式提出大学堂内创设分科大学堂,为教授各科学理法,俾将来可施诸实用之所。该章程还借鉴东西各国的办学方法,规定尽管普通分科大学的学习期限以 3 年为限,但政法科大学的学习期限则为 4 年。章程还详细规定了政法科大学的课程设置、教授方法等方面的内容。这些规定是创办分科大学的重要指南。关于其课程设置,将在下面具体分析。

张之洞主持拟定的《奏定大学堂章程》是晚清学制改革最重要的文件,其规定对晚清新教育机构的设立和运作具有首要的指导意义。筹设政法分科大学因此开始提上京师大学堂和学部的议事日程。1905 年 8 月,大学堂总监督张亨嘉上奏朝廷,鉴于大学堂既设预科,各省高等学堂也已经陆续开办,大学堂的生源得到了一定的保证,因此请求朝廷命令学部妥议设立分科大学的办法。学部于同年 12 月作出计划,查奏定大学堂章程分列 8 科,当时骤难全设,拟先设政法科等 4 科,以备大学预科及各省高等学堂学生毕业后考升入学,并确定在广安门外和德胜门外建立新的分科大学校区。[①]1908 年 8 月,学部一方面考

---

① 《学务大臣奏请设分科大学折》,载《时报》光绪三十一年十二月初一日。

虑到大学堂预科学生即将毕业有进入分科大学继续深造的必要，另一方面值预备立宪时期，"人才为百事之根本，现在整饬吏治，筹议边防，储备外交，振兴实业，若不养成以上各项人才，则虽曰言变法，绳勉图功，恐事事乏才，断无成效……内顾物力之艰难，远维树人之大计，分科大学实难缓办"，为借鉴日本创办大学的经验，奏请派翰林院编修商衍瀛和学部主事何燏时往日本考察大学制度。① 1909年12月，学部就京师大学堂设立分科大学事正式上奏朝廷，拟即将正式设立法政科大学，分法律、政治两门，全部设立。法政科拟设本国教员3人，英文正、副教员各1人，法文正、副教员各1人，其学生由师范第一类学生、译学馆毕业学生及预科法文班学生升入。由于新校舍尚在筹建之中，暂时仍在内城马神庙大学堂内，略加扩充。1910年1月5日，京师分科大学监督、提调及各教员等开第一次会议，核定各员功课表及书目。

对于京师大学堂各分科大学专门教习之聘任，朝廷非常重视，《教育杂志》曾登录了一则消息，谓"摄政王对于分科大学之组织异常注重，屡与张中堂筹商，聘请各科专门教习，总以中国人为最宜。奈选聘不易，颇费踌躇。现闻日前中堂建议，请电饬驻各国钦使，慎选留学员生学业精深、堪任某科教习之责者，无论官费、自费及有无官职，咨保来京，由学部考验奏奖后充该堂教习云"②。经过审慎考核，1909年4月15日，清廷任命时任学部参事官的林棨③为法政科大学堂监督，负责筹办政治、法律两门的开学事宜。同年7月，林棨与京师大学堂其他分科大学监督一起，常往返于学部与大学堂之间，与学部官

---

① 《学部奏请设分科大学折》，载北京大学校史研究室编：《北京大学史料·第一卷（1898—1911）》，北京大学出版社1993年版，第197—198页。
② 《慎选分科大学之各科专门教习》（宣统元年），载北京大学校史研究室编：《北京大学史料·第一卷（1898—1911）》，北京大学出版社1993年版，第309页。
③ 林棨，字少旭，福建闽侯人，1884年（光绪十年）生，毕业于日本早稻田大学政治经济科，1905年（光绪三十一年）被授予首批法政科举人。回国后，历任进士馆、仕学馆教习，学部参事，京师法政专门学校教务长，京师大学堂法科监督，宪政编查馆统计局科员。1912年5月，任北京政府教育部专门教育司司长。1913年9月，任大理院推事，京师高等审判厅厅长。1918年1月，调署江苏高等审判厅厅长兼地方捕获审检厅厅长。1921年5月，任湖北高等审判厅厅长。1923年2月去职。1932年任伪满最高法院院长。

员一起探讨教员的聘请问题。时任学部侍郎严修的建议得到了学部的批准，即由学部咨行各省督抚，出使各国钦使，物色留学各国、精于专门科学人员，保送到学部。然后由学部奏请钦派大员，考试合格后，即奏派为教员。① 次年年初聘定李方、陈箓、沈觐宸、程树德、王基磐、王家驹、白业棣、冈田朝太郎② 等人为法政科教员，后又陆续聘定博德斯、稽镜、震鋆、科拔、王宝田、

---

① 《分科监督会商开学办法及聘请教员》，载《教育杂志》1909 年第 1 卷第 6 期。
② 李方，1868 年出生，广东五华人，美国剑桥大学法律科毕业，1906 年应学部留学生考试，被授予法政科进士。
　　陈箓（1872—1939），福建闽侯人，字任先，号止室（有《止室笔记》）。早年肄业于福州马江船政学堂，后毕业于武昌自强学堂法文班，曾译校任教习。1904 年赴法国巴黎大学留学，1907 年获法学士学位。回国后赏法科进士，授编修。历任修订法律馆纂修、外务部主事、考工司郎中。入民国，历任外交部外政司司长，驻墨西哥大使，外交次长，代总长。1920—1927 年任驻法公使，其间曾两次任国联中国代表。1928 年在沪执业律师，1934 年任国民政府外交部顾问。抗战爆发后，出任南京梁鸿志伪政权外交部部长。后被国民党军统特工刺杀于上海寓所。著有《恰克图议和日记》《奉使英伦日记》（收入《止室笔记》），译有《蒙古逸史》《英法尺牍译要》等。
　　沈觐宸，1883 年出生，福建侯官人，留学比利时财政大学，参加晚清学部考试，授予法政科进士，曾任考察各国政治大臣随员。
　　程树德，1876 年出生，福建闽侯人，字郁庭，号戊举。留学日本，毕业于法政大学法律科。回国后考为法政科进士，授编修。之后历任国史馆协修、法典编纂会纂修、参政院参政、福建法政学堂教务长。1928 年后，任北京大学法学院、北平大学法学院、清华大学政治系讲师、教授，从事中国法制史研究。著有《中国法制史》《九朝律考》《汉律考》《宪法历史及比较的研究》《平时国际公法》《物权法》等，译有《印度史》，1943 年出版有《论语集释》（华北编译馆，1965 年台北艺文印书馆重印）。
　　王家驹，1879 年出生于江苏丹徒，附生，日本法政大学法科毕业，应学部考试，奏奖法政科举人，以内阁中书补用，改七品小京官签分学部，派在总务司行走，充编纂则例处编纂。1910 年 2 月至 1913 年 6 月任教于北京大学法政科，历任教育部普通教育司科员、佥事、第四科科长兼充临时视学，1917 年由教育部视学改任全国实业校长会议干事长。
　　冈田朝太郎（1872—1936），日本人，1891 年毕业于东京帝国大学法科，获法学士学位，1897—1900 年受日本政府派遣赴德、法、意等国留学，回国后任东京大学法科教授，1901 年获法学博士学位。1906 年受聘来华担任清政府修订法律馆调查员，帮同起草新刑律、刑事诉讼法、法院编制法等法律草案，历任京师法律学堂、京师大学堂、京师法政学堂和朝阳大学教习，1915 年解约回国，在早稻田大学和明治大学等高校担任教授。

徐思允、巴和①等担任法政科教习。

下面是京师大学堂法政科大学时期教员来校任教、离校时间表②：

表1 京师大学堂法政科大学教员简表

教员姓名	来校时间	离校时间
林 棨	宣统元年四月	民国元年五月
王家驹	宣统二年正月	民国二年六月
程树德	宣统二年正月	民国元年四月
芬来森	宣统二年正月	民国六年九月
李 方	宣统二年正月	民国四年六月
王基磐	宣统二年二月	民国元年四月
陈 篆	宣统二年二月	宣统三年四月
沈觐宸	宣统二年二月	宣统二年九月
冈田朝太郎	宣统二年三月	民国四年七月
白业棣	宣统二年三月	民国二年六月
博德斯	宣统二年四月	民国二年六月
稽 镜	宣统二年四月	民国元年四月
震 鋆	宣统二年七月	宣统二年十一月
科 拔	宣统二年十月	民国元年十二月
王宝田	宣统二年十二月	宣统三年四月
徐思允	宣统三年二月	民国元年八月
巴 和	宣统三年四月	民国六年六月

---

① 博德斯（Sir Edmund Trelawny Backhouse），1873—1944，英国汉学家。1899年来华为使馆翻译生。1903—1913年任京师大学堂英文教习。1913年被聘为伦敦大学汉文学院主任，未就职。后终身在华从事汉学研究。

稽镜，1877年出生，毕业于日本早稻田大学法科，应1906年学部留学生考试，被授予法政科举人，后筹办北洋法政学堂，曾任直隶督署文案、宪政编查馆编制局副科员。

其他几人简历不详。

② 《国立北京大学廿周年纪念册》，国立北京大学1917年版。

1909年3月（宣统元年二月二十一日）下旬，京师大学堂法政科大学在马神庙京师大学堂旧址举行开学典礼。法律学门第一届共有学生12名。①

1911年辛亥革命爆发，京师大学堂无形停办。直到1912年5月，大学堂才重新开学，全校学生仅百余人，其中法政科大学不足10人。1912年蔡元培担任教育总长，着手改革教育制度。5月，京师大学堂改名为北京大学校，后改称国立北京大学校。不久，严复出任北大校长，分科大学监督改为各科学长。同年5月法政科大学监督林棨去职，王世澂极短暂地代理过法政科学长。1912年7月，教育总长蔡元培照会北京大学，法商两科学长以一人兼充；以法政科学长王世澂有总统府兼任职务，与国务院不准兼职的通令相悖，希望在两个职务中任择其一。据时任北京大学校长严复称，王世澂愿辞去学校职务，但由于假期临近，工作难以措手，严复有挽留王世澂之举②，但不久王氏仍然去职。1913年2月，法政科改为法科，由余棨昌出任法科学长。其中法科包括法律学门、政治学门和经济学门。京师大学堂法政科大学存在的时间不足4年。但就在这短短4年间，其法学教育仍有可足观者。

三、法政科大学的法学教育

鉴于法政科大学的学生人数太少，是否真按照规定分为法律学和政治学两门，限于资料，不能下定断，但其课程设置基本上是按照张之洞主持拟定的《奏定大学堂章程》的相关规定实行的。具体详见表2、表3：

---

① 北京大学档案馆藏：《京师大学堂档案》，档案号JS0000119；又见《国风报》，第6期。
② 《教育部咨请转饬凡担任校务者须开去兼差以专责成》，载王学珍，郭建荣主编：《北京大学史料·第二卷（1912—1937）（上册）》，北京大学出版社2000年版，第321—322页；《为呈覆教育部分科大学王学长等拟辞校务专任官署职务事》，载王学珍，郭建荣主编：《北京大学史料·第二卷（1912—1937）（上册）》，北京大学出版社2000年版，第321—322页。

表2 法律学门课程表

课程名称	课程性质	第一年每周授课钟点	第二年每周授课钟点	第三年每周授课钟点	第四年每周授课钟点
法律原理学	主课	2	1	1	
大清律例要义	主课	4	4	3	2
中国历代刑律考	主课	1	1		
中国古今历代法制考	主课	3	3	3	2
东西各国法制比较	主课	2	2	2	2
各国宪法	主课	1	1	1	2
各国民法及民事诉讼法	主课	2	2	2	2
各国刑法及刑事诉讼法	主课	2	2	2	2
各国商法	主课	3	3	3	3
交涉法	主课	2	2	3	3
泰西各国法	主课	1	1	2	2
各国行政机关学	补助课	1			
全国人民财用学	补助课		1	1	2
国家财政学	补助课		1	1	2
合计:14	主11;补3	24	24	24	24

该章程规定，法律学门第四年末毕业时，须呈出毕业课艺及自著论说。如其学生有欲听政治学门或其他分科大学课程的，均作为随意科目，记入毕业成绩。各科目的讲习办法及教材的编订皆有具体规定：大清律例要义一门，原书浩繁，讲授者以律为主，但须兼讲律注。中国历代刑律考一门，取汉律辑本、唐律疏议、明律及各史刑法志，撮要自行编纂。泰西各国法则具体讲授罗马法、英吉利法、法兰西法和德意志法。全国人民财用学一门，日本名为理财学

及经济学；国家财政学一门，日本名为财政学；各国行政机关学一门，日本名为行政法学；法律原理学一门，日本名为法理学，这几门都可暂行斟酌采用日本教材，但仍应自行编纂。各国宪法、民法及民事诉讼法、刑法及刑事诉讼法、各国商法诸门，应该选择翻译外国较好的教材讲授；中国古今历代法制考一门，暂行摘讲近人所编《三通考辑要》，日本有《中国法制史》，可以仿照其体例自行编纂教授，较为简易。交涉法一门，分国事交涉、民事交涉二种，国事交涉日本名为国际公法，民事交涉日本名为国际私法，可暂行采用，仍应自行编纂。

表3 政治学门课程表

课程名称	课程性质	第一学年每周授课钟点	第二学年每周授课钟点	第三学年每周授课钟点	第四学年每周授课钟点
政治总义	主课	2	1	1	
大清会典要义	主课	2	2	2	2
中国古今历代法制考	主课	4	4	4	4
东西各国法制比较	主课	1	1	1	1
全国人民财用学	主课	1	1		
国家财政学	主课	1	1		
各国理财史	主课	1	1	1	
各国理财学术史	主课				1
全国土地民物统计学	主课			1	1
各国行政机关学	主课			1	1
警察监狱学	主课	2	2	2	2
教育学	主课	1	1		
交涉法	主课	2	2	3	3

(续表)

课程名称	课程性质	第一学年每周授课钟点	第二学年每周授课钟点	第三学年每周授课钟点	第四学年每周授课钟点
各国近世外交史	主课	1	1	1	
各国海陆军政学	主课	3	3	3	3
各国政治史	补助课	1	1	1	1
法律原理学	补助课	1	1		
各国宪法民法商法刑法	补助课	2	2	2	2
各国刑法总论	补助课				1
合计:19	主15；补4	24	24	24	24

同法律学门一样，学生到第四年末毕业的时候，也须呈出毕业课艺和自著论说。各课程的讲授，具体规定如下：政治总义一门，日本名为政治学，可暂行斟酌采用，仍应自行编纂。大清会典要义一门，全书浩博，宜用坊间通行的《大清会典》节本及《吾学录》①，摘其精义，编成书籍讲授。两书如有缺漏之要义，教员可由会典原书考取补入，令学生先知纲要。各国理财史（日本名为经济史）、各国理财学术史（日本名为经济学史）、全国土地民物统计学（日本名为统计学）、警察监狱学、各国近世外交史等课程，日本有原书，可斟酌采用，仍应自行编纂。各国海陆军政学一门，日本有译本，可暂行采用。② 这是政治学门教学的大概情形。

从现在法学教育的眼光来看，这种课程设计有欠科学，太侧重于法制沿革的探究，对于具体部门法的课时分配偏少，此其一。法学是一门实践性极强的学科，不通过躬身实践，学生便很难深入理解法律规则的精义，更遑论对程

---

① 《吾学录》初编二十四卷，由清代学者吴荣光所撰，扼要叙述了中国历代的典章制度。
② 《奏定大学堂章程》，载北京大学校史研究室编：《北京大学史料·第一卷（1898—1911）》，北京大学出版社1993年版，第97—103页。

序重要性的认识，法政科的法学教育明显地忽视了这一点，此其二。其三是课程设计、教材选择以及授课方法上，基本是借鉴日本的法学教育模式，移植色彩浓重，这也与立法者本身对法律的理解是分不开的。在中国近代，法律的发展滞后于社会的发展，西方法律观念大规模传入中国并为中国的知识分子阶层所理解已是19世纪末20世纪初的事情了，大量具体规则伴随这种观念共同涌入近代中国，使中国的知识分子阶层根本来不及理解和消化。晚清立法者，如《奏定大学堂章程》的主要制定者张之洞受传统教育思想影响很大，虽然是晚清洋务运动后期的领军人物，但要谈到其对源于西方的法学体系，尤其是法学教育方面的理解，在西法东渐才刚开始展开之际，毫无疑问是欠缺的。① 尽管在今天看来存在种种不足，但与传统的律学培训模式，即在此之前的北洋大学法学教育以及进士馆、译学馆的法学教育相比，无疑是进步了。

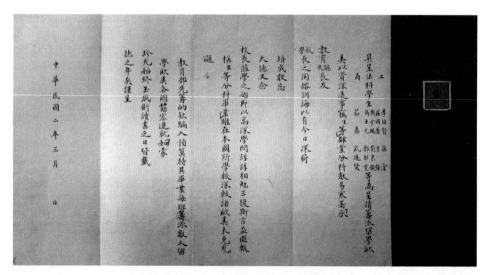

1913 年北大为派遣法科毕业生出国留学呈折

---

① 据王健教授考证，张之洞制定这个学制与姚锡光写给张之洞的学务报告有极大关系。详见《光绪二十四年闰三月二十日姚锡光上张之洞查看日本学校大概情形手折》（1898 年 4 月 22 日）。王健：《中国近代的法学教育》，中国政法大学出版社 2001 年版，第 266 页。

从仕学馆、进士馆、译学馆到政科预科再到法政科大学,北京大学的早期法学教育在大学教育中占据了越来越重要的地位。一是形式上从作为附属于政治学的学科到独立于政治学的学科定位,一是教学内容从零星的法律知识的讲授发展到较为系统的法学知识的传播。早期这些不同形式的法学教育共同奠定了法学教育在北京大学的重要地位以及北京大学法学教育在全国的重要地位。

第三章
蔡元培改革之后的北京大学法科(1917—1919)

蔡元培校长设计的北大校旗

第一节
蔡元培改革与北京大学法科规模的扩大

评议会室

一、蔡元培改革

1917年1月4日，蔡元培出长北京大学，开始对北京大学进行大刀阔斧的改革。经蔡氏改革之后，北京大学才真正成为一所现代学术研究和教育机构。蔡氏改革的主要方面是确立跟现代大学教育和管理相关的一系列制度与观念。

蔡元培是中国文化孕育出来的著名学者，同时又充满西洋学人的精神，尤其是古希腊文化的自由研究精神。[①]其改革北京大学，首重之观念为学术自由，

---

① 马勇：《蒋梦麟教育思想研究》，辽宁教育出版社1997年版，第46页。

认为只有学术自由，才能谈得上追求真理。①追求真理离不开学术的研究与创新。学术的研究与创新，可以说是一国文化的传承与发扬、人民知识的提升与扩展以及社会的改革与进步所不可或缺的精神动力。因此，学术自由对于大学而言具有首要的意义。为了使大学的学术研究得以顺利进行而不受任意干涉，有必要保障大学某种程度的自治，使其能抵御学术外势力的控制与左右，达成学术研究价值中立的要求②，故必须有某种制度设计加以保障。正是抱持学术自由的理念，蔡元培在借鉴现代欧美大学管理模式的基础上，创设了一系列制度以彻底改造北京大学。

首先是设立评议会，集体决定北京大学的重大事项。评议会设立于1917年4月，由校长、各分科预科学长及预科主任教员和各分科预科选出的评议员组成，其中校长担任议长，从会员中选举1人担任书记。各分科预科评议员由各科教员互选，每科选出2人，以1年为任期，可连选连任。评议会讨论下列事宜并作出决定：各学科之设立及废止；讲座之种类；大学内部规则；关于学生风纪事项；审查大学院生成绩及请授学位者合格与否；教育总长及校长咨询事件；凡关于高等教育事项，得以本会意见，建议于教育总长。评议会每月开常会一次，讨论重大事项。③到1920年4月1日，又通过了《评议会规则修正案》，该修正案进一步扩大了评议会的职权：各学系之设立废止及变更；校内各机关之设立废止及变更；各种规则；各行政委员之委任；本校预算；教育总长及校长咨询事件；凡关于高等教育事项，将建议于教育部者；关于校内其他重要事项。该修正案还对评议员的数量作了规定，即以教授全数1/5为准。④实际上，评议会成为北京大学的立法机构。其决议之作出不是基于个人意志，而是一个集体的决定，对于抵制外来干涉有一定的效果，其力量在蔡元培几次去职之后，在北京大学与教育部的抗争中有所表现。

---

① 蒋梦麟：《西潮·新潮》，岳麓书社2000年版，第121页。
② 周志宏：《学术自由与大学法》，蔚理法律出版社1989年版，第1页。
③ 《指令北京大学该校评议会简章及会员履历准备案文》，载《教育公报》第4卷第8期。
④ 《评议会规则修正案》，载《北京大学日刊》1920年4月15日。

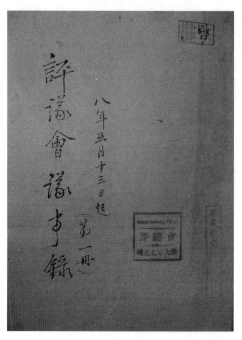

《评议会议事录》第一册封面

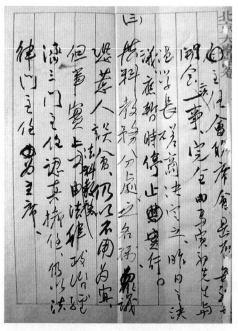

《评议会议事录》中关于法科设置之记载片段

与评议会模式相适应，各科系设立学科教授会，以贯彻教授治校、学术独立之精神。1917年12月8日评议会议决设立学科教授会，并通过《学科教授会组织法》。该法首先规定教授会设立的范围："本科各科各门之重要学科各自合为一部，每部设教授会。其附属各学科或以类附属诸部，或各依学科之关系互相联合，组合成部。每一合部设一教授会。例如……经济学部、法律学部、政治学部皆可各自成部，自设教授会。"① 北京大学的教授会并不只是教授才可以参加，该法规定每一部之教员，无论其为研究科、本科或预科教授、讲师、外国教员，皆为本部教授会之会员。教授会每一部设主任1人，任期2年，由本部会员投票选举产生。本部教授会每月开会一次，商议本部应办事宜，开会时由主任任主席。本部遇有要事，可随时由主任召集临时会议。教授会的职责是本部教授法之良否和本部教科书之采择。另外，凡关于本部下列诸事，本部（教授会）皆有参与讨论之责：（1）本部学科之增设及废止；（2）本部应用书籍及仪器之添置。②

蔡氏对北京大学的改造对法科的法学教育有重要影响的第三个方面就是对大学的定位。蔡元培曾多次论及法学教育及其在大学中的地位问题。他在谈到大学的性质和功用等问题时的一个重要预设前提是关于学与术的区分。他的观点是"文理二科，专属学理；其他各科（指法、医、农、工、商等科），偏重致用"③。"文理两科，是农、工、医、药、法、商等应用科学的基础，而这些应用科学的研究，仍然要归到文理两科来"。④ "学与术虽关系至为密切，而习之者旨趣不同。文、理，学也，虽亦有间接之应用，而治此者以研究真理为的，终身以之。法、商、医、工，术也，直接应用，治此者虽亦可能有永久研究之兴趣，而及一程度，不可不服务于社会；转以服务时之所经验，促其学术之进

---

① 《北京大学日刊》1917年12月11日。
② 《北京大学日刊》1917年12月11日。
③ 《大学改制之事实及理由》，沈善洪主编：《蔡元培选集》（上册），浙江教育出版社1993年版，第512页。
④ 《我在北京大学的经历》，沈善洪主编：《蔡元培选集》（下册），浙江教育出版社1993年版，第1331页。

蔡元培先生

步。"① 按照其对于这种"学"与"术"的划分，大学就应该是以文理两科为基础，专门探索高深学问，以研究真理为旨趣的学术机构。由于自晚清以来的法学教育并没有达到国家原所希望于他们的贡献水平②，至民初更呈现出颓败的风气，蔡元培目睹了法政学生及法政教育的不良："兄弟两年前（约1916年）到北京的时候，还受了外来的刺激，对于法政学生还没有看得起他。兄弟初到大学时，接见法科学生，也如此对他们说。那时兄弟听说多数法政学生，不是抱求学的目的，不过想借此取得资格而已。譬如法科学生对于各种教员，态度就有种种的不同，有一种教员，实心研究学问的，但是在政界没有什么势力，他们就看不起他。有一种教员，在政界地位甚高的，但是为着做官，忙时常请假，讲义也老年不改的，而学生们都要去巴结他。呵，他们心中还存在着那种科举时代老师照应门生的观念呀。"③ 基于对法科学生的上述判断，蔡元培尽管认为一所完整的大学应该是各科并设，但他仍然主张把法科从大学中分离出去，办专门的法政学校。所以《申报》在报道"蔡元培与北京大学改制"中有一点即是"法科独立之预备"："北京大学各科以法科为较完备，学生人数也最多，具有独立的法科大学之资格。惟现在尚为新旧章并行之时，独立之预算案尚未有机会提出，故暂时从缓议。"④ 尽管蔡元培的这一主张因遭到反对未能真正实行，法科仍然保留在

---

① 《读周春嶷君"大学改制之商榷"》，沈善洪主编：《蔡元培选集》（上册），浙江教育出版社1993年版，第519页。
② 阮毅成：《法律教育的失败及其补救》，《教育杂志》1935年第25卷第4期。
③ 《蔡子民先生演说词》，《政法学报》（北京国立法政学校刊物）1919年第11期。
④ 《申报》1917年8月28日。

北京大学里面，但对北京大学的法学教育实在产生了重要的影响。虽然蔡元培对于"学"与"术"本身及二者之间关系的理解有欠准确的地方，诚如有学者指出的那样，"法科并不仅仅是一种讲究应用的'术'，而且有其丰富而深厚的学理内涵。西方有的法学家称法律是一种艺术，其中的'术'，乃指法律中蕴含的理性与经验，不同于这里的'术'"①。但其对法学教育的批判对于矫正中国近代自晚清留学日本学习法政之时就一直对中国的法学教育产生消极影响的"速成"与"实用"的极端功利的观念有益②，对于提高法律人的人文素养，促进其了解法律背后的精神实质，乃至提高整个法学的教学水准有重要的价值。

二、法科教授会

1917年年底，北京大学评议会通过了《学科教授会组织法》，要求各科组织教授会。法科遵照该法规定，聘请周家彦、左德敏、徐崇钦、黄振声、徐墀、黄右昌、陶履恭、胡钧、马寅初、张祖训为法科本科教授，王彦祖、郭汝熙、朱熙龄、韩述祖、林损、李景忠、黄国聪、伦哲如、黄振华为法科预科教授；组织法律门、政治门、经济门三教授会，分别由各门教授和讲师选举出三门的教授会主任，法律门教授会主任由周家彦担任，经济门教授会主任由马寅初担任，政治门教授会主任由陶履恭担任。③ 于1917年创刊的《北京大学日刊》登载北京大学每日发生的重大事件、通过的重要决议、重要的讲座、社团活动等。刚开始教授会的职能还没能得到充分的发挥，在《北京大学日刊》上看不到法律学门教授会发布的相关信息。

北京大学法科决议的公布、重要问题的通告多以法科学长的名义作出。但这些决议的产生是不是通过教授会议决的，是不是像现在的法律公布一样，由立法机关实际制定而由国家元首公布呢？限于具体资料，笔者对此问题不作定论，但可以肯定的是，教授会的成立对于法科的法学教育是有一定影响的。教

---

① 王健：《中国近代的法律教育》，中国政法大学出版社2001年版，第315页。
② 阮毅成：《法律教育的失败及其补救》，《教育杂志》1935年第25卷第4期。
③ 《学科教授会主任一览表》，载《国立北京大学廿周年纪念册》。

1918年《北京大学日刊》载北京大学法科出版部广告

授会相比于传统的行政官僚体制来进行大学的管理具有天然的优越性。大学是一种创造知识、传播知识的机构，这就决定了大学的工作须紧紧围绕知识来进行，知识来源于对真理的认识，不依附于行政权威而独立存在。因此，由那些知识的物质载体教授、讲师组织教授会来进行知识的自我管理和控制当然比来自外在的、盲目的、恣意的行政官僚管理体制优越。随着这种机制的运作逐渐成熟，教授会在北京大学法学教育中发挥着越来越重要的作用。

三、法科研究所

在蔡元培将大学定位为专门探索高深学问，以研究真理为旨趣的学术机构这个办学方针的指导下，北京大学评议会议决通过《研究所通则》和《研究所办法草案》，规定法科须设立法律门、政治门和经济门三个研究所，商科学生附入经济门研究所。法律门的研究方法是各国法律比较学说异同评、名著研

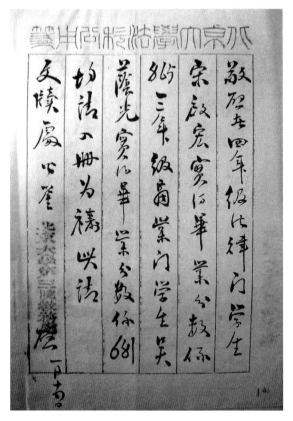

北京大学法科公用笺

究、译名审定等，政治门和经济门的研究方法为名著研究和译名审定等。为配合研究工作的展开和研究成果的推广，北京大学印行《北京大学月刊》，其稿件由九门研究所分任，每门所任自三千言以至七千言。研究所教授还要自择专题，每个月写论文一篇，或公开讲演或登载于月刊及其他刊物。[①] 草案还对研究科目作出了规定，研究科目分研究科和特别研究科。研究科由教员指定研究科目，在每学年开始的时候，各研究员须择定愿意研究之题目，随时由教员指定书籍自行参考。每项研究科，每星期或两星期得开会一次，会时由本科教员

---

① 《研究所通则》，载王学珍、郭建荣主编：《北京大学史料·第二卷（1912—1937）（中册）》，北京大学出版社 2000 年版，第 1331—1332 页。

法科学长王建祖

讲演其心得,本科研究员亦得讨论质问。特别研究科由研究员自择论题,经主任认可,或由研究科各教员拟定若干题,让研究员自己选择。题目确定之后,由各研究员自行研究,随时得请本科各教员指示参考书及商榷研究之方法,以所得结果作论文一篇。论文完成后,由本科研究所教员共同阅看,其收受与否由各教员开会定之,所收受之论文由研究所交付大学图书馆保存或节要采登月刊,其未经收受者由各教员指出应修改之处,交给作者自己修改。另外,研究所的教员及研究员每月开会一次,由研究员1人或2人报告其特别研究之结果,报告结束后各教员和研究员可以自由讨论。研究员选择的研究科目可分主科与副科。凡研究员特别研究论题所在之科为其主科;主科之外可择一副科,其副科之范围或为本门之一种。其目的是拓宽研究员的视野。①

法科学长王建祖负责按照上述通则和草案的规定筹建法科研究所。到1917年年底,法科研究所的筹建工作基本完成。为此,王建祖向校长蔡元培汇报了法科研究所的筹办情况:"法科各研究所著手组建,已经累月,现已就绪,可告成立……法科研究所共分三门,曰法律门研究所,曰政治门研究所,曰经济门研究所。商科学生附入经济门研究,暂不另设专所。研究所各设主任教员一人,主持研究事务。"②

到底研究所应该设置哪些学科作为研究的范围?考虑到"法科三门所有学科不下百十种,一一聘请教员,分别担任,一如分科大学之办法,势所不能。

---

① 《研究所办法草案》,载《北京大学日刊》1917年11月16日。
② 《北京大学日刊》1917年12月22日。

且研究员志趣各殊，各择其所嗜者研究之。所有科目，未经选择者，即无设置之必要"①，尽管从理论上讲，研究所为研究学术而设。凡属学术之事，皆可研究，本不宜加以限制。但为应世需用起见，学术中之事项又有缓急先后之别，故不得不确定一范围。王建祖在筹办开始的时候，即拟定一办法，先通告研究员关于研究科目，再行分配办理。不久各研究员开报了如下科目：（1）比较法律；（2）政治学；（3）经济学；（4）财政学；（5）银行货币学。其中由王宠惠负责比较法律，张耀曾负责政治学，张嘉森负责国际法，胡钧负责财政学，陈兆焜负责经济学，马寅初负责银行货币学。

到王建祖向校长汇报之时，王宠惠指导研究的比较法律，早在一个月前即已开始研究，每星期由研究员分班前往就学。研究所在办理过程中，发现研究员研究学术时，参考书最为重要。北京大学图书馆虽略有藏书，但已然不敷所用。针对此情况，王建祖也拟定了办法，即"各教员选择善本，分别函购。将来研究员需用书籍，为本校所未备者，亦当属其开具书目，由主任核定酌量购备"②。以上为法科研究所的筹办情形。

法科研究所成立之后，又陆续聘任了多名教员指导研究员从事学术研究工作。其中左德敏任保险法，徐崇钦任商业与工厂管理法，康宝忠任中国法制史，王景歧任中国国际关系及各种条约，周家彦任行政法③，罗文干任刑法研究教员，陈长乐任美国宪法之研究④，张国药任贫民生计问题及欧战后世界经济之变迁。⑤至此，法科三研究所从研究课题到指导教员都具备了一定的规模。

法科研究所每门设主任1人，其中首届法律门研究所主任为黄右昌，政治门研究所主任为陈启修，经济门研究所主任为马寅初。学校为了表示对研究所的重视，规定各研究所办事及开会之报告，由主任送学长交《北京大学日刊》登载。

---

① 《北京大学日刊》1917年12月22日。
② 《北京大学日刊》1917年12月22日。
③ 《北京大学日刊》1917年12月28日。
④ 《北京大学日刊》1918年1月10日。
⑤ 《北京大学日刊》1918年1月15日。

其研究员从本校毕业生及与本校毕业生有相当程度的学生中选拔。除在所研究的通常研究员外，还有通信研究员。"凡有入研究所之资格，而以特别事故不能直接为通常研究员者，如得校长或学长或本门主任职员之许可，可为通信研究员。"① 通信研究员须提出所欲特别研究之论题，自行研究，以所研究之结果，著为论文一篇。通信研究员须将所择论题寄交本门主任职员，由主任职员就所择题之性质，请本门教师若干人审定认可。论题择定后，通信研究员可随时与本门教员直接通信讨论所研究的课题。通信研究员所作论文完成后，可由本门教员共同阅看，其已收受之论文，当交图书馆汇存，或摘要登载《北京大学月刊》。其未经收受之论文，由各教员指出问题所在，发还著者重新修正。② 到1919年8月法科研究所开会议定"通信研究暂行停办"为止，通信研究员存在时间不到两年。建立通信研究的初衷是为了给有志于法科研究但因种种原因无法在校的研究员一个研究机会，但可能是由于研究所无法直接管理导致流弊滋生，达不到研究之目的而取消此制。

通常研究员主要包括两部分人：一是法科四年级学生，一是法科毕业生申请入研究所进行某一课题研究的研究员。法科毕业生到研究所做研究员进行某一特别研究的手续在上文所述的《研究所办法草案》里已经作了具体规定，兹不赘述。这里着重谈谈法科四年级学生入研究所进行课题研究的手续。研究所要求法科四年级学生在学年之伊始，须与担任教员商定研究题目，随时由教员指示研究方法及参考书籍。每一门的所有研究员每月开会一次，由研究教员之一人任主席，由主席教员所指导之研究员报告其会期中间研究之成绩，而由主席教员点评，其他研究员也可以讨论质问。开会时也可以由主席教员讲演其研究心得。③

---

① 《文法科通信研究手续》，载王学珍、郭建荣主编：《北京大学史料·第二卷（1912—1937）（中册）》，北京大学出版社2000年版，第1540页。
② 《文法科通信研究手续》，载王学珍、郭建荣主编：《北京大学史料·第二卷（1912—1937）（中册）》，北京大学出版社2000年版，第1540页。
③ 《法科四年级及研究所之研究手续》，载王学珍、郭建荣主编：《北京大学史料·第二卷（1912—1937）（中册）》，北京大学出版社2000年版，第1540页。

法科研究所成立伊始，即有研究员 103 人，其中法律门有 53 人，政治门 6 人，经济门 34 人（包括 13 名通信研究员）。法律门的 53 人里面，研究比较法律者 35 人，研究宪法者 4 人，研究刑法者 6 人，研究商法者 2 人，研究国际法者 6 人。①

四、北京大学法科规模的扩大

受蔡元培改革北京大学的影响，北京大学将农科改为农业专门学校，划出独立，以路孝植充校长，以工科归并北洋大学，以北洋大学法科归并北京大学。②因此，法科的规模得以扩大。

法科教室摄影

---

① 《法科研究所研究员一览表》，载《北京大学日刊》1918 年 3 月 20 日。
② 《申报》1914 年 2 月 15 日。

由于北洋政府教育部颁布的《大学令》规定大学大多数科目的修业年限与预科一样，均为3年，不利于将大学办成"探究高深学术"的教育机构，故北京大学等校校长呈请改定大学学制，教育部经过开会研究，于1917年6月28日宣布改订大学学制办法，拟先行改订大学修业年限，预科2年，本科4年。①1912—1913民国二三年间，北京大学预科相比正科有可观之处，但在蔡元培改革北京大学之前，预科也成为无学识教员充斥之地，形成某种半独立状态。蔡元培改革北京大学的一个重要内容就是整顿预科。预科本是从前清高等学堂旧制演变而来，后由于各省所立高等学堂程度不齐，送到大学里面后发生了种种困难，因此，教育部要求大学自设预科而停办高等学堂。北京大学预科本分一部、二部，姑且不谈其编制和年限是否尽合理，就预科一部而言，称为文预科，兼为文、法、商三科预备，结果那些文科所必须预备而对于法、商两科可不必设的，以及法、商科必须预备而文科可以不学的课程都统统列入，遂使得学生在那些非必要的课程上浪费时间与精力，更妨碍了学生学习那些重要课程。而且"（北大预科），名为大学预备，而该科学长，素不愿受大学校长指挥，凡事好与大学立异，甚至自称预科大学，一切课程，均故意不与大学接洽，以致虽系预科，而功课与本科并不衔接"②，结果"取本科第一年应授之课，而于预科之第三年授之，使学生入本科后，以第一年之课程为无聊，遂挫折其对于学问上之兴趣。且以六年之久，而所授之课，实不过五年有奇，宁不可惜"③。蔡元培为实行联络预科、本科关系起见，决定本年暑假后废止现设预科，另于文、理、法三科，分别附设预科，2年毕业，本科则4年毕业。④使三科学长，各掌所属预科，而校长则总本科、预科之成，以期事权统一。自此，北京大学法科终于创办了自己的预科，改变了以前统属于文预科之下的局面。预科学生不再像以前那样，要等到预科毕业之后才确定自己本科究竟学什么，

---

① 《大事记》，载《教育杂志》1917年第9卷第8期。
② 《北京大学之改革》，载王学珍、郭建荣主编：《北京大学史料·第二卷（1912—1937）》（上册）》，北京大学出版社2000年版，第65页。
③ 王世儒编撰：《蔡元培先生年谱（上册）》，北京大学出版社1998年版，第197页。
④ 《北京大学改制与蔡元培》，载《申报》1917年8月5日。

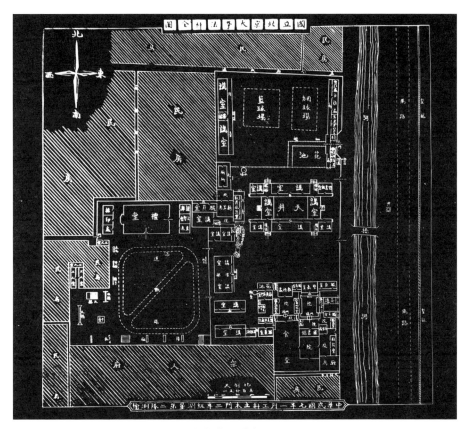

北京大学法科全图

从进预科开始，即可以确定以后的学习方向，而学校在制订教学计划时也能够更有针对性。可以想见，不管是教师教学还是学生学习都能够比以前做得更好。

法预科在招生实践中不仅招收正取生，还招收暂取生，如1918年即招暂取生39名。正取生与暂取生的区别就是，凡各科目试验均及格者为正取生。其外国语不及格者，须改习他种外国语始准入学者为备取生。有一二科目不及格须补习者为暂取生，得与正取生一律听讲，但须于一学期内在本校补足未及格科目。为此，法科还专门为暂取生开设补习班，由本校教员或补习班教员分班补授。① 这样做的道理就在于，不以一次考试决定其有无继续学习的机会，

---

① 《北京大学日刊》1918年8月10日。

给那些有志于学习法学但因偶然考试发挥不佳的人提供了一次机会。

北京大学的商科在1917年也归并到法科里面。本来按照北洋政府教育部的命令，商科应该设立银行保险等专门，但北京大学商科于1917年初始设立，不设专门，并不符合教育部的规定。因此，北京大学于当年5月15日呈请教育部，"本校自本学年始设商科，因经费不敷，不能按部定规程分设银行学、保险学等门，而讲授普通商业学，颇有名实不敷之失。现值各科改组之期，拟仿美、日等国大学法科兼设商业学之例，即以现有商科改为商业学门，而隶于法科"①。该月23日得到教育部的批准。从此，北京大学法科又增加了商业一门。从此北京大学法科得到大幅度扩充，成为北京大学较大的科系之一。1917年年底北京大学法科学生人数见表4②：

表4　1917年年底北京大学法科学生人数

		一年级	二年级	三年级	四年级	总计
正科	法律门英文班	22	20	10	25	77
	法律门德日法班	36	23	18	29	106
	法律门法法班	11	1	2	8	22
	政治门	23	11	8	6	48
	经济门	42	24	22	19	107
	商业门	3	70			73
	总　计	137	149	60	87	433
预科	预科德文班	25	19			44
	预科法文班	19	23	12		54
	预科英文甲班	71	30	23		124
	预科英文乙班	51	29	30		110
	预科英文丙班	36	35	24		95
	总　计	202	136	89		427

---

① 王世儒编撰：《蔡元培先生年谱（上册）》，北京大学出版社1998年版，第196页。
② 《北京大学日刊》1917年12月1日。

随着学生人数的增加，授课教师也更多了。据1918年的统计，北京大学法科4门共有全职、兼职教师87名，详见表5。

表5　1918年北京大学法科教员名录[①]：

姓　名	别　号	籍　贯	职　务	年龄(岁)
毕善功	退庵	英国	法本科教授	44
徐　墀	梦塘	广东台山	法本科教授	32
黄振声	伯希	广东高要	法本科兼预科教授	32
黄国聪	少榆	广东香山	法本科兼预科教授	27
张祖训	慰慈	江苏吴江	法本科兼预科教授	
陈长乐	长乐	广东台山	法本科兼预科教授又兼法律门研究所教员	30
徐崇钦	敬侯	江苏昆山	法本科兼预科教授又兼经济门研究所教员	41
黄右昌	黼馨	湖南临澧	法本科教授兼法律门研究所主任	34
陈启修	惺侬	四川中江	法本科教授兼政治门研究所主任	34
马寅初	寅初	浙江嵊县	法本科教授又兼经济门研究所主任	34
周家彦	韬甫	广西桂林	法本科教授兼法律门研究所教员	38
左德敏	子捷	湖北应城	法本科教授兼经济门研究所教员	43
胡　钧	千之	湖北沔阳	法本科教授兼经济门研究所教员	46
陶履恭	孟龢	直隶天津	文本科教授兼法本科教授	31
康宝忠	心孚	陕西固城	文本科教授兼法本科教授又兼法律门研究所教员	32
钟赓言	子飏	浙江海宁	法本科讲师	37
余棨昌	戟门	浙江绍兴	法本科讲师	37
林行规	斐成	浙江鄞县	法本科讲师	
陈　介	蔗清	湖南湘乡	法本科讲师	

---

① 《现任职员录》，载《国立北京大学廿周年纪念册》。

(续表)

姓　名	别　号	籍　贯	职　务	年龄(岁)
屠振鹏	宝慈	江苏武进	法本科讲师	39
王荫泰	孟群	山西汾阳	法本科讲师	
徐维震	旭瀛	浙江桐乡	法本科讲师	38
张孝栘	逊省	湖北鄂城	法本科讲师	
严鹤龄	侣琴	浙江余姚	法本科讲师	
稽岑孙	洛如	江苏常熟	法本科讲师	
陈继善	孝周	浙江嵊县	法本科讲师	37
朱神恩	锡年	广东开平	法本科讲师	
李　傥	倜君	湖南湘潭	法本科讲师	35
黄康年	默陶	湖南长沙	法本科讲师	
姚　憾	恨吾	安徽桐城	法本科讲师	
申鸿琛	新柏	浙江桐乡	法本科讲师	36
熊　遂	和轩	江西南昌	法本科讲师	34
朱祖鋐	畹青	江苏吴县	法本科讲师	
龚　湘	礼南	福建闽侯	法本科讲师	29
梁　宓	卣铭	广东南海	法本科讲师	42
林　彪			法本科讲师	
何基鸿	海秋	直隶藁城	法本科讲师	30
雷孝敏	叔礼	广东台山	法本科讲师	
徐新六	振飞	浙江杭县	法本科讲师	29
张煜全	昶云	广东南海	法本科讲师	
陈长蘅			法本科讲师	
朱鹤翔	凤千	江苏宝山	法本科兼预科讲师	29

(续表)

姓　名	别　号	籍　贯	职　务	年龄(岁)
何尚平	伊榘	福建闽侯	法本科兼预科讲师	
罗文干	钧任	广东番禺	法本科讲师兼法律门研究所教员	30
王景歧	石孙	福建闽侯	法本科讲师兼政治门研究所教员	
陈兆焜	希尧	广东番禺	法本科讲师兼经济门研究所教员	37
王启常	启常	浙江鄞县	文本科讲师兼法本科讲师	
李景忠	法生	福建闽侯	法预科教授	40
白来士		法国	法预科教授	37
韩述祖	志勤	京兆宛平	法预科教授	
梅尔慈		德国	法预科教授	40
郭汝熙	怀康	福建惠安	法预科教授	31
林　损	功溇	浙江瑞安	法预科教授	
朱锡龄	继庵	江苏江宁	法预科教授	35
吴曾懃	潜甫	江苏吴县	法预科教授	28
何德美		德国	法预科教授	36
王彦祖	彦祖	广东番禺	法预科教授	30
黄振华	振华	广东高要	法预科教授	29
伦　明	哲如	广东东莞	法预科教授	39
陈　怀	孟冲	浙江瑞安	法预科教授	
卫而逊		美国	文本科教授兼法预科教授	28
马裕藻	幼渔	浙江鄞县	文预科教授兼法预科教授	
朱宗莱	蓬仙	浙江	文预科教授兼法预科教授	38
刘　复	半农	江苏江阴	理预科教授兼法预科教授	28
卫国垣	心微	江苏青浦	法预科讲师	34

(续表)

姓　名	别　号	籍　贯	职　务	年龄(岁)
钟　锷	秉锋	广东梅县	法预科讲师	29
吴耀祖	觉生	广东四会	法预科讲师	30
陈定谟		江苏青浦	法预科讲师	30
黄国恩	觉因	广东香山	法预科讲师	32
林葆恒	介如	广东	法预科讲师	38
黄人望	伯珣	浙江金华	法预科讲师	
沈　颐	朵山	江苏武进	法预科讲师	38
梁钜屏	钜屏	广东南海	法预科讲师	
刘富槐	农伯	浙江桐乡	法预科讲师	
宋建勋	子猷	福建莆田	法预科讲师	
王敬礼	毅侯	浙江黄岩	法预科讲师	33
柴春霖	东生	甘肃	法预科讲师	
孙广昭			法预科讲师	
吴勤训	经畲	江苏泰兴	法预科讲师	41
陈守真	子柠	浙江诸暨	法预科讲师	52
梁敬锌	和钧	福建闽侯	法预科讲师	28
陈廷均	少云	广东新会	文预科讲师兼法预科讲师	26
白雄远	锦涛	京兆密云	法预科体操教员	
王宠惠	亮畴	广东东莞	法科法律门研究所教员	39
张嘉森	君劢	江苏宝山	法科法律门研究所教员	
张耀曾	榕西	云南大理	法科政治门研究所教员	
张　武	国药	安徽桐城	法科经济门研究所教员	32
佟联吉	瑞辅	京兆	法科技击教师	

蔡元培改革之后的北京大学气象一新,综合性大学创办法科的优势得到一定程度的展现。随着北洋大学法科、北京大学商科并入法科以及单独的法预科的设立,北京大学法科较改革之前大为扩充,具有一定的规模,逐渐成为北京大学一大科系。但此种规模的扩大并不是以质量的下降为代价的,反而较改革之前有相当的提高。

第二节 北京大学法科法学教育的革新

一、教学方面的改革措施

随着法科规模的扩大、教师的增加,法科的课程改革也提上了日程。前述学制改革欲真正达到培育更优秀学生的目的,最终还要靠教学和科研二者的保证。先来看一下教学方面,北京大学法科在这方面的改革能取得较好的效果,跟蔡元培先生的主持分不开。据蔡先生回忆:"北大旧日的法科本最离奇,因本国尚无成文之公私法,乃讲外国法,分为三组:一曰德日法,习德文、日文的听讲;二曰英国法,习英文的听讲;三曰法国法,习法语的听讲。我深不以为然,主张授比较法。而那时教员中,能授比较法的,只有王亮畴、罗钧任二君。二君均服务司法部,只能任讲师,不能任教授,所以通盘改革,甚为不易。直到王雪艇、周鲠生①诸君来任教授后,始组成正式的法科,而学生亦渐去猎官的陋见,引起求学的兴会。"②尽管此种改革之真正展开是在20世纪20年代,但自此开始的对既有教学内容的反思无疑会引起其逐渐改善。这种教授内容的革新,对于法学教育是能起到积极作用的。下面以四年级学生的诉讼实

---

① 王亮畴即王宠惠,罗钧任即罗文干,王雪艇即王世杰,周鲠生即周览。
② 王世儒编撰:《蔡元培先生年谱(上册)》,北京大学出版社1998年版,第183页。

习为例来说明此问题。

  北京大学法科对法律门四年级学生的诉讼实习非常重视，将此诉讼实习作为法科法律学门研究所的一项重要工作。为此，法科专门拟定《北京大学法科诉讼实习章程》以进行规范。学校为法科四年级学生诉讼实习方便起见，在讲堂内设立模拟法庭，按照法庭形式，临时布置。诉讼实习，每月举行二次，于星期日进行。诉讼实习引用之法令，以现行法令及判例为标准。除民刑诉讼外，凡国际私法诉讼、行政诉讼、选举诉讼等，都包含在实习的内容里面。诉讼实习由担任导师及法科职教员督率法科四年级法律门学生进行。三年级法律门学生，得本门主任之许可，也可以加入，但不能制作诉状和判词。政治经济门四年级学生，如有志于司法一途者，得本门主任之许可，也可以加入，但也不能制作诉状和判词。假设法院实行三级三审：第一审为地方审判厅，第二审为高等审判厅，第三审为大理院。但由于现行法令所规定的诉讼管辖，十分复杂，为避免因这种现行法的规定而可能出现的程序上的混乱而妨碍诉讼的进行，因此又明确规定假设审判厅之例题，概以地方管辖事件为准。至于假设法庭的人员配置、审判用语及程序的进行，都要求按照《法院编制法》的相关规定进行，唯有送达、传唤、拘捕等程序以简略化的方式处理。第一审、第二审之假设案件，均公开审理。凡本校学生得自由至假设法庭旁听。他校学生有想来法科假设法庭旁听的，须预先将人数通知本校。凡于假设案件，可以提起抗告、控告、上告，但当事人必须制作抗告、控告、上告书状。假设案件，从第一审迄第三审止，以三星期为限。凡关于审判实习用纸，由学校按定式制作发给学生，不得使用不合定式之纸。各种用纸，应与法定格式无殊，唯于中缝或抬头用北京大学法科审判实习用纸字样，以示区别。①

  从规范诉讼实习的章程来看，应该说是相当完备的，就是和现在国内高校所进行的模拟审判相比，也毫不逊色。这些写在纸面上的规定基本上是能够得到贯彻的，有此一时期北京大学法科诉讼实习方面资料可以证明。下面是北京大学法科诉讼实习的一个民事案件。至于这个案件是否具有典型性，据笔者翻

---

① 《北京大学日刊》1919 年 8 月 23 日。

阅《北京大学日刊》的经验来看，上面登载的实习案件很多，案件的进展以法科研究所布告的形式得到了充分展现，判决书也登载于其上。笔者只是从中随意抽出一个案件，并非有意选择的结果，因此，其具有某种代表性。此模拟案件是1919年第二次诉讼实习案件，拟题人为当时的法律门研究所主任黄右昌教授。该案件情形如下：

> 赵峻子与峻丑为同胞兄弟。峻丑出继胞伯明乾。峻子嫡配钱氏，生子德卯，早卒。前清光绪十年，（抚）峻丑之子德辰所生子以良为德卯后。光绪十六年，峻子纳妾二，孙氏生一子，曰德仁，李氏生三子，曰德义、德礼、德智。二十五年，以良娶妻周氏。二十八年，以良从军病故。周氏无出，未几亦故。三十年，峻子凭钱黎、钱民（即赵钱氏之兄与弟），族长明劭、族人明尧、明舜、明禹、明汤、德文、德武为诸子析产。除存公田三十石外，作为五股均分。已故德卯亦分田二十石。为将来立后之计，并于遗嘱内批明，长男德卯早卒，现无人承嗣，待予亲生之子生子，以先生者承德卯嗣。如先生者不愿出抚，乃以次生者承之。德辰不以批语为然，申诉异议，欲以己孙亲泰兼祧以良嗣。钱黎、钱民从旁赞成，而峻子不理也。民国元年，峻子病故。德仁亦于宣统元年、三年生子以国、以家。民国二年，德仁召集所继人遗嘱内到场咸族，声言遵照遗嘱，以己子以家承德卯嗣，德辰亦请凭峻子遗嘱内到场咸族，声言非以己孙亲泰兼祧以良嗣不可。两不相下。于是德辰以霸产斩嗣等情起诉。德仁以背批谋产等情辩诉。兹将案内细情列后：
>
> （一）起诉时赵钱氏已故。
>
> （二）遗嘱到场之钱黎、钱民以德辰之理由为然。主张宜为以良立后。
>
> （三）遗嘱到场之明劭、明尧、明舜、明禹、明汤、德文、德武均以德仁之理由为然。主张宜照峻子遗嘱行事。
>
> （四）起诉时，德仁之子以家三岁，以温之子亲泰九岁。德义、德礼、德智及以恭、以俭均无子。
>
> （五）赵氏一干人等，参照后表，其宗派为克、明、峻、德、以、亲九族。

（六）族长明劭，族人明尧、明舜、明禹、明汤、德文、德武均系四亲等以外之宗亲。①

实习法庭经过通常的诉讼程序之后，作出如下判决：

赵德辰之孙亲泰，不得兼祧赵以良，应为以良父赵德卯立继，待生孙以嗣以良。即由亲族会议，依法定顺序，就继位最先之人，速行立继程序。诉讼费用，应由原被告平均负担。

判决书中列出了经法庭调查后的案件事实以及据以判决的理由：

事实

缘赵德仁之父赵峻子，与赵德辰之父赵峻丑为同胞兄弟。峻丑出继胞伯赵明乾，峻子嫡配钱氏生子德卯，早卒。前清光绪十年，抚赵德辰之次子以良为德卯后。光绪十六年，峻子纳妾二，孙氏生一子，曰德仁。李氏生子三，曰德义、德礼、德智。二十五年，以良娶妻周氏，二十八年以良因从军病故，周氏无出，未几亦亡。三十年峻子邀集妻兄弟钱黎、钱民、族长赵明劭，族人赵明尧、明舜、明禹、明汤、德文、德武等，为诸子析产。除存公田三十石外，作为五股均分。已故德卯，亦分田二十石，为立继之计，并于遗嘱内批明："长男德卯早卒，现无人承嗣，待予亲生之子生子，以先生者承德卯嗣。""如先生者不愿出抚，以次生者承之。"德辰不以批语为然，钱黎、钱民从旁赞成，而峻子不理也。德仁于宣统元年生子以国，三年生以家。民国元年，峻子病卒。二年，德仁邀集峻子遗嘱内到场亲族，辩言非以己孙亲泰兼祧以良不可。经戚族调处不协，旋据德辰以霸产斩祀显违典章恳请依法兼祧等情起诉。德仁亦以背批谋产等情辩诉。案经讯明，应即判决。

理由

据原告人供称，赵以良既为从军而死，周氏又系孀守之妇，应为立嗣，毫无疑义。以良有后，即德卯有后，德卯有后，即无再为德卯立继之必要。乃峻子遗嘱，为德卯立后，不认以良有立后之资格，显系违反国家

---

① 《北京大学日刊》1919年11月13日。

奖励战士之意及慰藉孀妇之道。自始即属违法。惟以良与其妻周氏病故之时，均在前清光绪二十八年，支属内实无可继之人，自应依待生待继之法，不问同父周亲与否，而以宗族中昭穆相当之先生者为以良后。赵亲泰既生于前清光绪三十一年，应请依法以亲泰兼祧以良。原告代理人并主张同父周亲，系包括拟制上与血族上之宗亲而言。赵以良虽出继赵德卯，不得谓赵德卯非其亲生之父，赵以温非其同胞之兄，故赵亲泰与赵以良应为同父周亲，实合兼祧条件云云。

据被告人供称赵以良在法固宜为之立后，惟因其时，族中实无昭穆相当可为立继之人。且德卯有后，以良不患无嗣。故赵峻子以直系尊亲属之资格，行使为其父立继之权利。虽未明言待生孙，以嗣以良，不免稍有语病。然以语病攻击遗嘱，理由不甚充足。至亲泰兼祧以良，与兼祧条件实有不合。应请依照遗嘱，由以家承继德卯云云。

同级检察厅检察官对于本案之意见，略称赵以良应为立嗣，而遗嘱置于不问，实违反现行法律例。赵亲泰兼祧以良，与法定条件亦未悉合。两造主张之理由，均不能认为正当。应俟赵德仁或德义、德礼、德智等生孙，或德辰生次孙，承继以良宗祧。若同时并生，则以德仁或德义、德礼、德智等所生之孙，为以良嗣云云。

本厅查现行律，其有子婚而故，妇能孀守。已聘未娶媳，能以女生守志。及已婚而故，妇虽未能孀守，但所故之人，业已成立。或子虽未娶而因出兵阵亡者，俱应为之立后。又大理院判例及解释，夭亡且未婚配，不得为之立后。故夭亡而已婚，或未婚而已成年者，均准立后（大理院六年上字第一一八九号判例及七年统字第九一三号解释）。本案赵以良亡故之时，业已成年。即使未曾婚配，亦应为之立后。矧因从军病故，其妻又系孀守之妇，揆之法例之精神，尤无绝嗣之理。原告人主张为以良立嗣，固属正当。而主张以亲泰兼祧一节，殊有未合。查例载：如可继之人，亦系独子，而情属同父周亲，两相情愿者，取具合族甘结，准其承继两房宗祧。大理院判例，关于独子兼祧，亦明言条件有四：（一）须可继之子为独子；（二）可继之人须为同父周亲；（三）须被继及承继两方均属情愿；

(四)取具合族甘结。若合族之人,不肯具结,而无法律上之理由者,则以裁判代之(二年上字第四八号、第一零三号,三年上字第一三五号、第一八六号)。寻绎法例意义,以上条件,若未具备,兼祧两房,法所不许。赵以良以前清光绪十年出继德卯宗祧,自继承始,即时取得嗣子之身份。对于德卯亲属之关系,实生重大之变更。查大理院解释:甲乙为亲兄弟,甲既出继,乙对之自不得为同父周亲云云(四年统字第三六三号)。则以良与亲泰之父以温,其非同父周亲,毫无疑义。且族长赵明劭,族人赵明尧、明舜、明禹、明汤等,均谓亲泰与以良亲属关系,本甚亲密,但以良一旦出继他房,身份随之变更,不得仍为同父周亲。若以亲泰兼祧以良,万难同意云云。本厅认为此种主张,尚属正当。第二、第四条件,俱未具备,原告人之请求,以亲泰兼祧以良,及原告代理人之主张,实不合法。至赵峻子之遗嘱,形式上之要件具备与否,姑无具论,而为德卯立后,置以良后嗣于不顾,是证赵峻子毫无为以良立后之意思,显与现行律例之规定不符。被告人之答辩,谓遗嘱中未有待生孙以嗣以良一语仅为一种语病,究系强为解释,不能认为正当请求。依照遗嘱,由以家承继德卯一节,法律上殊无根据。查例载:若支属内,实无昭穆相当可为其子立继之人,而其父又别无子者,应为其父立继,待生孙以嗣应为立继之子。赵氏族中,亲字辈只有亲泰一人,实无合法可继以良之人,而其父德卯又无别子。按之上关法文,应为德卯立继,待生孙以嗣以良。又查大理院判例,孀守之妇已故,其立继权,应由亲族会议代行之(三年上字第七七九号)。以良之父德卯,应由何人承继,待生孙以嗣以良,当开亲族会议,依法定顺序,就顺位最先之人,速行立继程序。本厅未便以职权过加干预,遽为立继之裁判。①

这是一个较为复杂的立嗣案件,直接关系到家产的继承分配问题。这个案件虽属拟制,但在当时的中国社会却具有普遍性。民事案件的很大一部分就是由立嗣继承引起的财产分割纠纷。案件的拟制符合中国的客观实际,反映了命

---

① 《北京大学日刊》1920年1月26日。

题人对社会事实的把握和命题的技巧。从学生制作的判决书来看,能够紧扣案件事实并进行较为深入的分析;在法律的适用上,能将现行律令的相关规定结合大理院判决例和解释例,来论证原被告双方的主张皆与法律不尽吻合,并在此基础上作出较为公允的判决。

到1918年法科实行选科制,所有各门课程皆以单位计算[①],学生在学习方面有了更大的自主权。扩大学生选课的自主权,必须辅以严格的考核制度,方能达到预期的效果。1918年年初北京大学法科制定了《法科试验规则》,将试验分为临时试验、学期试验、学年试验三种。考试成绩分甲乙丙丁四等,80分以上为甲等,70分以上为乙等,60分以上为丙等,不满60分为丁等,丙等以上为及格,丁等为不及格。各科目分数由临时试验及学期或学年试验两部分构成。最高分数定为100分,取每学期各科目之分数之和,除以科目数,为学期平均分数。学期平均分数之平均分数为学年平均分数,学年平均分数之平均分数为毕业平均分数。凡学生有考试不及格之科,须补考;补考不及格者,须重习此科。凡学生一学年中有9单位以上不及格,补考又全不及格者,令其退学。凡学生二学年中,每年有6单位不及格,补考又全不及格者,令其退学。预科每学年平均分数或主要学科(国文及第一种之外国语)试验分数不及格,补考又不及格者,均应留级。其已连续留级2次,考试仍不及格者,令其退学。[②]此后无论何种功课,均无免考办法。关于考试的严格规定可以促使学生认真对待学业。正因为北京大学对考试持比较严格的规定,所以在20世纪20年代,北京大学发生了关于是否取消考试制度的激烈争论,最终考试制度得以保留,其根本原因还在于,考试是学校督促学生抓紧学习的具有可操作性的主要方式。考试的制度化对于改变以往法政教育中学生混资格、图速成等不良现象起到了有力的抑制作用,是北大法科在规模扩大的背景下得以顺利发展的重要制度保障。

名师荟萃的北大法科有进行比较法课程尝试的可能,诉讼实习的充分开展、选科制之下学生自主权的扩大、严格的考试制度,保证了教学的高水平。

---

① 《法科学长告白》,载《北京大学日刊》1918年11月8日。
② 《北京大学日刊》1918年1月18日。

二、学术研究的展开

法科法律门四年级的学生需要在研究所作特别研究才能毕业,他们大都选择了译名、译书作为其课题。译名就是翻译外国法律名词,译书就是翻译外国法律方面有代表性的学术专著、论文或教材。北京大学法科之所以将翻译列为四年级学生特别研究的选题,主要是考虑到两方面的因素:一是法科四年级学生由于学习程度所限,并不是所有学生都有能力进行创造性的研究工作;二是在法律移植的初期,在本国的法律体系尚未健全的情况下,翻译具有重要的学术和社会意义。翻译本身既需要翻译者对翻译对象作准确的理解,又要翻译者用当时社会能够理解的方式表达出来,所以此时的翻译不是简单的语言转换,而是一种创造性的学术认知活动。如果强行要求不具备研究能力的学生进行论文的创作,以此限定学生的毕业资格,这种类似于"拔苗助长"的行为必然会导致行为过程和结果的虚伪,在论文写作方面就表现为抄袭、剽窃行为的不可避免。这对于学生健全人格的培养以及良好研究风气的建立具有始料不及的危害,所以北京大学法科允许并鼓励学生通过翻译间接达到研究之目的是进行充分思考的。

1918—1919年的四年级学生中,有10人译英文法律书籍,2人译法文法律书籍,2人译德文法律书籍,15人译日文法律书籍。所译日本书籍为:胜木勘三郎的《刑法要论》,冈田庄作的《刑法原论》,富田山寿的《刑事诉讼法讲义》,长满钦司的《破产法》,大场茂马的《刑法纲要》,山冈万之助的《刑事政策学》,三猪信三的《法学通论》,川名兼四郎的《民法总则》,大场茂马的《刑法总论》;《民事诉讼法讲义》,日本自治局出版。[①] 针对大批学生选择译书的情况,1919年5月,法科法律门研究所在校长蔡元培的主持下,由法律门多名教授参与讨论,制定了《法科研究所法律门译名译书及作报告简章》,对之进行规范。译名为中日、中英、中法、中德四种法律名词,由教员于四年级英法德各班学生中指定。被指定的学生,不得以改就他项为拒绝译名的理

---

① 《北京大学日刊》1919年2月6日。

第三章
蔡元培改革之后的北京大学法科（1917—1919）

由。译书以英法德日四国为主，由学生于第三学年春假后选定原本，送教员审定。教员审定完该书后，认为可以翻译的，令学生朗读原文，讲解翻译，决定其能否胜任。凡不能朗读讲解翻译者，不论何国文字之书，不准翻译，改作报告。报告一月一次，由教员命题，指导学生如何进行。译书或作报告，题目确定之后，无论任何理由，不能更改。担任审定译名译书以及指导学生作报告之导师，每周到所讲演一次或二次。评定译书的分数标准，分甲乙丙三等。甲等的标准是外国文、汉文均优者；乙等的标准是直译原文不失真意，而汉文稍逊者；丙等的标准是外国文实未了解，汉文又辞不达意者，为不及格。乙等译书之分数，由担任教员定之，不付公决。甲等和丙等的分数，先由担任教员评定后，再行开会，共同校阅优劣。甲等分数公认以后，由本所付印。丙等不及格之分数，经公议后，由担任教员，另觅浅易之书，指导翻译之法。限3个月译完，再决定其能否合格。① 由于有教员确定译书的选题，在选题确定之前由学生当面试译，再加之严格、公平的评分标准，翻译的质量是可以保证的。译书另一方面可以提高学生的外语水平，尤其是其专业外语水平。笔者查阅该时期的法律门课表，没有专门的法律外语，想是以此译书来代替专业外语的学习，这倒不失为一个好方法。

法科研究所为了对外展示并宣传其研究成果，于1919年下半年创办了《法学研究录》。该刊物所登载的内容包括研究所教员的著述；研究所四年级学生译书之成绩优美，公决可以付印者；本所教员及四年级学生共同审定之法律译名以及四年级学生所作报告，经担任教员认为可以付印者。该刊物所登载的内容，须以北京大学教授会议决的"应世界大势及时事需要之教科方针"为宗旨。②

改革之后的北京大学法科，在将法学作为一种重要的求知活动而不仅仅限于实用的办学方针的指导下，其研究活动得到充分的开展，除教员的自动研究

---

① 《北京大学日刊》1919年8月23日。
② 《北京大学法科研究所刊行法学研究录简章》，载王学珍、郭建荣主编：《北京大学史料·第二卷（1912—1937）（中册）》，北京大学出版社2000年版，第1548页。

外，其主要表现是四年级学生的翻译工作。教员和学生在研究活动中能够产生共鸣，教学相长，共同促进了北京大学法科学术研究的成长。

综上所述，在蔡元培改革北京大学以后，北京大学法科不仅规模较前扩大许多，更重要的是教学质量和研究水平也在改善和提高，从而开始了一段北京大学法学教育的高速发展时期。

第四章

北京大学法律学系的法学教育(1919—1927)

北大一院正门

法律学系主任王世杰

1919年8月7日，法科法律学门改称法律学系，但因法科学长一职仍然存在，照旧处理法科会计、庶务等事①，故法律学系发布布告等仍然用"法科学长"的名义，直到1920年年初。从1920年开始，法律学系设系主任1人，由本系教授会推举产生，对外代表本系，对内处理日常教学事务。1918年4月法科学长改选，黄右昌接替王建祖担任法科学长。②法科法律门改法律学系后，黄右昌继续担任法律学系主任。1922年4月何基鸿接替黄右昌当选为法律学系主任。③1924年4月王世杰被选为法律学系主任。④王氏一直担任系主任直到1929年3月再次由黄右昌接任。

第一节

北大法科20世纪20年代的改革与发展

一、20世纪20年代初期北京大学的改革

从1920年开始，北京大学在蔡元培的领导下，继续进行改革，校内设立了新的系统的组织体系。经过五四运动，北京大学已经成为新思潮的发源地，

---

① 《北京大学日刊》1919年5月8日。
② 《北京大学档案》全宗号（七），目录号1，案卷号124，1919年9月。
③ 《北京大学日刊》1922年4月25日。
④ 《北京大学日刊》1924年4月23日。

第四章
北京大学法律学系的法学教育（1919—1927）

既有新思潮，便有新组织。"组织四大部：（一）评议会，司立法；（二）行政会议，司行政；（三）教务会议，司学术；（四）总务处，司事务。教务会议仿欧洲大学制；总务处仿美国市政制；评议会、行政会议两者，为北大所首倡，评议会与教务会议之会员，由教授互选，取德谟克拉西之义也。行政会议及各委员会之会员，为校长所推举，经评议会所通过，半采德谟克拉西主义，半采效能主义。总务长及总务委员为校长所委任，采效能主义，盖学术首倡德谟克拉西，事务则重效能也。"①至此，北京大学内部组织得以完善。这也是迄今为止中国高等学校中较好的教学管理体制，既能够保证民主基础上的权力分工，又能够保证决议的迅速施行，真正能够贯彻教授治校的精神。相比后来高度行政管理模式主导之下所形成的高校体制，在保证决议的透明度以及控制权力行使的恣意化程度方面，此种制度方式事实上证明做得更好。北京大学的教育及北京大学在中国近代高等教育体系中地位的确立就与20世纪20年代所创立的这套制度有直接关系。

在教学内容方面，经过近两年的试验，北京大学从1920年开始实行了完全的选科制。社会对它的评价在某种程度上反映了其优越性："先援美国哈佛大学例，采选科制。往日之规定制，四年功课，为学校所规定，不论学生性之所近与否，均须一律学习，犹如西谚所谓强马饮水。选科制准学生以性之所近，于规定范围内自由选择，愿饮水的马则饮水，愿吃草的马则吃草，人各随其个性而发展其学力，岂不甚善？"②实际上，这种选科制度现仍然为中国高校所遵循。

北京大学的这些改革在社会上引起了巨大的反响，赞誉之声不断。有人讲："要是像北京大学那样的学校，设满各省，那么文化运动的势力，足以改良社会而有余。要是没有北京大学那样的学校，那么这文化运动就失去了主持者，就不能够发生文化运动。所以北京大学是最应当希望他扩充的，各省也最

---

① 《申报》1920年2月23日。
② 《申报》1920年2月23日。

应当多设像北京大学那样的大学校。"①事实上，北京大学经过20世纪20年代的改革之后，在当时的中国，确实是当得起这种赞誉的。

二、课程设置的改革与定型

北京大学法律学系的改革首先反映在课程设置上。下面先看一下北京大学法律学系1920年所开课程：

一年级：宪法、政治学原理、民法、英国法、法国法、德国法、罗马法、刑法总则、拉丁文、经济学原理、法院编制法。

二年级：民事诉讼、刑法各论、英国法、民法物权、刑事政策、民法债

1920年4月北大法科教授毕善功、马寅初、黄右昌等支薪表（局部）

---

① 《北京大学日刊》1920年3月20日。

权、财政学总论、行政法总论、德国法、法国法。

三年级：商法、战时国际公法、平时国际公法、英美法特别演讲、行政法各论、破产法、社会学、民法债权、民法继承、国际法演习、监狱学、民法亲属、刑事诉讼。

四年级：商法、本国法制史、英美法特别演讲、法律哲学、民刑事演习、国际私法。①

这时还没有必修课和选修课的区分，所有的课程，学生都要学习，到1923年，情况发生了变化。1923年9月，经系主任黄右昌的提议，法律学系教授会讨论通过了法律学系课程指导书，将法律学系各学年之学科分为必修科目与选修科目两种。必修科目为本学年各生所必须修习之科目，选修科目为本学年学生得以自由选修之科目，但选修科目之数目应按照课程指导书的规定来选择。这样一来，既能照顾到学生的学习兴趣，又能达到培养法律人才的目标。该指导书还明确规定：

法律门（系）主任黄右昌

"本课程自本学年起适用于各年级，但各年级科目有为各生在过去学年中按照旧课程表已经习过者，得免习。"其规定的课程如下：

➡ **第一学年课程**

甲、必修科目

1. 民法（总则） 四；

2. 刑法（总则） 三；

3. 宪法 四；

4. 外国法（用原文教科书讲授英法德民法大要） 二；

---

① 《北京大学日刊》1920年9月25日。

5. 经济学原理（此科与史学系合班用中文讲授） 三；

乙、选修科目 [各生必须选修第（6）及第（7）两科目或第（8）项科目]

6. 罗马法 三；

7. 法院编制法 一；

8. 第二外国语 四。

➡ 第二学年课程

甲、必修科目：

9. 民法债权（总论） 三；

10. 民法物权 二；

11. 民事诉讼法 三；

12. 刑法分则 三；

13. 行政法总论 三；

14. 外国法（用原文教科书讲授英法德债权大要） 二。

乙、选修科目 [各生须于下列第（15）及第（16）项科目任选一种，凡已于第一学年选修第（8）项科目者必须选修第（16）项] :

15. 财政学总论 二；

16. 第二外国语 四。

➡ 第三学年课程

甲、必修科目：

17. 民法债权（各论） 三；

18. 民法（亲属） 二；

19. 商法（商人通例、公司条例） 四；

20. 民事诉讼法 二；

21. 国际公法 四；

22. 刑事诉讼法 三；

23. 行政法（各论） 三；

24. 外国法（用原文教科书讲授英法德商法大要） 二。

乙、选修科目[以下第（25）及第（26）两科目任选一种]：

25. 破产法　二；

26. 社会学　二。

➡ **第四学年课程**

甲、必修科目：

27. 民法（继承）　二；

28. 商法（商事通例、票据船舶）　四；

29. 国际私法　二；

30. 专门研究（另定有简章）。

乙、选修科目[以下第（31）、（32）、（33）三科目任选一种]：

31. 社会立法论　二；

32. 法律哲学　二；

33. 中国法制史（此科与史学系合班讲授）　三。

➡ **本系附属科目**

一、宪法及行政法（此科专为经济系学生而设，于第一学年授之，每周共3小时）；

二、民法要论（此科专为经济系学生而设，每周3小时，专授民法总则、物权、债权三编，于第一学年授课）。[①]

将该指导书和原来的课程表相比较，最重要的变化是选修课的设置。尽管在每个学期必修课都占绝大部分，但每一学年都开设两三门选修课让学生选择，这些选修课的性质大多是拓宽学生的视野，从不同的角度加深对法律的理解，学生做不同的选择都可以达致此一目的。然后就是与政治系、经济学、史学系等法学相关专业共同开课或交换开课，达到交流的目的，构成法学与其他相关学科交通的桥梁，有助于在教学中将学生从单纯的法条理解中解放出来，这也是综合性大学进行法学教育的优势所在。还有就是具体课程的调整。如取消了原有的拉丁文的讲授，而代之以范围更宽的第二外国语的修习；该指导书更强调用原文教科书

---

① 《北京大学日刊》1923年9月19日。

讲授外国法；将专门研究列入正式课程；新开设了社会立法论。①

该指导书仅实行了一个学年，1924年法律学系又对其进行了修订。修订之后的课程在原则上，如必修课与选修课的划分等方面没有变化，只是强调了一点："各项必修科目与选修科目，但须按照本指导书所规定之学年次序修习。"主要变化在于具体课程的调整，授课教师也基本固定下来。新的课程安排如下：

➡ A. 第一学年课程

甲、必修科目：

1. 民法（总则） 四（余棨昌）；

2. 刑法（总则） 三（张孝栘）；

3. 宪法 四（王世杰）；

4. 外国法（用原文教科书讲授） 二（张志让、梁仁杰、左德敏）；

5. 经济学原理 三（李芳）。

乙、选修科目（各生必须选修第（6）及第（7）两科目或第（8）项科目）：

6. 罗马法 三（黄右昌）；

7. 法院编制法 一（林彬）；

8. 第二外国语 四。

➡ B. 第二学年课程

甲、必修科目：

9. 民法债权（总论） 三（林志钧）；

10. 民法物权 三（黄右昌）；

11. 民事诉讼法 三（陈瑾昆）；

12. 刑法分则 三（张孝栘）；

---

① 社会立法论一门由于没有合适的教员，在接下来的两年里没有能够实际讲授，但课程指导书将之列入，显然是受当时在国际影响甚大的社会法学的影响，从中亦可看出北京大学法学教育力图了解并赶上世界法学最新发展。

13. 行政法总论　三（白鹏飞）；

14. 外国法（用原文教科书讲授）　二（张志让、梁仁杰、左德敏）。

乙、选修科目 [各生须于下列第（15）及第（16）项科目任选一种，凡已于第一学年选修第（8）项科目者必须选修第（16）项]：

15. 财政学总论　二（与政治系同）；

16. 第二外国语　四。

➜ C. 第三学年课程

甲、必修科目：

17. 民法债权（各论）　三（陈瑾昆）；

18. 民法（亲属）　二（黄右昌）；

19. 商法（商人通例、公司条例）　四（李浦）；

20. 民事诉讼法（附强制执行）　五（陈瑾昆两钟点、石志泉三钟点）；

21. 国际公法　四（燕树棠）；

22. 刑事诉讼法　三（夏勤）；

23. 行政法（各论）　三（白鹏飞）；

24. 外国法（用原文教科书讲授）　二（张志让、梁仁杰、左德敏）。

乙、选修科目 [以下第（25）、第（26）及第（27）三项科目任选一种]：

25. 破产法　二（左德敏）；

26. 社会学　二（与政治系同）；

27. 刑事政策　一（夏勤）。

➜ D. 第四学年课程

甲、必修科目：

28. 民法（继承）　二（黄右昌）；

29. 商法（商事通例、票据船舶）　四（杜国庠）；

30. 国际私法　二（程树德）；

31. 专门研究（另设简章附后）。

乙、选修科目 [以下第（32）、（33）、（34）、（35）四科目任选一种]：

32. 法律哲学　二（燕树棠）；

33. 中国法制史　二（冯承钧）；

34. 法医学　二（周振禹）；

35. 社会立法论　二。

➡ **本系附属科目**

一、宪法及行政法　此科专为经济系学生而设，于第一学年授之，每周共3小时（王世杰）；

二、民法要论　此科专为经济系学生而设，每周3小时，专授民法总则、物权、债权三编，于第一学年授之（林彬）。

新的指导书较前一年的指导书内容上没有太大的变化，只是稍微固定了大部分课程的授课老师，四年级学生的选修课增加了法医学。新的指导书沿用了一段时间，成为北京大学法律学系在20世纪20年代主要的课程设置依据。从这些授课教员来看，北京大学法律学系吸引了当时全国知名的一大批法学精英，他们既有深厚的理论功底，又有丰富的司法实践经验，比起同一时期的中国有名的专门法律学校，如朝阳大学、东吴大学等高校的教师，毫无逊色之处。将之与现今法律院校的课程设置相比，其对作为法律之根本的民法教学很是重视，使民法的教学贯穿整整大学4年，而对民法的重视可能是整个民国时期法学教育的普遍规律。总之，北京大学法律学系对课程设置非常重视，教师们在教授会集思广益，对课程设置进行了精密的推敲，使之成为培养法律人才的关键环节而尽可能发挥其作用。这些课程设置方面的改革为北京大学法律学系的发展与兴旺奠定了基础。

三、北京大学法律学系的学生社团

北京大学自蔡元培长校之后成为近代中国新思潮的重镇，各种社团如雨后春笋，至今已成为一个传统，学生社团活动的踊跃以及社团活动数量之多，为其他高校所不及。北京大学法律学系于1921年年底成立了一个规模较大的法学研究社团——北京大学法律学会。

北京大学法律学会的成立源于学生探求法律知识的欲望,"本校为吾国最高学府,研究法律固必以此为极地。然徒以有限时间之授课,只悉大体,若欲进而求镀精深学理则不可得。"[①]因此,由学生郝立新等10人发起,欲组织一法律研究会:"补课外之不及,穷法理之奥旨。除敦请本校积学有素富于法学之教员为导师外,海内外法律大家亦得随时延聘,牖诲一切,用期有成。"[②]故筹备期间拟定名为法律研究会。

法律学会成立大会于1921年10月23日在原北京大学第二院大礼堂召开。该成立大会场面盛大,法律学系的老师对该会之成立非常重视,当时曾有记载:"(法律学研究)所诸导师,除顾孟余、何基鸿二先生因事未到会外,余如黄右昌、周泽春、王世杰、燕树棠诸导师,均相继莅临。振铃开会,首由杨君应吉报告发起经过情形毕,公推黄右昌先生为临时主席。黄先生登台略谓,诸君以授课之余暇,作自动之研究,此种举动,余极端欣赏。惟研究须有充分书籍始可。查本校图书馆法律书籍甚少。非多购关于法律书籍,则无以供研究之资料云云。次由导师周泽春先生演说,略谓近十年来,吾国法律屡遭军阀摧残,法律效力几等于零。各省审判厅虽有司法之名,而无司法之力。此种现象,殊堪痛恨。今法律系同学组织斯会,以研究高深之法理,鄙人极端赞成。惟鄙人对于斯会,有二个要点,不得不对同学诸君约略言之,(一)不受外界之利用,须抱定一定的宗旨,以全副精神去研究法律问题。外界无论如何引诱或讥嘲,均不为所动。(二)须分公私去研究一种问题,各人存各人的见解,在讨论的时候,正不妨激烈争论,但对于各人的感情仍无伤害。何则?盖争论系学问上的争论,并非闹意见者云云。再次由导师燕树棠先生演说,略谓余希望学法律者须有一种信仰心。在社会上以身作则。至于本会之组织,希望法律系同学全体加入,以班次为基础,新陈代谢。庶本会命运可以延至无穷。至对于研究的方法,约有三种:(一)共同的研究;(二)辩论(分正副两组);(三)单独的研究。俟研究得有

---

① 《北京大学日刊》1921年10月12日。
② 《北京大学日刊》1921年10月12日。

成绩,则组织法律杂志以刊布之,云云。接着由导师王世杰先生演说,略谓研究须有充分材料,本校的法律书籍既不甚多,念宜想法要求学校购办。至于研究方法,须先由导师指定题目,限定日期,令各人分任研究。至期则将研究所得材料,开会发表,并由导师批评之,云云。各导师演讲既毕,即继续讨论会章。"①

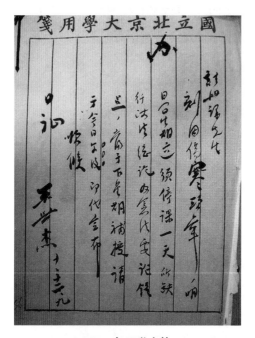

1921年王世杰笺

在成立大会召开之前,发起人草拟了《北京大学法律研究会草案》②,大会在吸取诸导师演讲意见的基础上,对该草案进行了修改,重新命名为《法律学会简章》。因此其名称遂正式名为北京大学法律学会,并确立该会的宗旨为研究法学、敦笃友谊。会所定于第一院第四层楼法律学系阅览室。规定凡本校同

---

① 《法律研究会开成立大会记略》,载王学珍、郭建荣主编:《北京大学史料·第二卷(1912—1937)(中册)》,北京大学出版社2000年版,第1251—1252页。
② 《北京大学日刊》1921年10月22日。

学具有法学研究兴趣的，经本会会员介绍，得为本会会员。会务主要包括专门研究；刊行出版物；辩论实习；敦请名人讲演；法律学系改良事宜之建议。法律学会应聘请本校教员为导师，其职员包括文书1人、编辑4人、交际2人、会计1人、庶务1人，任期半年，由大会选举产生。会员须交纳少量的入会费和常年费。该会会议分大会、研究会和临时会三种，由文书负责召集。大会，每年两次，于学期开始后一月内举行；研究会，于每月第一周星期一下午举行；临时会，遇特别事故，经会员1/4以上之提议者召集。[①]

法律学会究竟以何种方式开展法学研究？根据该会通告，研究方式大别为三：（一）个人研究。由导师指定题目令个人研究，或会员自出题目进行研究。（二）公共研究。由导师指定题目，令全体会员研究。如果是会长所出的题目，则需要得多数会员同意。（三）公开研究。敦请各导师或法律名家公开讲演。

研究题目则多由法律学会聘请的导师拟定，有的侧重学理探讨，有的更注重当时中国存在的一些与法律有关的现实问题。如1922年的研究题目由顾孟余、何基鸿和燕树棠拟定，分别是：（一）民商法有无合并之必要？（二）统一与联省自治以何者最适宜于现在中国？（三）用何方法收回领事裁判权？会员须从上列诸题中，任意选择一题进行研究。另外如果有以平日所见所闻，想以另外的题目进行研究也可以，但要到法律学会备案。

法律学会因旧干事的毕业，致会务很长时间未能进行。法律学系有同学考虑到"此种研究专门学术团体，他校正纷纷举办，我校既创立于先，自当继续进行"[②]，遂酝酿将法律学会继续创办下去。因有法律学系同学的努力，法律学会得以较长时期存在。

1925年12月25日，北京大学法律学系成立了法学研究会。该会发起的目的是进行学术交流，以求深入研究法学诸问题。发起人在创会缘起中明确提出："窃惟学问因观摩而进智识，交换而益广。所以凡百科学，欲期深造而生

---

① 《北京大学日刊》1925年1月9日。
② 《北京大学日刊》1922年11月15日。

良果，非集群力共同研究不为功也。况法律一科，至为繁琐，欲求精进，尤赖观摩。立会之举，宁可稍缓。本会同仁感智识之饥荒，恐时机之不再，爰本纯正求学之宗旨，发起读律之机关，延聘导师，广搜律书，择相当之地点，按规定之时间，聚首一堂，共同讨论，发挥心得，探求真理，持以毅力，始终勿懈。试问他山之助，宁有际涯？敢云求学之道，庶几近矣。"① 该会的宗旨较法律学会更加专一，即单纯地研究法学。会员仅限于北京大学法律学系同学，会址则在骑河楼马圈胡同四号王宅。该会设文牍、会计、庶务各1人，交际、编辑各2人，由会员选举产生，任期以一学期为限，但可以连选连任。该会还规定每礼拜六下午2点开会一次，讨论法律。凡全体会员须一律到场，不得无故缺席。

北京大学法律学会和法学研究会是20世纪20年代的北京大学法律学系由学生自发组织成立的学术团体，反映了法律学系学生研究法律的浓厚兴趣，将学习法律作为一种探求知识的活动，在一定程度上改变了自晚清以来弥漫全国的将学习法政当作步入仕途阶梯的功利和速成观念；加上导师们在研究问题和方法上的引导，对于良好学风的树立和法学研究的开展具有积极意义。值得一提的是，如果学生能对导师拟定的题目进行思考和探讨，像如何收回领事裁判权以及联省自治诸问题，这既是当时中国面临的大问题，又包含一定的法学理论深度。学生欲回答此类问题，教科书中并不存在现成的答案，遂必须研究外国的相关经验，用比较的视野。因此，也就达到了像孙晓楼先生在谈及近代中国法学教育的缺陷时所说的"为改善中国法而研究外国法而不是为标新立异而研究外国法"②的目的，从而防止因单纯标新立异而研究外国法导致法律与社会脱节的弊端。

北京大学法律学系学生在20世纪20年代还有成立级友会的风气。级友会不同于现今各高校所设立的校友会，是在校同一级的学生为联络感情、增进了解及互相砥砺学业而成立的团体。下面则以甲子级友会为例来看当时的法律学

---

① 《北京大学日刊》1925年12月29日。
② 孙晓楼：《法律教育》，中国政法大学出版社1997年版，第66页。

系级友会的情况。

甲子级友会于1925年12月底成立。北京大学法律学系甲子级学生当在1924年9月入学,到此会成立,已经入学将近一年半。级友会的成立,主要原因在于北京大学同级学生之间互不了解,"宿舍不敷应用,诸同学多散居各处,聚谈既少机缘,感情上终觉隔膜,非特本校同学,彼此不识,即本班级友亦间有不谙姓字者。似此常往,想诸君均感不快。吾辈求学于一校,且又专攻法律,正所谓志同道合。设彼此不相联络感情,则在校难收攻读之妙,任事更难收互动之功。虽四载授课于一堂,几与路人无异耳"。①

该级友会的宗旨为联络感情、砥砺学行。凡本级同学,都可以成为会员。分设总务、文书、会计3股,每股2人,分任本会职务,均于秋季大会选举产生,可以连选连任。会务限于与该级有关系之事件。每年春秋两季,各开大会一次,如果有5人会员以上之提议,得由总务股召集临时会。

确实,由于学生之间住宿分散,来往不多,设立这种级友会,对于活跃气氛、联络感情,创造一个愉快的求学环境有益。

总之,20世纪20年代的北京大学法律学系学生创建了很多团体,既有注重学术研究的,也有侧重联络感情的。这些团体的纷纷建立与五四运动之后社会新思潮的影响分不开,这为学生们的学习和生活创造了一个亲密的氛围。这也从侧面反映了学生们自主意识和学习兴趣的提高,这是法学教育人性化的标识,反过来也会促进法学教育的发展。由此可以看出,20世纪20年代的北京大学法学教育逐渐走上了教育本身与学生之间的良性互动之路。

四、北京大学法律学系四年级学生的诉讼实习和专门研究

尽管法律学系在1923年以后的课程表里面没有专门的诉讼实习,但法律是一门实践性极强的学科,课程修订者们可能认为法律学系学生需要进行诉讼实习是一个不言自明的事情,不必将之列入课表,实际上20世纪20年代

---

① 《北京大学日刊》1925年12月21日。

的北京大学法律学系诉讼实习不仅没有取消，而且得到了进一步的强化。综观 20 世纪 20 年代北京大学法律学系的诉讼实习，大致包含以下两个方面的内容，即模拟法庭（当时称为型式法庭）的诉讼演习和实地参观法庭审理及监狱机构。

在模拟法庭进行诉讼演习早在 1919 年即已开始，且效果不错。为了使诉讼实习更加规范，形成定则，法律学系教授会订立了"型式法庭实习办法"，规定每星期四、日下午 3 点半由导师一人拟定案件，向各生讲演一次，说明该案件性质以及各当事人、律师、法官等所应注意之实体法与手续法。此项讲演举行时，所有法律学系四年级学生应一律入厅听讲。讲演完毕后两星期，即开庭实习，实习时法律学系四年级学生都要到模拟法庭或参与或旁听。每次实习时担任职务之人，由导师于讲演后，依教室座号次序指定；有愿意改于他期担任职务的，应先行声明。被指定者既经担任后，必须到庭。庭判完结后，一切文件至迟须于一星期内缴呈本系教授会，以便转交导师评阅。各生实习成绩，法律学系教授会应当将之作为评定毕业成绩时之参考，并择优在本校日刊上公布。① 由导师拟定题目并先行讲演各参与人所应注重之点，最后其实习成绩又直接与毕业成绩挂钩，这些安排对于学生尽力搞好诉讼实习有极大的帮助。综观导师们所拟定之题目，与当时社会现实生活中发生的案件甚为相似，具有较高程度的真实性，这是一个方面。另一方面，题目中所包含的案件的素材虽来源于现实生活，但又有一定程度的抽象性，表现为案件事实本身复杂性程度的增加。学生通过对这类案件的模拟审理并在此基础上制作相关的书状，尤其是判决书的制作，不难预测，从业务能力方面讲，毕业之后是能够胜任司法审判工作的。下面是 1925 年壬戌级学生的两道诉讼实习题。

  1. 法律学系四年级型式法庭第一次刑事诉讼实习题：

    缘钱吹万曾任大宛县知事，本年一月间，因长官催解税款甚急，当将县立学校基金项下存款一万元，自行提用，并于田赋余额外，附征一成，共得五万八千元，悉数收藏。三月间，有外省军队过境，需要夫役，钱吹

---

① 《北京大学日刊》1925 年 11 月 30 日。

万惟恐违命，强拉县民三百五十名与之，供其差使，由是民不安居，怨声载道。有李百祥者，自称志在除暴，探得钱吹万与其一妾一子同居，每晨均食米粥，遂定下毒粥中，以为杀害之计。六月十五日，李以信石一瓶，交与三克党党员孙福华、顾天畏二人，嘱令依计行事，并各给银洋五百元，口许事成，更有重谢。孙庞见利心动，慨然允诺。翌日清晨，带瓶同往，行至中途，顾天畏托故折回，独孙福华一人往入钱宅，乘间下毒，钱妾未曾觉察，即因食粥中毒身死。钱吹万食粥较少，故中毒亦轻，卧病三月始愈。其子是日适因另食麦包，未及于难。所有谋议实施各情形，有探警萧又新、顾执中二人见证。孙庞所得银洋，亦被搜获送案，表明前情，申请预审。兹经预审裁决，本案应即起诉。①

左德敏教授

2. 民事诉讼实习题（拟题人左德敏）：

李某从军在外，由其母王氏管理家务。王氏因债务无法清偿，邀同李某之叔及其他中人，以李某名义将田地二十余亩立契卖给张某为业，价值六百余元。张某以李某本人未曾到场，不肯买受。李某之叔出立字据，保无后患。张某始允。迨买卖契约成立，李某闻之，初尚不持异议。隔日与其友人谈及此事，友人谓王氏无权处分，李某因此起诉，主张该买卖契约为无效。②

---

① 《北京大学日刊》1925 年 12 月 15 日。
② 《北京大学日刊》1925 年 12 月 23 日；又见《北大型式法庭实习由左德敏指导》，载《京报》1925 年 12 月 25 日。

  北京大学法律学系四年级学生的诉讼实习还包括实地旁听审判和参观监狱等活动。对于这些活动，《北京大学日刊》就登载过不少这方面的消息。如1922年北京大学法律学系辛酉级四年级学生，为增进实见的学识起见，拟即实地参观法院、监狱，要求蔡校长致函司法部，为之介绍。"兹闻蔡校长，昨已接洽妥协，定于5月30日由河海杜先生带领参观监狱，次日参观法院"①。1925年4月9日，法律学系四年级学生参观大理院②；4月17日到21日，该级学生分四组参观京师地方审判厅和检察厅③。1927年5月10日到13日，北京大学法律学系甲子级学生分别参观京师高等审检厅、大理院、京师地方审检厅和京师第一监狱。④北京大学法律学系努力创造机会，让毕业生实地参观审检厅和监狱，增加其对司法机关的感性认识，这构成其诉讼实习的重要方面。

  诉讼实习在法学教育里本应占据重要位置，在20世纪20年代这个特殊时期，在存在讲义与诉讼实际脱节、司法不能独立等诸多问题的情况下，诉讼实习的作用就更加彰显。时任法科法律学门教授会主任的黄右昌对这个问题体会尤深，其在《诉讼实习须知》一书中所作序言里就阐释了此问题："比年以来，国人治法学者日多，于是发现两大弊：一为学甚少实用，一为不能贯通。何以言之？吾国近来，各种法典，尚未编纂。法院之所引用，与学校之所讲授，两不相谋。除刑法尚有暂行新刑律援用外，如民事在法院则认前清现行律为继续有效之法律。在学校讲课，多根据民律草案。如诉讼程序，在法院则依据各级审判厅试办章程及各项单行章程规则。在学校讲授，多根据民事诉讼律、刑事诉讼律草案。乃至民刑诉讼律草案中，若者适用，若者不适用，扑朔迷离、枝枝节节。所学非所用之咎，平情论之，岂能归过于教员与学生，毋亦国家未曾编纂法典之所致欤？次之则学生默记讲义，使法律之为物，成一印板

---

① 《北大学生参观司法》，载《京报》1922年5月30日。
② 《北京大学日刊》1925年4月10日。
③ 《法律系教授会布告》，载王学珍、郭建荣主编：《北京大学史料·第二卷（1912—1937）（中册）》，北京大学出版社2000年版，第1217页。
④ 《晨报》1927年5月11日，载王学珍、郭建荣主编：《北京大学史料·第二卷（1912—1937）（中册）》，北京大学出版社2000年版，第1219页。

文章。遇一问题，凡讲义未曾明说，条文未曾明载者，则瞠目结舌，不能应付。而且以民法与商法比较，或刑法与民法比较，则又以为出乎讲义范围以外而无以对。岂非不能贯通之过欤？此二弊端，若不设法铲除，法学之进步无望也。然苟去此二弊矣，即可进吾国为法治国欤？曰否。尚有二点弊端，甚于此者。若不去之，虽学能致用，一以贯通无益也。请伸其说。一弊在司法不能独立。近来法院判决案件，每每仰长官之鼻息，受政党之指挥。一若本良心上之主张，不听长官意旨，不受政党支配，则地位即难以稳固者。讵知法官保障，载在约法。法官无党，世界通例。我苟因当官而行不畏强御而获谴以去，其所得名誉之代价，不贤于在位之万万哉？一弊在法律不能平等。姑举一事以说之。如赌博犯罪，律有专条……成为风气，坊间且编有必胜教科书发卖，警察不过问也。苦力人或人力车夫犯之，则非罚金拘留不可矣。谚云：只许州官放火，不许百姓点灯。痛哉言乎？讵知王子犯法，与庶民同罪。我国古来，即有此语。世界各国，亦莫不然。则何不急起而改革哉？是以欲除前两大弊，宜自活用法律始。欲除后两大弊，则自活用法律时，人人存一独立平等之思想始。诉讼实习，其见端也。"① 有此认识，诉讼实习得到格外重视，当是意料中事。

20世纪20年代的北京大学法律学系对四年级学生的诉讼实习很是重视，既组织学生模拟审判，又安排学生实地参观。在注重学生的严格学术训练，鼓励学生在法学领域获取纯粹"知识"的同时，又不忽视法学作为实践性学科的特点，强化诉讼实习，这是法律学系在20世纪20年代获得成功的重要原因之一。

1923年北京大学法律学系修正的课程指导书将"专门研究"列为四年级学生的必修课。这种专门研究可以追溯到法科时期在法律学门研究所指导下的四年级学生参加的特别研究一项。在总结法律学门研究所指导特别研究的经验基础之上，同年9月法律学系教授会制定了《法律学系专门研究简章》，从而将四年级学生的专门研究制度化。该简章规定专门研究为本系四年级学生必修科目，以译书及论文为研究方法，这两种方法，学生可以依自己志愿选择一种。

译书以英、法、德、日4种文字为主，由学生选定原本论文，自由认定题

---

① 《北京大学日刊》1919年11月18日。

目，于第四学年开始时，将选定的题目报告担任该科目之教员，请其认可。教员审定学生所选原本可以翻译的，当面指定页数，令讲解原文，决定其能否胜任，不能胜任者不得翻译。译书原本及论文题目经认可后不得更改。译稿至少须达1.5万字，稿末宜酌量附以详论或解释。论文每篇须达8000字以上。

学生于作论文或译书期间内，应由担任该科目之教员随时给以指导，并考察其研究或翻译之成绩。译稿、论文，均须于每年4月10日以前完交。译稿、论文，评定及格者分为甲、乙、丙三等。译稿或论文不及格者，应提交本系教授会复核。凡译稿或论文，如经本系教授会认为有付印之价值时，得由教授会请求本校代为付印，但版权人愿自付印者，也可以。①

法律学系的专门研究导师都是由硕学资深的教授担任。下面是1923年法律学系专门研究导师名录：

➡ 论文

公法：燕树棠、周　览、王世杰。

民商法及刑法：黄右昌、燕树棠。

➡ 译文

英文：王世杰、燕树棠。

法文：周　览、王世杰。

德文：黄右昌、左德敏。

日文：黄右昌。②

综观20世纪20年代法律学系专门研究的指导教师，基本上都是这些人担任，没有太大的变化。不过仅由这有限几位知名教授指导法律学系如此多的毕业生论文或译文，在时间和精力上未必能做到精心的指导。在这个方面，缺乏足够的资料来说明此问题，姑且仅于此提出疑问。

法律学系的专门研究类似于我们现今的本科生撰写毕业论文，这些专门研究有少部分做得尤其突出。如1926年就有4名毕业生因论文或译文出色被评

---

① 《北京大学日刊》1923年10月1日。
② 《法律学系教授会布告》，载《北京大学日刊》1923年9月29日。

为毕业成绩最优者：葛扬焕的论文《侵权行为论》、方善征的论文《巡回裁判制议》、吴应义的论文《国际法之制裁》和田家杰的译文《法律学》。

北京大学法律学系通过指导四年级学生诉讼实习和专门研究，培养了一大批合格的法学人才，从而成为当时中国法学教育的重镇。

第二节
北京大学法律学系法学研究的深入

1920年，北京大学评议会议决设立社会科学研究所。但由于图书资料的缺乏，一直未能设立。

到1922年，法律学系顾孟余、燕树棠、王世杰、何基鸿等教授考虑到图书资料的缺乏，可供专门研究之材料，如各种国内外的统计、公牍、学术期刊之类尤其缺乏，构成教员选择教材之阻碍，因此建议北京大学应即成立社会科学研究所筹备处，即由该处设立一种"社会科学记录室"（即各国大学之Archives），一面购置本国、西洋及日本等社会之定期刊行物，一面设法搜集其他研究材料。①

与此前后，北京大学成立社会科学研究会，以研究社会科学及社会问题为宗旨。该会的研究方法有两种，即个人自动的研究和团体特定的研究。在该会的成立大会上通过《社会科学研究会简章》规定了会员的权利义务，会员有互相交换书籍研究之权利及义务，有阅览研究会购置书籍之权利。会员每月开常会一次。②此后不久，北京大学还成立了社会改良研究会，以研究社会改良主

---

① 《北京大学日刊》1922年11月22日。
② 《社会科学研究会通告》，载王学珍、郭建荣主编：《北京大学史料·第二卷（1912—1937）（中册）》，北京大学出版社2000年版，第1567页。

义，参酌中国情形，求其实践为宗旨。①这两个研究团体的共同特征是以社会科学的方法理论来研究当时中国的社会问题，促进了北京大学社会科学研究的发展。会员之间通过交换书籍也在某种程度上缓解了北京大学当时图书资料不足的缺憾。由于当时的社会科学概念主要包含的领域就是原来法科的几个主要学科，即法学、政治学和经济学等，故社会科学研究团体的创立，一方面使得法学研究能够与社会科学的其他学科相互沟通借鉴，有助于克服其研究视野的狭隘性，另一方面也能够奠定法学研究在当时北京大学社会科学研究中的重要地位。

北京大学社会科学研究的深入开展，在社会上产生了较大的影响。1926年11月，中华文化教育基金董事会社会调查部为鼓励北京大学学生从事科学的社会研究，订立了社会研究奖金办法，计划在法律、政治、经济三系先行试办。奖金分甲、乙两种，甲种300元，乙种200元，每年各设两名。凡上述三系的本科毕业生及四年级成绩优良的学生，都可以向各自所在的系主任报名，得到其同意后，即可从事指定问题之研究，惟在研究期间，至少有一名教授指导。研究员须就某种问题进行一年的研究并写出成果。成果的文字可用中文或英文或其他经社会调查部特别认可的外国文字。研究问题原则上由上述三系系主任决定，如果研究员自行提出研究问题，须预经系主任之许可并取得社会调查部的同意。如果研究工作较为繁重，于一年期满时未能完成，经社会调查部之特别许可可以延长一年期限并略微增加奖金数目。②对于此科研资助，北京大学决定由三系教授会主持一切，三系教授会迅速与社会调查部议定了当年研究的题目：中国女子在法律上之地位（过去与现在）；中国刑事统计之分析；中国行会制度；中国劳动界之组织与工作状况；中国新闻业之历史及现状；工会法之比较研究；现代协作运动。③这些题目既有理论探讨的高度，又与中国当时

---

① 《社会改良研究会通告》，载王学珍、郭建荣主编：《北京大学史料·第二卷（1912—1937）（中册）》，北京大学出版社2000年版，第1569—1570页。
② 《校长布告》，载王学珍、郭建荣主编：《北京大学史料·第二卷（1912—1937）（中册）》，北京大学出版社2000年版，第1567页。
③ 《晨报》1926年11月24日。

的社会情况紧密相连，且研究入手较易，很适合本科毕业生来研究。北京大学三系学生对此项社会研究很有兴趣，到1927年年初，教授会对报名者资格与研究题目加以审定，批准赵凤喈等十名学生为研究生，分别研究上述题目。①

由于法律学系在本科教学阶段即比较重视专门研究，加上筹备成立社会科学研究所的契机，积极与社会科学其他学科沟通，促进了研究的深化。在社会上有一定知名度的事例，中华文化教育基金董事会的赞助即是其一。

法律学系还非常重视来自校内外的知名学者的学术讲演，鼓励学生听讲。本来北京大学就有学术讲演的传统，学生对于学术讲演的参与非常积极，并从中受益匪浅。20世纪20年代的北京大学法律学系，更是名师荟萃，如燕树棠于1925年曾连续讲演《英美的陪审制度》；黄右昌于1928年10月在北京大学大讲堂演讲《法律的农民化》，由于此时北伐刚刚完成，建国提上日程，民生问题更加重要，而民生问题中的核心就是农民问题。② 由于黄氏讲解的是一个重要的社会热点问题，《京报》对此作了报道，称"黄氏法学精湛，各校学生届时均可前去听讲"③。学生不仅在聆听这些法学教授的精彩讲座时受益，对法律学系学生来讲，更重要的可能还是北京大学其他科系教授所作的演讲，因为法律学系教授们的学术观点有可能已经在课堂上讲授，对法律学系学生来讲未必全都新鲜。国外和外系名师的讲演就不一样了。如众所周知的杜威、罗素、泰戈尔等世界知名学者在北京大学的讲学，胡适于1926年7月讲演"东西的文化"，马寅初的"俄庚款问题"等，不一而足。仅1927年3月，报刊所登载的重要讲座就有三场：钱玄同讲《国语罗马字》，陈垣讲《回回教进中国之源流》，刘半农讲《从五音六律到三百六十律》。④ 于此可见20世纪20年代北京大学讲座之一斑。这些讲座，涉及范围之广，程度之深，对于增加法律学系学生的知识积累，加深其对法律文化和法律精神的理解非常有帮助。总之，其有形无形的影响，对法律人的塑造功不可没。这也是综合性大学的法学教育优越

---

① 《晨报》1927年1月7日。
② 黄右昌：《法律的农民化》，北平中华书局1928年版，第1页。
③ 《京报》1928年10月5日。
④ 《晨报》1927年3月1日、4日、23日。

性的重要表现之一。

20世纪20年代是蔡元培办学思想继续深入的时期,北京大学的改革卓有成效。在这个大背景下,北京大学法学教育也因此进入了其发展的一个黄金时期。从办学的规模、教授的延聘、课程的设置、研究的深入等诸多方面,都远远地超过了其前期的发展水平。它在这些方面积累的经验有很多对于现今的法学教育都有极大的借鉴意义。这个黄金时期因1927年国内政局的剧烈动荡而受到较大影响,不能不说是个遗憾。

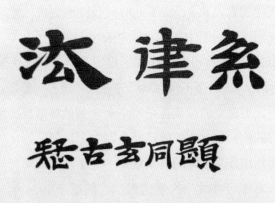

钱玄同题"法律系"

第五章
抗战前的北京大学法律学系(1927—1936)

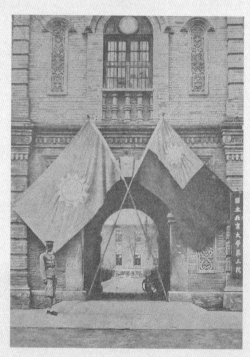

北大三院正门

1927年1月6日，中华教育基金董事会社会调查部与北京大学法律学系（因当时说法并不统一，亦简略为"法律系"）、政治学系、经济学系商妥"社会研究奖金"事宜，由三系教授会联合在《北京大学日刊》上发布通知，要求申请该项奖金的研究生务于是年6月1日至7月30日之间，将研究题目提交。最终，共有4名研究生提交了法律专业相关研究题目，他们是：赵凤喈与李芝香（《中国女子在法律上之地位〈过去与现在〉》）、张之程（《工会法之比较研究》）、葛扬焕（《中国刑事统计之分析》）。①4月12日，法律学系教授会在《北京大学日刊》发表布告："本系四年级生专门研究之交卷日期，原定四月十日以前。兹因本学年开学较迟，特将最后交卷日期改为五月十日。四年级各生至迟须于该日前将论文、译文送交本系教授会，并掣取收据为要。"②5月11日至13日，国立北京大学法律学系的几位教授又亲自率领本系四年级学生先后到京师高等审判厅、京师高等检察厅、大理院、京师地方审判厅、京师地方检察厅、京师第一监狱进行实习观摩。③北京大学法律学系的一切工作，看上去仍是那么按部就班，井井有条。可是，不到一个月的时间内，张作霖率领东北军入关，打破了这种难得的清静，扰乱了正常的教学秩序。北伐胜利后，干戈扰攘又一年有余。直到蒋梦麟长校以后，北京大学法律学系才重新恢复发展。在战争阴云的笼罩下，在日寇不断侵逼的气氛中，国立北京大学法律学系逐渐向她的辉煌时期迈进。

第一节

京师大学校、北平大学区及复校初期

1927年6月，张作霖称大元帅于北京，控制了北方政局。接着，其任命手下刘哲（1880—1954）为教育总长，对教育进行整顿。作为教育整顿的对象，首当

---

① 《北京大学日刊》1927年1月6日。
② 《北京大学日刊》1927年4月12日。
③ 《北京大学日刊》1927年5月6日。

京师大学校校长及各科学长合影（前排右三刘哲）

其冲的就是国立北京大学。1927年8月，刘哲将北京国立9校合并为"国立京师大学校"，自兼京师大学校校长之职。京师大学校下分11个科部：文科、理科、法科、医科、农科、工科、师范部、女子第一部、女子第二部、商业专门部、美术专门部。法科又分为3个院，其中第二院即为原国立北京大学三院（含法律、经济、政治三系），著派林修竹（1884—1948）为法科学长。根据《国立京师大学校组织总纲》，各科部均设学长1人，商承校长分掌科部之教务及事务，并由教育总长聘任之。[①] 如此一来，整个京师大学校都被刘哲牢牢掌握在手中了。10月20日，京师大学校校务会议议决，各科部一律禁用白话文，各科部男女生教室、座次实行划分。时人记载到，刘哲"于教育无所知，常教导学生作经义，而旧时八股闱墨，消沉数十年者，复重见于书市。又依附武力，蹴践斯文。每语，'凡逆我言，即是共党。储梓相待，便当枪杀以埋'"[②]。是以士林侧目，有隐忍安之者，有愤然离去者。原北京大学法律学系著名教授王世杰、周鲠生、燕树棠等人，皆在此时离开北京，前往武汉，参与创办国立武汉大学。

---

① 《国立京师大学校要览》，1928年。
② 《国立北京大学廿三年度毕业纪念册》，载《国立北京大学校史略》。

大约与此同时，蒋介石领导的国民革命军节节胜利，势如破竹，长驱北上。1928年6月，国民革命军进逼北京，张氏北京政府旋即解体，树倒猢狲散，刘哲黯然隐去。北京大学学生自发组织复校委员会，发表复校宣言，自动恢复国立北京大学原名，力图恢复旧制。本校教职员也很希望复校，因蒋梦麟先生在张作霖进北京后为防迫害暂避外地，便公推陈大齐教授（1887—1983）代理校长一职，主持校务。7月3日，南京大学院拟将京师大学校改组为国立中华大学。7月6日，大学院院长蔡元培电请李书华、沈尹默、李麟玉、萧瑜四位先生，会同高鲁等人办理接收京师各校事宜。接收工作从7月11日开始，7月13日正式接收京师大学校法科。7月19日，国民政府会议，决定将北平国立各校合组为国立中华大学，以李煜瀛（1881—1973）为校长。嗣后，又采蔡元培先生建议，仿照德国实行大学区制，并改北京为北平，以示纪念。8月16日，大学委员会通过《北平大学区施行办法》。9月21日，再改国立中华大学为国立北平大学，任命李煜瀛为校长，李书华（1890—1979）为副校长，将河北、热河两省及北平、天津两特别市划为北平大学区，并于北平大学本部开设文、理、法、工、农、医、艺术、师范等学院，文、理两预科，及俄文专修馆。①11月初，国立北平大学正式成立，原定将国立北京大学法科（法律、经济、政治三系）并入北平大学法学院，任命谢瀛洲（1894—1972）为法学院院长；同时，将文科、理科分别改为北平大学文学院和理学院。

但是，上述做法引起国立北京大学全体师生的强烈反对。本校学生以"国立北京大学"素有国际声誉，"不应销灭其名称、更改其组织"②，专门组织复校委员会，向政府力争，意欲恢复"国立北京大学"名号，脱离北平大学区而独立，直接归教育部管辖。据1928年9月14日《京报》报道，北大学生因反对改组，组织"救校敢死队"，负责护校，筹备自行开学招生，武力反抗中华大学。③蔡元培等人得知北大师生的反对意见后，公开致电北大学生，称学生以

---

① 李书华：《国立北平大学工作报告：民国十七年十一月至十八年七月》。
② 《国立北京大学廿三年度毕业纪念册》，载《国立北京大学校史略》。
③ 《北京大学纪事》（上册），1928年9月。

护校为名，采取过激行为，"有违常轨"，此乃"无谓之风波"，甚至把这次事件看成是反对政党所操纵，告诫学生"无令空穴来风"。结果，不仅复校之议悬而不决，北大亦未能正常开学，"复校之议甚盛"①，甚至有学生将北平大学办事处捣毁，"奋斗八月，历受经济封锁、武力压迫，未曾屈服"②。

《北大发展计划大纲》封面

面对尴尬情势，最后由国民党元老吴稚晖等人出面调停，北大师生顾及政府成命遽难变更，遂亦接受调停。1929年春，国民政府收回将原北京大学分为三院之计划，"降校为院"，将原"国立北京大学"改作"北大学院"，隶属北平大学，以陈大齐为院长，筹备开学。经过此番抗争，北大实际上已经取得

---

① 何基鸿：《北京大学沿革述略》，载《北京大学卅一周年纪念刊》。
② 国立北京大学学生会编：《北大发展计划大纲》，1929年8月。

独立地位。进而，北大学院接受改组，分成三个学院：文学院、理学院、社会科学院。其中，社会科学院即由原来北大三院（法律学系、经济学系、政治学系）改变名称而来，主任为何基鸿先生（1892—？）。何先生同时兼任北大学院教务长，而陈大齐先生方任国民政府考试院秘书长，不能经常到校，于是以何基鸿先生暂代其职。同年 6 月中旬，北大学院公布了 1927 年 6 月及 1928 年 6 月各系准予毕业学生名单，其中 1927 年有法律系毕业生曾如柏等 22 人，1928 年有法律系毕业生王宗旦等 14 人。

北大三院（法学院）大门

一方面，1928 年 7 月，蒋介石偕夫人宋美龄来到旧都北平，陈大齐先生前往晋谒，陈请不可轻改北京大学校名之义，得到蒋介石首肯："地名虽改，此校固当存其旧名。"① 另一方面，大学区制实施几个月来，问题层出不穷，各界反响十分强烈。次年 6 月，国民政府教育部议决取消大学区制；8 月，明令恢复国立北京大学，北大复校工作终于告成。北大师生在复校的喜悦中，再次恭请蔡元培先生出任校长，"理直气壮，四海同情"。但是，蔡先生暂时未允，北

---

① 《国立北京大学廿三年度毕业纪念册》，载《国立北京大学校史略》。

大师生及南京北大同学会均派代表,赴上海进行敦劝,蔡以属望之殷切,乃允返校。9月,国民政府正式任命蔡元培为复校后的国立北京大学校长,但蔡以方任中央研究院院长之职,分身乏术,故请陈大齐先生继续代理校长。

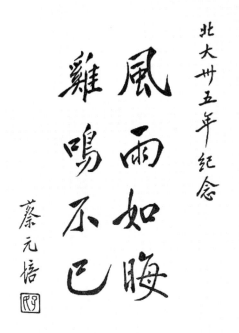

蔡元培题词

"新命颁来,全校欢跃"。北京大学学生会一群学生感于"北大历年受政治之影响与暴力之摧残,元气大损,建树毫无,今后发展,亟待计划",编成《北大发展计划大纲》,不仅在《北京大学日刊》发布,还印成册子分发,征集全校师生意见。这份发展大纲,首先指出"本校现虽设有三院,唯非纯依学术之性质而分"。根据现行大学组织条例,大学须设有三科。本校现有各系,适可分为文、理、法三学院。接着,他们提出具体设院的建议。其中,法学院下设五系、法律学系、政治学系、经济学系、社会学系、新闻学系;社会学系和新闻学系为以前所无，学生会建议尽早开设，或作准备。即如后者（新闻学系）虽计划于1930年添设，但在本学期内应添设新闻学课程，任各系选修。①

蒋梦麟题词

1930年冬，陈大齐先生请辞代理校长，孑民先生亦不能离开中央研究院。最终，蒋梦麟（1886—1964）先生自教育部部长卸任，来长本校。12月23日，蒋梦麟先生到校视事，全校师生开大会欢迎。蒋先生发表演讲，表明不唱高调，切实办学之意。也就是从这一时期开始，全国范围内高等院校，尤其国立

---

① 国立北京大学学生会编：《北大发展计划大纲》，1929年8月。

院校,"学校课程统一,科学钟点增加,体育普遍受重视,管理大学大法令也公布了"①。蒋梦麟先生借鉴美国先进教育经验,对北大原有制度多有改革。1932年6月18日,公布《国立北京大学组织大纲》,自7月1日起实行。大纲规定:北大以研究高深学术、养成专门人才、陶融健全品格为职志。施行学院制,正式改文、理、法三科为文、理、法三院,各学院置院长一人,各学系置主任一名,综理各该事务。1932年12月,《国立北京大学学则》公布,取消了1919年以后实行的计算课程大单位制,实行学分制。学则规定,每个学生至少要修满132学分方准毕业,一、二年级学生每学期选习学分总数至少要达16学分,至多不得超过20学分。三、四年级学生每学期至少选习14学分,至多不得超过18学分。但是,因为法律系学分总数过多,所以例外可以最多选习至22学分。

1931年,教务长何基鸿先生辞职,其职遂废。又依新颁《大学组织法》改评议会议为校务会议,分全校为文、理、法三院。任命周炳琳(1892—1963)先生为法学院院长,院长之职在规定课程、延聘教习。其他学校行政,仍合三院为一,与以前不同。1932年,设研究院,并分三部:文史部、自然科学部、社会科学部,分别以刘复、丁文江、陶履恭为主任。后来,社会科学部再改称法科研究所,主要由法律、经济、政治三部组成。又设课业处,以樊际昌为课业长,司文、理、法三院学生学业上之均齐与考绩。②北大法学院及法律系从此进入一段平稳发展的时期。

教务长兼法律学系主任何基鸿

在北京大学复校初期,法律系的恢复面临一个严峻的问题——师资缺乏。由于刘哲的文化高压,教育方针不得人心,原北京大学法学院的教师四散各地。即如王世杰、

---

① 蒋梦麟:《西潮》,辽宁教育出版社1997年版。
② 《民国二十四年度国立北京大学一览》,"沿革"。

皮宗石、燕树棠诸先生皆去武汉大学法律系任教，由于当时无法复课，原法律学系主任黄右昌先生也基本赋闲在家，类似者比比皆是。为了尽快恢复旧观，在京师大学校结束初期，陈大齐先生即发函邀请原北大教授返校任教，北大学生也自发给在外的原教员去信，欢迎返校，但一时之间问题难以根本解决。1929年7月5日，北京大学学生会更明确提出法律系应增聘之教授名单，其中有：周鲠生、燕树棠、王世杰、高一涵和白鹏飞。① 同月30日，王世杰（1891—1981）覆法科同学函，"北大政治学会、法律系、经济学会诸位同学钧鉴：接展来书，至为感动。杰离校虽历两年，因无日不企盼北大早复旧观，继续发展。俾个人亦得恢复旧日恬然自得之教学生活。今春来长武大，实违本愿，惟责任既已落身，一时殊难解脱，此种情况，想诸君必能谅解。"② 同年9月，王世杰、燕树棠等四位先生再次致函陈大齐代校长："文电敬悉，兄等惨淡经营，北大终获恢复，远闻甚慰。维武大已开学，弟等拘于职责，暂难脱离，万祈鉴原为感。"③ 1931年6月，《北京大学日刊》公布的"本校法学院下学年教授名单"中，法律系只有3名：何基鸿、刘志敏、燕树棠；另有"尚在接洽中者"：刘克儁、史尚宽及其他。同样惨淡者，如政治系，也只有3名教授：陈启修、张慰慈、周览，其中周览尚且"本校与武汉各半年"。经济系情况相对较好，教授5人：秦瓒、陈启修、周作仁、赵迺抟、周炳琳，陈启修实为兼任④。

师资缺乏只是暂时情况，因为国立北京大学法学院毕竟对很多学者充满吸引力，许多优秀的法律专家愿意选择北大法学院。事实上，20世纪30年代的北大法学院网罗了大批顶尖的法律学者。当时法学院就有一位教授在课堂上公开讲："我不是吹牛！北大的教授虽比不得外国，而在中国，却是首屈一指！同学们应该认清，谁是学者，谁是流氓。"⑤ 长期在北大法律系担任系主任的戴

---

① 《北京大学日刊》1929年7月5日。
② 《北京大学日刊》1939年8月10日。
③ 《北京大学日刊》1929年9月19日。
④ 《北京大学日刊》1931年6月6日。
⑤ 行尸：《我们的法学院》，载《国立北京大学卅五周年纪念刊》。

修瓒先生（1887—1957），其个人经历更是一个鲜明的例子。1926年3月18日，北大等高校和社会团体在天安门前召开反对八国最后通牒国民大会，会后示威游行，赴执政府请愿，结果遭到血腥镇压，伤亡惨重，是为震惊中外的"三·一八"惨案。当时，燕树棠（1891—1984）教授义愤填膺，草拟诉状，欲将段祺瑞送上法庭。戴修瓒先生适为京师地方检察厅厅长，以段祺瑞非法杀人，律当论抵，即署拘票，命法警逮治，当时人们引为旷举。段祺瑞虽恨戴修瓒先生入骨，而其时欧美各国正派专员来中国调查司法，遂不敢损辱法官，竟免去司法总长卢信职务，以泻心中不快。其后5年，修瓒先生弃绝官场，来到北大①，执法律系教鞭，对北大法律系贡献甚巨。

对于这一变动时期的教学内容，有幸保留下来三份当时的课程说明书。从1929年9月21日《北京大学日刊》以专件形式公布的《国立北京大学法律学系课程》②来看，短暂的北平大学北大学院时期法律系共有教师19人，课程规定如表6所示：

表6　国立北京大学法律学系课程

	必修科目	选修科目
第一学年	民法总则（何基鸿）；刑法总则（张孝栘）；宪法（潘冠英）；德国法（何基鸿）；英国法（赵任）；法国法（杨湸保）；经济学原理（周作仁）	罗马法（黄右昌）；法院组织法（何基鸿）；第二外国语；日文
第二学年	民法债权总论（何基鸿）；民法物权（黄右昌）；刑法分则（张孝栘）；英国法（赵任）；法国法（杨湸保）；民事诉讼法（李怀亮）；行政法总论（白鹏飞）	财政学总论；第二外国语
第三学年	民法亲属（黄右昌）；民事诉讼法（石志泉）；行政法各论（白鹏飞）；公司条例（王家驹）；刑事诉讼法（陈瑾昆）；强制执行（曹祖蕃）；英国法（赵任）；法国法（杨湸保）；民法债编各论（刘志敿）；国际公法（王化成）	破产法（王家驹）；社会学（陶履恭）
第四学年	民法继承（余荣昌）；国际私法（程树德）；票据及海船法（余荣昌）；商行为（耿光）；论文	中国法制史（程树德）；法医学（徐诵明）；法理学（赵任）；劳动法（赵任）

---

① 《民国二十四年度国立北京大学一览》，"沿革"。
② 《北京大学日刊》1929年9月21日。

1931年9月14日和22日,《北京大学日刊》又先后公布《北京大学法律系课程大纲》①及其修订,从中统计得出,此时北大法律系的教授、副教授、讲师、助教共有17人,他们是:燕树棠、赵之远、刘志敉、余榮昌、何基鸿、李怀亮、林彬、程树德、戴修瓚、李浦、石志泉、陈瑾昆、于光熙、白鹏飞、王化成、王家驹、刘兆霖。现将修订过的法律系课程逐年列举如下:

白鹏飞教授

➡ 一年级

必修:

党义一　民法总则　政治学概论

经济学概论　心理学　国文

第一外国语(英文)/(德文、法文或日文)　第二外国语(英文)

其中民法总则、政治学概论、经济学概论、心理学与政治系或经济系合班上课。第一外国语修法文、德文、日文者,又必修第二外国语英文,第一外国语为英文者,暂可不必选修二外。

➡ 二年级

必修:

罗马法　民法债编各论　民法物权　特种民事法一(公司法)　民事诉讼法一

刑法分则　英文法律选读　第二外国语(德文、法文或日文)/(英文)

选修:

中国法制史　政治学概论

---

① 《北京大学日刊》1931年9月14日和9月22日。

第五章
抗战前的北京大学法律学系（1927—1936）

➡ **三年级**

必修：

民法债编各论　民法亲属继承　特种民事法（保险法）　民事诉讼法二

刑事诉讼法　强制执行法　（补讲）民法物权　行政法各论　国际公法

第二外国语（德文、法文或日文）/（英文）

选修：

德国法　破产法　社会学

➡ **四年级**

必修：

民法继承编　特种民事法三（票据法）　特种民事法四（海船法）（补讲）民法债编各论　国际私法　党义二　毕业论文

选修：

法理学　中国法制史专题研究　劳工法　法医学

9月14日公布的课程与9月22日公布的修订法律系课程相比，法律专业课程基本一致，而以后者内容更为完备且具效力，在此不录。9月22日公布的法律系课程主要增加了英文的学习：除一年级公共基础课中稍可自由选择外，到了二、三年级皆必修英文。此二者与北大学院时期的法律系课程相比有一个重要共同点，那就是都增加了"党义"课程。顾名思义，就是以三民主义的宣传教育来推行国民党思想和政治上的独裁统治。在这之前的"国家主义""无政府主义""共产主义"等形形色色的"主义"，从此便没有了合法的地位，或销声匿迹，或转为地下。正如一篇匿名评论文章所言："一切的思想和学说都是异端邪说，只有钦定的三民主义才是世界惟一的教条！"[①]

---

① 百：《如何纪念五四》，《北京大学五四十四周年纪念专刊》，1933年。

第二节
课程、考试与招生

自 20 世纪 30 年代初国立北京大学法学院成立以来，周炳琳先生长期担任院长职务，"公自长院以来，多所兴革，学生风纪及在学成绩，已较昔年为进步"①。在课程方面，每年均制定有"课程指导书"，使教授任课、学生修习均有轨可循，较京师大学校以前也更为正规化。根据课程指导书，法律系各学年之学科分为必修科目与选修科目两种。必修科目为该学年各生所必须修习之科目，选修科目则为该学年学生得以自由选修之科目，但选修科目的数量必须按照课程表的规定安排。同时，学生选课必须根据每一学年度"课程指导书"的规定次序修习课程，不得紊越。

1934 年度的"法律系民国二十三年度课程指导书"最具代表性，规定详明，不仅包括任课时间、任课教师，甚至包括了有关课程教学计划，还有学生必读的参考书目，对于讲授学习甚为便利。现将之择要摘录，以见一斑。

李祖荫教授

---

① 北京大学档案馆藏：《戴修瓒致周炳琳函》，1935 年 3 月 12 日。

A. 必修课程：

➡ 一年级

1. 民法总则　教师：李祖荫

本课分为三部分讲授。第一部分，弁言，详述民法之重要性，民法与其他法律之关系，民法总则编缩影。第二部分，绪论，内分十章：现代民法思想之变迁、我国民法总则编之立法精神、民法之语源及意义、民法之性质、民法编制之体裁、中国民法史纲、民法之效力、民法之解释、民法上之权利、民法上之义务。第三部分，本论，又分七章讲授：法例、人、物、法律行为、期日及期间、消灭时效、权利之行使。用比较的研究方法，俾学子明了世界各国民法之优绌；复用实际的研究方法，使知运用法条的方法，务求学理、实际两不偏废。

2. 刑法总则　教师：王觐

本课系根据我国刑法第一编总则讲授，除解释法条外，并说明刑法之一般原理原则。分为绪论及本论，本论又分为刑法论、犯罪论、刑罚论三编。

3. 宪法　教师：涂允檀

以现代一般宪法上所规定之问题为标准，如宪法的种类、沿革及其修改；主权、个人权利及义务；选举、直接民权，国家机关及其职权等问题。根据各国宪法或法律上的规定，公法学者的意见及最近宪法的趋势，作一种公平的有系统的比较研究。

4. 政治学原理　教师：张佛泉

本课在于说明国家之性质、组织及其活动，并国家与个人间及国家与国家间之相互关系。

5. 经济学概论　教师：樊弘

本概论分为四部分讲授：首先讲人类生活的基本条件；其次讲现代经济的解剖；再次讲社会经济的转型；最后讲经济学方法论。

6. 社会学　教师：许德珩

本课程旨在说明近代社会学之产生及其功用，分6编讲授：（1）近代社会学学说之起源和社会学之功用；（2）方法论；（3）社会；（4）社会诸现象之分解；（5）社会之变革及过程；（6）结论。

（3）—（6）皆与政治系一年级合上。

7. 外国法　教师：江之泳

本课系选读外国文（英、法、德）之法律名著或论文，重在使学生明了外国法律之大意，并了解现代主要立法例之法律系统，以为比较研究之一助。学生得各依其所习第一外国语之类别，择其应修外国法。

8. 基本英文

➡ 二年级

1. 债编总论　教师：戴修瓒

本课系根据我国民法债编通则，自编讲义。章节顺序，亦与债编通则大致相同。重在说明现行债法之概要，务使对于债之本质、发生、标的、效力、变更、消灭等项，领会体系的理论及立法的精神。并旁征东西立法例及学说，比较研究，力求我国新法解释正确。所有我国及东西诸国重要判例，亦多引证，以学理为经，以实际为纬，俾得深悉法律运用之实情。

此外如契约自由限制、强制契约观念、经济形式变更、诚实信用原则诸问题，均随处叙述，以明斯学革新之趋势。

2. 物权法　教师：刘志敫

本课之讲义，系根据现行民法物权编所定章节，再列子目，说明每一章节所含之原理原则及其意义。并与民法其他各编（如民法总则）及特别法（如土地法及矿业法），对照说明其适用之法。

3. 公司法　教师：王家驹

本课讲义共分六章。第一章，绪言，说明公司及我国公司法沿革，并公司法与民法之关系、公司之意义、公司之目的、公司法

刘志敫教授

之特质、公司法之缺点。第二章，说明公司种类、公司人格、公司住所、公司设立登记、公司解散，并各国公司种类。其余四章按照公司种类分别论列，并援引商律、公司条例及德、日等商法，以资参考、其有最高法院判例或司法院之解释者，随时附带声明。

4. 刑法分则　　教师：王觐

本课讲义共分三十四章。依刑法条例所排列之次序，逐章说明，并加以评骘。

5. 法院组织法　　教师：戴修瓒

系根据我国新颁法院组织法，自编讲义。章节顺序，亦大致相同。重在说明我国法院组织概要及变迁沿革，并旁引英、德、法、日诸国法院组织制度，比较研究。此外关系法令，亦广事采辑，供作研究材料。

6. 民事诉讼法（一部）　　教师：陈瑾昆

本课讲义分为绪论及本论两部分。绪论中讲述民事诉讼及民事诉讼法之观念。本论又分为总则及分则二编。总则编内，分诉讼主体、诉讼程序、诉讼标的及费用等章。凡民事诉讼中一般的问题，就实用及理论两方面，在此均为详明之论述，务使学生就民事诉讼法领会其纲领之所在，且对于现行法第一编之规定，获得正确的认识。至分则诸问题，则在民事诉讼法（二部）讲述。

7. 行政法总论　　教师：张映南

本课讲义首述行政之基础原理，次分述行政组织、行政行为、公法人及公物、行政救济四编。其中引用我国现行法而为原理原则之研究，并说明其一般行政之通性，参照各国法规以资比较。

8. 外国法　　教师：江之泳

（内容同一年级）

➡ 三年级

1. 债编各论　　教师：刘志敫

本课讲义，依现行民法所定章节，再列子目，说明每一章所含之原理原则及其意义，并与民法其他各编（如民法总则、债编总则之类）及特别法（如工厂法、团体协约法及著作权法之类），对照说明其适用之法。

2. 亲属法　　教师：李祖荫

本课目略依民法亲属编所列之次序，解释亲属、婚姻、亲子及家族各种身份，及从此而产生之财产关系。本课于每一法律制度，以历史的及社会学的方法加以说明，于制度之内容之法律规定，则加以论理的解释。

3. 票据法　　教师：戴修瓒

本课目系依据我国票据法，自编讲义。章节顺序，亦大致相同。重在说明现行票据法之概要，并论及票据与金融之关系，俾得法理与实际两相适合。所有东西各国立法例及学说判例，亦多引据，比较研究。新旧统一票据法为各国票据法革新之模范，尤特别参照。

4. 民事诉讼法（二部）　教师：陈瑾昆

本课目讲义，系赓续民事诉讼法一部讲义，编述分则中之诸问题。章节均依现行法第二编以下之顺序，即：第一章，一审之程序；第二章，上诉审程序；第三章，再审程序；第四章，特别诉讼程序。除详述各种诉讼程序之特质外，其互相关联之问题，以及与总则相呼应之规定，亦详与指示，务使学生融会贯通，领会其运用之方法。至于理论方面，亦随时加以论究，使了解立法精神之所在。

5. 刑事诉讼法　　教师：陈瑾昆

本课目系用自著《刑事诉讼法通义》为课本，讲授中华民国刑事诉讼法。除解释法条外，并说明一般法理，且旁及关系法规。分为绪论及本论，又分为上部总论及下部各论，一以解释刑事诉讼法第一编，一以解释刑事诉讼法第二编以下。

6. 破产法　　教师：王家驹

本课目讲义分为四编：第一编，绪言，说明破产之意义、目的及破产法之编列，破产法之适用，破产法之特色，我国破产法之沿革，破产法与破产律之异同，破产法与日本破产法之区别；第二编，总论，详述破产法之性质、破产开始之原因，关于宣告破产之各国立法例，破产法与他法之关系，以及英国及俄罗斯之破产制度；第三编，实体规定，如破产者、破

第五章
抗战前的北京大学法律学系（1927—1936）

产债权人、破产财团、破产宣告之效力、别除权人、财团债权人、取回权人、抵消权人、否认权人，以及国际破产等；第四编，程序规定，以破产草案为准。总之，现时吾国所有之破产法，是为草案，将来订正为破产法时，难免无变更之处，故本讲义之内容，以注重立法与比较方面者为居多。

7. 行政法各论　教师：张映南

本课目讲义，分为警察行政、保育行政、法政行政、其他行政四编。引用我国现行法规，阐明其原理之应用，并说明其各种行政之特性，更参考各国法规，以资比较。

8. 国际公法　教师：燕树棠

本课目研究国家相互间认为必须遵守之规则。第一部，总论，论述国际法之定义、性质、历史及与国内法之关系。第二部，平时之国际法，述国家之产生、承认、消灭及其基本权利与义务，条约之缔结，使领之交换，国际争议之解决等。第三部，战时国际公法，述战时交战国彼此间之关系及应守之规则。第四部，中立国际公法，述中立国家人民之权利义务。所用课本，系 Wilson and Tucker: *International Law*, 8th.Ed.。

燕树棠教授

➜ 四年级

1. 继承法　教师：李祖荫

本课目略依民法继承编之次序，解释继承、特留份及遗嘱之规定。于每一法律制度，以历史的及社会学的方法，加以说明；于制度之内容之法律规定，则加以论理的解释。

戴修瓒教授

2. 保险法　　教师：戴修瓒

本课目系根据我国保险法，自编讲义，章节顺序亦大致相同，重在说明现行保险法之概要，并旁采保险学之理论，务使学生于保险法理、保险经济、保险技术三项综合研究，俾得法理与实际两相适合。所有东西诸国立法例及学说判例，亦多引据比较研究。德、瑞两国保险契约法为我国采仿之母法，尤特别参照。此外现代保险立法之新思潮，及中外保险公司之保险规约，更广事采辑，供作研究资料。

3. 海商法　　教师：戴修瓒

本课目系根据我国新颁海商法，自编讲义，章节顺序亦大致相同，重在说明现行海商法之概要，务使领会海商法上综合的理论及诸种制度之特质，并旁征东西立法例及学说，比较研究。国际统一条约，为我国采仿之母法；苏俄海商法，为新颁法制，尤特别参照。所有东西诸国重要判例及航业界经济情形，亦多例证。力求学理与实际两相吻合，俾得深悉法律运用之实情。此外，欧洲大战后新现象、新材料，均予采集，以明斯学革新之趋势。

4. 民事执行法　　教师：于光熙

本课目系依现行民事诉讼执行规则及补订民事执行办法之规定，说明强制执行之必要；其不足者，则以前法律编查会发表之强制执行律草案补充之。讲义分为两编：第一编总则，说明强制执行之一般规定，更分为执行要件、执行机关、执行当事人、执行异议、执行程序之进行及停止、执行费用，及执行上救助各章；第二编，执行程序各论，说明各种强制执行程序。

5. 民事诉讼实务　　教师：张叔龙

本课目讲义分为两编。第一编系对于各种文书加以说明，第二编系假

第五章
抗战前的北京大学法律学系（1927—1936）

设案件，汇列其卷宗，使明了民法及民事诉讼法实际运用之情形。

6. 刑事诉讼实务　教师：张叔龙

本课目以讲授关于刑法及刑事诉讼法之实际运用为主旨，并使设假法庭（即模拟法庭），且参观法院及看守所与监狱。

7. 国际私法　教师：燕树棠

本课目讲述国际私法之一般原则，现行之法律适用条例、国籍法、条约上关于国际私法之特别规定，以及其他涉外法规。

8. 土地法　教师：张映南

本课目讲义，首为概论，次分为五编：总则、土地登记、土地使用、土地税、土地征收。依照我国土地法所规定各条文而为法理之研究，且详为解释，以备适用，并征引各国关于土地之法律规定，以资考证。

9. 劳工法　教师：徐仲白

本课目讲授劳工立法之理论及其趋势，并说明我国已颁各种劳工法令之概要。所有先进各国之劳工立法例亦广加介绍，比较研究。讲义顺序：首述劳工立法与社会经济思潮等之关系，次述劳工法之意义、目的、范围及其研究方法等项，再述及劳工契约、团体契约及工会制度等项，最后述劳资争议处理及劳工保护法令之大要。

B. 选修课程：

1. 中国法制史　教师：程树德

此为二年级选修课。本课目系就中国过去法制为史之研究。查中国法系为世界五大法系之一，其特长在刑法。法制二字，含义甚广，故从狭义解释，而以律令概括之；凡官制、学制、兵制、田制等，概归纳于令中，而专注重刑法。我国之有汉律，犹欧洲之有罗马法，故于汉

程树德教授

律述之特详,于言其概略而已。全讲义分四篇:第一篇,总论,叙中国法系之特征;第二篇,律令,述历代律令变迁之沿革;第三篇,刑制,述历代刑制;第四篇,专题研究。

2. 犯罪学　教师:黄得中

此亦为二年级选修课。本课目系自编讲义,详论各学派所采研究方法,探究犯罪之原因,及叙述镇压犯罪之方法。尤注重我国历年刑事统计表,及我国经济状况及社会制度,务求我国运用之适当法则。

3. 普通心理学　教师:樊际昌

(此仍为二年级选修,与文学院合上,说明略。)

4. 法理学　教师:燕树棠

此亦为三年级选修课。主要讲述西洋法学家之派别及其学说异同之点,法律思想之变迁、法律之基本观念。

5. 监狱学　教师:梁平甫

此亦为三年级选修课。分为:第一部分,绪论,将中国及东西洋各国监狱之沿革,暨万国监狱会议情形分别说明;第二部分,本论,将执行自由刑与犯罪预防,暨监狱构造、监狱管理等各种方法,详细说明。先研究理论,次及实验,以期体用兼赅。

从中可以看出,当时北大法律系的课程设置相当完备。一年级必修课以法律专业基础课程为主,同时兼习政治学、经济学、社会学等课程,目的在于从知识的广度上为将来的专业学习作充足的储备。从二、三年级开始,专业倾向逐渐明显,相关法律专业课程的学习向深入发展,不仅注重学理上的阐释与探讨,也很注重结合现行法律制度体系的批判研究,同时加强与东西各国法律制度的比较研究。另外,从每门课程说明后所附参考书目来看,日本人著作占相当大的比例,这是京师大学堂自设立法科以来长期形成的现象。但是,从教师对每门课给予的说明看,正如戴修瓒先生所讲"旁采东西各国",实际讲解的内容并不完全从日本"拿来"。如前所述,周炳琳执掌北大法律系以来,对法律系进行整顿,在学科体系设置上有明显的仿美倾向,与同时代美国社会学派法学创立者罗斯科·庞德所提出的观点——"现代的法律教师应该是社会学、经济学和政治学方面的学者"相当一致,都强调以法律为业者应有多学科的知识背景。

然而,以上列举的只是1934年度的情况。这一时期北大法律系的课程实际上也是处于不断地变化之中。国立北京大学法律系的先生们,也在不断地学习先进经验,改良课程设置,提高法律教育水平。1935年年初,北大法律系派助教张守正赴日考察法律教育就是一个典型的例子。张守正,河北天津人,由本校法预科升入正科,1930年毕业于北大法律系,即留校任助教;同时攻读法律系研究生。其研究题目为《民事诉讼法上之职权主义》,主科导师为李怀亮教授;同时,有副科导师二位:王家驹(破产法)和陈瑾昆(刑事诉讼法)。① 1935年3月12日,法律系主任戴修瓒以法律学系教授会名义给院长周炳琳写信,提出拟派张守正赴日考察法律教育的建议。他在信中说:"部定课程似尚有可议之处,现值教育部修改学则,亟应早速研究,以便向部建议。"接着他从实际出发,列举四条理由,指出赴日考察法律教育的必要性:

第一,近年日本官私各大学于法律教育之设备及教材颇有变更。近有主张仿德国柏林大学先例,增设"法律学概论"讲座,以求两者之沟通。现在日本各大学已否实行此项计划,其效果又如何,殊有调查之必要。

第二,各国于法制史一学科虽已成绩斐然,而于立法思想方面,似尚未能为纯史学的研究。现闻日本各大学间有增设法史学讲座者,其教材如何搜集,亦应调查,以资借镜。

第三,在成文法之国家,固应从静的方面探讨既成法之义理,但亦应兼从动的方面研究立法政策。日本各大学于此项切要问题似亦在研究解决之中,亟应调查其情况,并咨询各专家意见,以资参考。

第四,日本民刑诉讼法改正后实施情况如何,尤与司法人才之训练有关,亦应详细调查,留作诉讼实务之教材。

但"本系各教授均任有讲座,无暇担任此项调查工作。查本系助教张守正品学俱优,于诉讼法一学科尤有心得,拟令张助教支领原俸,前往日本调查,并就其研究之学科搜集材料,似属一举两得"。

---

① 《北京大学周刊》1933年1月7日。

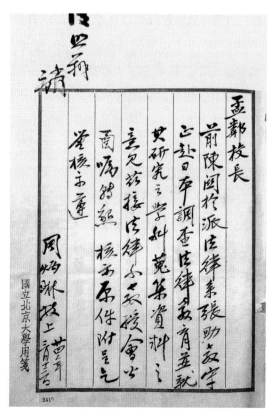

1935年3月周炳琳致函蒋梦麟推荐张守正赴日留学进修函

法律学系教授会的报告当天即得到法学院院长周炳琳的同意,并致函蒋梦麟校长,最终获得学校批准。一个月后,张守正助教即取道上海,东渡扶桑,并于同年4月22日抵达东京,开始考察工作。①

此外,这一时期法律系的先生们对于法学教育可谓不遗余力,除正常的课堂教学外,还增加了资深教授的课外指导时间,于每学期初将之公布。谨摘录1936年10月17日《北京大学周刊》上公布的《民国二十五年度第二学期北大法律系教授课外指导时间表》如下表7,以见一斑②。

---

① 北京大学档案馆藏:《国立北京大学法学院请派助教张守正赴日调查法律教育》。
② 《北京大学周刊》1936年10月17日。

表7 民国二十五年度第二学期北大法律系教授课外指导时间表

指导教授	时　　间	地　　点
戴君亮（修瓒）	周二上午 8:00—10:00 周三下午 1:00—3:00 周五上午 8:00—10:00	一院教授室
燕召亭（树棠）	周二上午 8:00—10:00 周三上午 10:00—12:00 周四上午 8:00—10:00 周五上午 10:00—12:00	一院教授室
陈克生（瑾昆）	周一上午 10:00—12:00 周二上午 10:00—12:00 周三下午 3:00—5:00	一院教授室
董绶经（康）	周二下午 3:00—5:00 周三下午 1:00—3:00 周四下午 1:00—3:00	一院教授室
李麋寿（祖荫）	周二下午 1:00—3:00 周三下午 3:00—5:00 周四下午 1:00—2:00 周五下午 1:00—5:00	图书馆二三号教研室 一院教授室 一院教授室 图书馆二三号教研室
蔡诱衷（枢衡）	周一下午 1:30—3:00 周三下午 1:30—3:00 周五下午 1:30—3:00 周六下午 3:00—4:00	一院教授室

从毕业生人数看，1929年至1937年国立北京大学法律系毕业人数与京师大学校以前相比差距很大，请看表8：

表8　国立北京大学1917—1926年与1928—1937年毕业人数比较表[1]

毕业年份	1917	1918	1919	1920	1921	1922	1923	1924	1925	1926	年均
毕业人数	99	61	28	44	57	57	132	72	91	61	70
毕业年份	1928	1929	1930	1931	1932	1933	1934	1935	1936	1937	年均
毕业人数	14	7	17	20	12	16	6	12	13	7	12

由此可见，国立北京大学法律系（或法科法律门）在京师大学校成立前10年中毕业生人数最多达132人，人数最少的年份也有28人，年平均毕业法律专业学生70人左右。而北京大学复校运动期间及复校后10年左右的时间内，毕业生人数大大减少，最少的一年只有6人，最多也只有20人，年平均毕业生12人而已。造成这种现象的原因，笔者认为主要有以下两个：其一，报考人数减少，即新生人数减少。冯友兰曾于1948年冬天回忆道，自科举制废除后，"那时候，一般人还以学校为变相的科举，上大学为底是得个入仕途得'出身'。'出身'以法科为宜，很少有人愿意入文科"[2]，可见"学优则仕"的思想影响还很深刻。后来人们才慢慢觉悟，社会已经不是原来的社会，读书也不只有当官一条出路，要想升官发财还不如学经济、学政治来得直接，要图稳定还不如学习理工科，于是有些学生纷纷转考经济或其他科目了。其二，国家招生政策转向，教育部每年压缩法律专业的招生。个中原因，以身受其害的法学院学生口吻来说，就是"既得利益者"对新生力量的恐惧。"学法科者多半爱奢谈点什么政治制度，经济机构，法律工具等等。发为文章，不是撞着这个鼻子，就是戳那个人的眼睛。出为行动，更要令人心惊肉跳，不安于位。敢情还要煽惑大众，拥护暴民，而和大人先生们过不去。纵使退一万步说，出学校后至少要谋点差使，混个一官半职，同行是冤家，夺人饭碗者人恒恨之。"以致"多报章杂志，见许多堂堂大文骂法科之罪大恶极，理应停办"，"全国大小要人忽然觉得

---

[1] 表中数据根据《国立北京大学毕业学生一览》（1931年）及《国立北京大学一九三七年毕业同学录》所附"历届毕业同学录"统计得出。
[2] 冯友兰：《北大怀旧记》，载《国立北京大学五十周年纪念特刊》。

学法科罪孽深重,不自陨越,祸延中华民族,以致东北沦亡,国基震动!于是从恍然里跳出一个大悟,以为要使中国走上现代国家的途径,非提倡实科,裁撤法科不可!因此定为方针,列为文告,皇皇然民族将复兴矣。"[①]每年招生人数呈几何比例地下降,"虽非拦腰一刀,却是凌迟处死。将来或许每系一位,只招三名,也未可知,那时法学院便真的成了博物馆的秦砖汉瓦了!"法学院的学生们在课堂上、书本中学到民主、自由的道理,对现实提出批判的建议,甚至向腐朽的政权发出呼声、表达抗议,再甚而走上街去、投入社会,呼唤民众的觉醒,对社会、国家、民族的前进本该是十分有益的事情,但是却被认为是洪水猛兽,避之唯恐不及,除之唯恐不尽,反而暴露出当时政治的腐败,独裁统治的反动。但是这些法律专业的学子们,仍对这个国家、这个民族充满激情,充满热爱,充满斗争的意志。"固然目前政治的气压,重得使我你难以呼

20世纪二三十年代北大毕业同学录

---

① 丁秋野:《关于法学院》,载《北大迎新特刊》(1936年)。

吸，使我们的实战变成了无谓的牺牲；但我们却不能不认识现代，把握着我们的任务。我们应当在伏首低吟的余暇，抬起头来，揭开我们的眼帘，放直我们双眸的光芒，钉住书案以外的世界，尤其是我们的敌人。同时，在我们沉思的脑海里，挪出一个角落来，计划些实践的策略，放些活鲜的资料。我们整个的人生，万不可一丝不遗的放进书里，变成了书的奴隶！"①

第三节
研究、社团与交流

　　1930年5月，国立北京大学停办预科，扩充研究所。1932年夏，北京大学研究院正式成立。同年7月8日，北京大学校务会议通过《国立北京大学研究院规程》，对研究院的设置、院长及导师的确定等内容加以规定。研究院分为三部：文史部、自然科学部和社会科学部。以陶履恭（1887—1960）为社会科学部主任，但暂未招生。1934年6月，遵照民国教育部《大学研究院暂行组织规程》，本校研究院进行改组，改原社会科学部为法科研究所，以法学院长周炳琳兼任法科研究所主任。1935年5月，民国教育部令各大学研究院设立须经核准，命北京大学法科研究所暂缓招生；同年6月，又在《国立北京大学研究院规程》基础上重新修订，改称《国立北京大学研究院暂行规程》（以下简称《暂行规程》）。

　　《暂行规程》规定，本校就已有之三个学院，相应设立文科研究所、理科研究所及法科研究所，各研究所主任由本校文、理、法各学院院长兼任。各研究所下设委员会，由院长于各所已设研究科目之各部分中选聘5人至9人组织之，法科研究所即称"法科研究所委员会"。各所委员会又以各所主任为委员

---

① 行尸：《我们的法学院》，载《国立北京大学卅五周年纪念刊》。

长，并推一人为秘书。法科研究所主任及法科研究所委员会均以周炳琳主之，以艾和薰为助理。根据1937年6月《国立北京大学研究院招考章程》，这也是抗战爆发前最后一次招考研究生，其中法科研究所中部分专业与文科研究所合并招生，具体专业及导师如下所列：

  近世外交史 导师：张忠绂

  中国社会经济史 导师：陶希圣、周炳琳

  中国法律史 导师：董康、刘志敭、李祖荫

  中国政治制度史 导师：张忠绂、陶希圣、张佛泉[①]

  北大复校以后，法律系四年级学生的"专门研究"课程也得到恢复。专门研究，为本系四年级学生必修科目，以论文及译书为研究方法。论文、译书依学生志愿，任选择一种。对于译书，选择范围以英、法、德、日四国文字为主，由学生选定原本，而论文亦由学生自行认定题目。译书原本或论文题目，均须于第四学年开始，请担任该科目的教员进行评议。教员审定学生译书原本，可翻译者，当指定页数，令讲解原文，决定能否胜任，不能胜任者不得翻译，但许限期内再行择题或改作论文。对于论文大致同此。译书或论文题目一经认可，不得更改。对于译稿有字数上的规定，至少达1.5万字，稿末一般还要附以评论或解释。论文每篇至少要8000字，方准通过。四年级学生在进行译书或作论文期限内，指导教师应随时给以指导，并考察其研究或翻译进度，进行考核。译稿或论文一般必须在每年4月10日前完成提交，评定及格者又分为甲、乙、丙三等；不及格者，应提交法律系教授会会议进行复核。另外，对于译稿、论文之优秀者，经本系教授会认为有出版之价值，得由本系教授会请求本校代为印刷发行。

  这一时期，颇具影响的《北大社会科学季刊》在中断后继续刊行。《北京大学日刊》1929年8月15日刊登《北大社会科学季刊委员会征文启事》，该"启事"称："本刊自十二年创始，每年一卷，每卷四号，每号按季出版，至十五年度第四号中断。现由本会议决：继续由第四卷三号出起，编辑稿件。

[①] 《国立北京大学研究院暂行规程》（1937年度）。

每千字一律酬银五元，翻译稿件，每千字一律酬银三元。凡校内外有价值之稿件，均所欢迎。稿件请交北大第三院本刊编辑主任黄右昌收。"本"启事"乃根据 7 月 15 日所召开的《北大社会科学季刊》复校后第一次会议议决结果而来，该会议同时议决的事项还有：

一、本会会员，每人每季至少有稿一编，为本刊基本。

二、凡校内旧教授，现事实上暂不能来平，及校外学者，在从前努力于本刊编辑者，一律以通信方式，征求稿件。①

两年后，黄右昌（1885—1960）因为应邀参加立法院会议，请假一年，"以便留得余暇，从容整理讲稿，继续供他日之用"，一并辞去《北大社会科学季刊》主任职务。他在给校长蒋梦麟的辞职信中，对《北大社会科学季刊》给予高度评价："至《北大社会科学季刊》为本校革命工作之表现，王雪艇（世杰）先生倡导于前，弟（右昌）与各同人赓续于后，……其间虽因本校两次摧残，本刊中断，而革命精神仍旧继续贯彻。"②在黄右昌先生离去以前，《北大社会科学季刊》已经出至第 5 卷第 1、2 号，后改由马寅初、林彬等先生继续主持。

《北大社会科学季刊》从内容上看，每期一般分为论著、学术书籍之介绍与批评、特载等栏目。其中"论著"又分为法律与政治学、经济学及其他社会学三类。每期作者皆为当时法学大家或后起新秀，以本校法学院同人著作为多，不时选辑校外优秀社会科学论著。摘录几篇目录如下，俾读者略知雪泥鸿爪：

王世杰：《行政合议制》《中国奴婢制度》《国家对人民的赔偿责任》《论联邦制基性与派别》《中国现行法令与个人自由》《财产权性质之新义》《法国新近保护美术物与古物之法律》《公民票决制之比较研究》《暹罗收回领事裁判权之经过》《暹美新约》；

周鲠生：《领事裁判权之撤废问题》《国际仲裁与日内瓦议定书》《国际联盟与国际法》《国际仲裁与国际司法》《国际争议及其解决办法》《国际条约成立之条件（旅大问题之法律的观察）》《常任国际法院》《租借地之法律的性

---

① 《北京大学日刊》1929 年 8 月 5 日。
② 《北京大学日刊》1931 年 1 月 27 日。

质》《常任国际裁判法院组织法评议》；

燕树棠：《英美之陪审制度》《财政观念之变迁》《刑事责任问题》《私法上占有观念之两大争点》《国际法与国内法上之政治犯问题》《过错主义可否为侵权责任之惟一根本原则》《权利之观念》；

高一涵：《美国独立时代普通政治思潮》《中国内阁制度的沿革》《柯尔的国家性质新论》；

陈启修：《国民权之种类其存在理由及其等次》《中国改造和他底国民经济背景》；

钱端升：《新近立法中立法、行政两机关之关系》；

黄右昌：《裁并检察议》；

夏勤：《论判例》；

张慰慈：《欧美诸国的市长》《中世纪民治主义和选举制度》；

程树德：《汉律考》①。

根据现存材料可知，《北大社会科学季刊》抗战前共出有 6 卷，共 23 号。西南联大时期，联大法学院曾经试图再续，办有《北大法学院社会科学季刊》，1942 年和 1943 年各出 1 卷，每卷亦皆 4 期，主办者为燕树棠、蔡枢衡诸先生。

此一时期，北大法律系学生社团也很活跃。早在京师大学校以前，北大法律系学生就曾有法律研究会、法学研究会、法律学会等学生团体。可是，京师大学校时期，刘哲把北京教育界搅得乌烟瘴气，北大师生罢课、罢教不断，学生社团四散。可贵的是，在北大未复校前，已有少数法律系同学组织了法律研究社，"以便互相观摩，切磋学问"。如 1929 年 6 月，法律研究社开会讨论贫民诉讼详细办法问题②。但是复校后，法律研究社的同学们感到人员较少、研究范围狭窄，很有全系组织的必要，于是主动解散，由本系学生纵精琦、张守正等 27 人发起组织"法律学会"。法律学会的发起还有另外的原因，据当时同学们讲："本校各系同学均有学会之组织，惟本系法律学会尚付阙如。举凡感

---

① 北京大学图书馆藏：《北大社会科学季刊》(第 1—6 卷)。
② 《北京大学日刊》1929 年 6 月 5 日。

情之联络,学识之观摩,皆无从进行。加之现教育学会、政治学会所发起《北大月刊》,本系竟无代表全体之团体参加,又美国诸大学法律系多有平民诉讼团之组织,以供学生实地练习。本系欲行仿效,则法律学会之组织尤为刻不容缓,以此同人等特发起法律学会。"[1] 足见法律系学生具有学习先进、不甘人后的精神。

1929年11月26日,国立北京大学法律学会在二院宴会厅召开成立大会。首先由本系三年级学生纵精琦作为大会主席致开会词,接着筹备员报告组织经过,其中谈到原有的法律研究社已经议决解散,并将所有存款60元全部捐入本会。会上讨论通过了初步的《法律学会简章》,紧接着又讨论通过以下事项:(1)议决举办法律协进会;(2)法律系教授有至今尚未到校者,请学校电催;(3)学校新购书籍于法律方面者甚少,请学校添购。然后,又选举出该会各位负责人。

根据《北京大学法律学会简章》,法律学会以研究法律学理及应用并促进本系之发展为宗旨,以会员大会为最高权力机关,于每学期开课三周内举行。平时设执行委员会,分为文书股、事务股、出版股、交际股,每股选出负责人,具体组织法律学会活动。法律学会的工作内容主要有以下6类:(1)分组讨论;(2)请会外学者讲演;(3)襄助发展本系;(4)诉讼实习;(5)出版刊物;(6)参观。该会经费向学校申请给予津贴,津贴不足时由大会决定,向会员征收。凡本校法律系学生,均为当然会员。

1931年,北大法律学会获得较大发展,人员规模增加显著,规章制度亦趋详明。如当年4月12日,召开年度第一次执行委员会会议,讨论通过以下9项内容:

一、起草各股办事细则,由各股分别办理。

二、分组研究各种法律学科,共分21组,各请专门教授指导,按期举行演讲和讨论。这21组,分别是:民法研究组、刑法研究组、民事诉讼法研究组、刑事诉讼法研究组、法理学研究组、劳动法研究组、土地法

---

[1] 《北京大学日刊》1929年11月15日。

研究组、宪法研究组、行政法研究组、国际公法研究组、国际私法研究组、公司法研究组、票据法研究组、海商法研究组、破产法研究组、中国法制史研究组、法医学研究组、罗马法研究组、德国法研究组、法国法研究组、英美法研究组，几乎每门课程都有 1 个研究组。凡本会会员得同时加入 3 个研究组，另每组至少须有 5 人以上方能聘请导师开始研究。

三、出版会刊——《法学论丛》，每学期出版一次，聘请本系教授担任顾问。

四、聘请他校教授来校演讲，每两星期举行一次。

五、赴法院旁听，请本系教授李怀亮先生指导。至重要案件之开审日期托其代为调查，并预先通知本会，以便转告本会同学前往旁听。

六、参观本市第一监狱、第二监狱，不定期举行，临时通知。

七、请求本会补发本会津贴。

八、请求学校特定本会活动场所。

九、筹备欢送本系应届毕业生。

刘志敫题"法律系"

法律学会得到了法律系教授的大力支持。如黄右昌先生请假赴南京参加司法会议期间,特寄信给法律学会,介绍南京开会讨论情形,并对法律学会的发展给予鼓励,且以《立法专刊》(第1辑至第4辑)及《政府公报》相赠,供法律学会同学研读。[①]另外,何基鸿、燕树棠、林彬诸先生经常应邀到会演讲,刘志敫还担任民法研究组的导师,给予研究指导。[②]

法律学会的活动主要有以下几个方面:其一,分组讨论演讲,进行学术研究,砥砺精神,切磋学问。其二,请著名教授演讲,校内者如何基鸿先生,校外者如南开大学梅汝璈先生,均被请来讲演当时的法学热点话题。其三,组织本系学生参观监狱和观摩法庭,增加实践经验。其四,出版会员刊物,内容以研讨法学、评论法令及介绍法学要籍为原则,1932年年底又在《世界日报》上开辟《法律周刊》一栏,组织稿件,探讨法理。其五,对本系的学科建设、师资配备提出建议,如提出法律系增聘"土地法"及"法理学"教授的建议、力请本系尽快恢复型式法庭,皆被本系教授会接受。法律学会虽然在学校各社团中出现较晚,但发展迅速,不仅对法律系的建设发展起到重要作用,对法律系同学也是很好的锻炼,学术日精,经历日丰,毕业后终成有用之才。其中会员张守正、纪元的经历便很典型:二人先后在法律学会得到锻炼,毕业后又都在法律系执鞭任教,成为法律系的生力军。除此以外,曾经参与法律学会的同学,毕业后有的成了著名的律师。

此外,法律系的学生不仅自己组织学会团体,独立进行学术研究活动,还加入学校其他一些社团,并成为骨干或积极分子。比如,1929年法律研究会成立,其中一个目的就是要加入《北大月刊社》。每一期北大学生自治会改组,法律系皆要派代表参加。在北大演说辩论会中,法律系学生表现尤为突出。因为经过严格的法律思维训练,法律系学生在辩论上很显优势,往往能赢得辩论会的胜利。法律系学生纵精琦、朱德明、李光纬等就经常参加北大演说辩论会,发表演讲,针砭时弊,探讨国事。又如1929年5月19日,北大学院演说

[①]《北京大学日刊》1931年4月14日。
[②]《北京大学日刊》1931年12月1日。

辩论会开演说练习会，请导师马裕藻、鲍铭钤评判。法律系学生纵精琦演讲《中国司法亟应改革之一点》，朱德明演讲《领事裁判权与治外法权》。5月21日，北大演说辩论会又举行辩论会，法律系学生李光纬的演讲题目是：《政党政治与一党专政》[①]。还有，1930年3月，北大法律系毕业生廖书仓联合来自北大不同院系的14名同学组织发起平民教育演讲团，采取露天讲演的方式，以平民百姓为教育对象，增进平民知识，唤起民众觉醒。

这一时期，国立北京大学法律系与外界的交流活动也很多。1929年6月20日，东北大学法律系主任赵鸿翥、教授孙佩苍率领该校法律、政治两系毕业生约30人，到北大参观访问、学习经验。法律系教师还经常组织本系学生进行课外实习和参观，如1936年4、5月份，国立北京大学法律系四年级学生，由本系教授带领分别参观河北省高等法院、北平地方法院及监狱。法律系有时也请著名法官或律师到校演讲，向同学们传播实践经验，有的法官或律师就曾是本系毕业生或者本系前教员。1933年4月20日，"北平市研究宪法草案联合会"向国立北京大学发函，请求将本校各院长及所有法学教授名单开示，以便聘请。根据《北平市研究宪法草案联合会组织规则》规定，该研究会乃为研究宪法草案集思广益起见，依照行政院命令，由北平各党政机关及法定团体组织而成。会员分"当然会员"和"聘任会员"两种。"当然会员"包括市党部各委员，市政府市长、秘书长、参事及所属各局局长。"聘任会员"包括河北省高等法院第一分院院长、北平地方法院院长、各大学校长院长、各大学法学院教授、法定人民团体、博学通人。会期为每年4月至7月，一般每月开大会两次，进行讨论，会址设于北平市政府。[②]

[①] 《北京大学纪事》（上册），1929年5月。
[②] 北京大学档案馆藏：《北平市研究宪法草案联合会致北大函》。

北平市研究宪法草案联合会致北大函

第四节
法律教育、法治与爱国

20世纪30年代，中国高等教育界曾经发生一场关于法律教育的大讨论。这场大讨论，是在法律学科完全独立以后，法律教育者和研究者们对法律教育的目的、方法论等层面的探讨，表明中国近现代法律教育已经达到相当成熟的阶段。当时的法律学家们纷纷著书立说，阐述自己对法律教育的观点。1934年东吴大学《法学杂志》推出"法律教育专号"，记载了有关这场讨论的一些情况。北大法律系著名教授如燕树棠、董康等人也曾厕身其间，发表文章，参与讨论。董康主要从历史角度回顾中国近现代法律教育的发展演变，使人们更加清楚、明白中国法律教育已经走过的不平凡的道路。燕树棠发表的文章题目，则是《法律教育的目的》，揭示自己对法律教育目的之见解，而他的见解基本代表了当时北大法律系在法律教育方面的整体观点。

燕树棠先生在文章一开头即提出设问："我们为什么要办法律教育？造就什么样的法律人才？"接着，他又指出，在不同的时代有不同的法律教育目的，法律教育必须随着时代的演进而前进。为了适应急剧变化的现代社会，法律教育的根本目的在于培养出"法律头脑"。而所谓的"法律头脑"，至少包含以下四个条件：

其一，社会的常识。合格的法律人才并不在于神乎其神地卖弄一些专有名词，而必须通达社会人情。"法律问题都是人事问题，都是关于人干的事情。""大到国家大事，小到孩童的争吵，都是人干的事情。从这些事情里边所发生的法律问题，我们若从浅处看，从易处看，法律并不是什么艰深而难了解的东西。假设我们依据对社会的经验和视察而研究法律，我们了解法律的程度一定会增进不少。"

其二，剖辨的能力。从事法律职务的人不能同一般人那样，议论是非，判断曲直，囫囵吞枣，轻下断语。然"虽有法律可以依据，若是缺乏相当程度之剖辨能力，就不能找到问题之肯綮，就不能为适当之处置。""分析是科学方法，是科学精神。学习法律的人若是得不到剖辨的能力，若是不注意培养自己剖辨的习惯和精神，那就是等于没有受过法律的训练。"

其三，远大的理想。从事法律职业的人往往接触琐事和争端，常常与坏人接触，常常与坏事接触，耳濡目染，"以有堕落而不能自拔者，所在皆是"。"办理俗事的任务而有超俗的思想，此乃法律教育不可少之要件。"

其四，历史的眼光。法律是社会组成部分之一，法律问题亦是社会问题之一。不明社会的过去，无以明了社会的现在，更无以推测社会的将来。"学习法律必须取得相当程度的历史知识,才能了解法律问题在社会问题中所占之位置,才能对于所要解决之问题为适当之解决。学习法律的人必须能够把眼光放大,才能把问题认识清楚。"①

由以上四点观之,欲培育具有"法律头脑"的合格人才,必须扩充学生们的普通知识,其中尤为重要者如经济学、政治学、社会学、心理学、历史学、哲学等社会科学知识,相应地还要缩短不必要课程的修习时间,提倡实学。同时,必须加强学生们实践经验的积累,加强道德情操的修养。燕树棠先生认为,只有这样,才能"促学生对于整个的社会,全部的人生问题,得到相当的认识",才能具备法律的头脑。而从上述北大法律系当时的课程设置来看,几乎完全符合燕先生的主张。

实际上,这种既讲究通识又深入钻研的法律教育观念,是20世纪30年代北大法律系同仁早已达成的共识。首先,对于历史知识的学习,据钱穆先生回忆,他于30年代在北大历史系教书的时候,法学院的老师们经常要求法律系的学生到历史系来听课。②当时身为北大法律系主任的戴修瓒先生曾为出席1935年9月召开的全国司法会议拟就"提案"20条,其中第9条为"协商教育部改进法学教育案"。该提案的理由大致为:"我国现时教育偏重实科,风会所趋,注意法学教育者,甚为寥寥。且遍查公私各校法律系之内容,或侈言大陆,或徒尚英美,或偏重实用,或专攻理论,其科目编制,颇不一致。且年限过短,学习难周。似宜由院部协商教育部,于公私大学或独立学院之法律系就其所定法律科目参照各国成规及我国实情,慎选教材,详为更定,期获实用与理论两无所偏,以养成适用之能力,及了解立法之精神,并延长修业期限二年,俾兼习修工具科目,以备深造。"③其中戴先生所主张的"实用与理论两无所偏,以养成适用之能力,及了解立法之精神",无疑与燕树棠先生的观点是一致的。而20世纪40年代后期在一本《北大院系介绍》的小册子中,作者更

---

① 王健:《中国近代的法律教育》,中国政法大学出版社2001年版,第五章。
② 钱穆:《中国历史研究法》,三联书店2000年版,序言。
③ 北京大学档案馆藏:《戴修瓒为出席全国司法会议所拟提案》。

是明确指出：北大法律系的法律教育目的，"乃是不使你仅仅造成一个判罪的阶级，乃着意在养成一个法律头脑，进一步成为研究法理的学者"①。

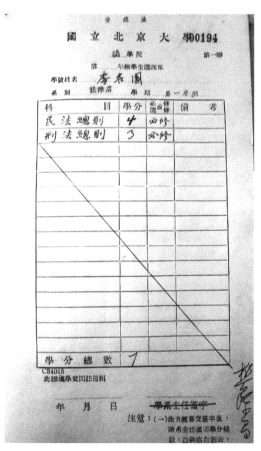

1934年北大法学院学生选课单

北京大学法律系的这种教育特点，还可以从当时的期末考题中看出。幸运的是，我们在北大现存档案中，发现1934年几门课程的期末考题记录。谨择取李祖荫先生"民法概论"和李浦先生"特种民事法概论"课程考题，列举如下：

---

① 北京大学讲师、讲员、助教联合会编：《北大院系介绍》（1948年）。

A. 任课教师：李祖荫　课程名称：民法概论

一、无过失损害赔偿责任论。

二、何谓双务契约，与片务契约区别之实益安在？

三、下列事项，孰为要约，孰非要约，试附理由以指出之：（甲）马玉山糖果铺自动卖糖机；（乙）瑞蚨祥寄送绸缎价目表；（丙）出租房屋之招贴；（丁）中原公司减价广告。

四、交错要约亦能成立契约耶？

五、试述无因管理之本人义务。

六、论侵权行为与犯罪之区别。

七、何谓不当得利，其积极成立要件有几？试详述之。

B. 任课教师：李浦　课程名称：特别民事法概论

一、何谓普通决议与特别决议，有何区别？

二、何谓资本增加，其资本增加之方法若何？

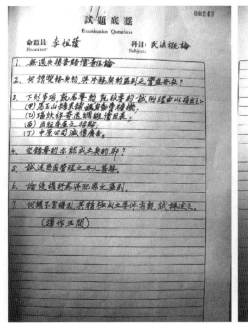

1934年李祖荫出民法概论考题

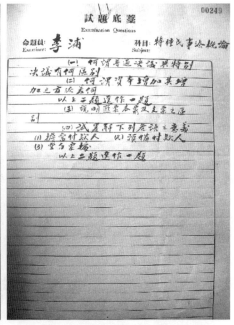

1934年李浦出特别民事法概论考题

三、说明汇票、本票及支票之区别。

四、试略解下列各语之意义：（1）担当付款人；（2）预备付款人；（3）空白票据。①

以上两份考题，一方面，考试内容与那个时代法学发展的潮流完全契合；另一方面，既讲究联系生活实际，又不失专业深度，举重若轻，足见彼时北大法律系教育水平。而在1932年出版的一本《大学投考指南》中，作者卢绍稷公开指出：为了报考法学院，必须做好几方面的"常识"准备，其中就包括社会学、政治学、经济学、伦理学等。②可见，北大法律系的这套法律教育方法代表了当时中国法律教育的一种潮流和趋势。

与此同时，北京大学法律系的师生们并不仅仅局限于象牙塔里埋头学习理论，不少人更是不遗余力地为中国的法治建设奔走呼号，以自己的实践为法治理想国在中国的实现不懈奋斗。1930年，长期担当北大法律系领军人物的黄右昌先生出任南京立法院委员。1931年4月12日，他在南京立法院作诗两首，寄给北大同仁。其一曰："无心出岫具同情，皆为一官弃笔耕。辛苦十年肩暂息，本来面目是书生。"③一方面，表达了他对北大教书生活的无限怀念，另一方面，更表达出他的书生本色，不愿与官僚政客们同流合污。林彬（1893—1958）先生曾是北大1919年法科毕业生，后留校任教，主讲民事诉讼法等课。20世纪30年代，林彬离开北大法律系讲坛，出任立法委员。除此以外，北大法律系的著名教授学者还经常参加全国立法、司法会议，积极参政，为法治的推行贡献力量。

1936年9月16日，在南京召开"全国司法会议"，司法院秘书处致函北大要求派代表出席会议。北京大学法学院于7月初，商定推举戴修瓒先生作为代表，并取得戴先生同意。但是9月7日，戴向院长周炳琳进言，由于个人日夜操劳，"近来两手发麻，医生谓不宜旅行。适燕召亭（树棠）先生接司法院

---

① 北京大学档案馆藏：《国立北京大学部分课程考题记录》（1934年）。
② 卢绍稷：《大学投考指南》，上海勤奋书局1932年版。
③ 《北大学生周刊》第9期，1931年4月18日。

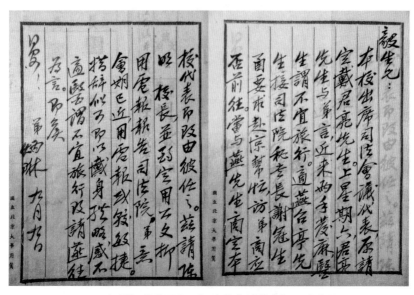

1936年周炳琳致函郑天挺改推燕树棠参加司法会议

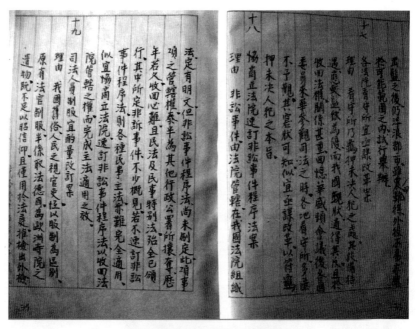

戴修瓒拟司法会议提案底稿局部

秘书长谢冠生函要求赴京帮忙"，商请改由燕树棠先生任代表。为此，周炳琳致函教务长郑天挺，蒙得允准，派燕树棠赴京与会。虽然戴先生没有亲身前往，但燕先生也将他所拟的"提案"带到南京，在会上提出讨论。

戴先生的这份"提案"共分 20 个部分，包含提案及其理由，今择其紧要者列举如下：

一、司法行政事务官应由司法官中择优调任案

司法行政部为全国司法行政之最高监督机关，必须通晓各地法院之情弊，始克收监督之实效，试考欧、美、日本先进各国司法行政事务官，上自常务次长，下至科长，多由司法官中择优调任，故指示改革、督促进行，咸能昭信仰而切实情。其所任职员科科长（即我国总务厅第一科科长）尤为法界先辈，学识经验必洞悉全国各法官之才识，始能佐理长官，励行考绩。我国现制，原有司法行政官与司法官互相调用之规章，似宜积极推行，以祛隔阂之弊，而收监督之效。

二、派司法官员赴欧、美、日本实习司法事务案

我国现任司法官泰半出身本国学校，在外国留学毕业者寥寥若星辰。故为司法制度改进计，为收回法权前途计，登用通晓外国司法之法官，实为当今急务。惟东西洋毕业回国之士，专门学习司法者，甚不多见。即有法学俊才，或以未谙中国法律及办事程序，不便即任法官，或以地位待遇过薄，往往裹足不前，专赖外国之毕业生，实不足资补充新法官。为今之计，宜就实缺及候补推检中遴选年富质美、通晓外国文字者，分别派赴英、法、德、美、意、日本诸国，专习司法实务。此项人员本已谙习中国司法实务，更赴外国力求新知，将来归国之后，即派往司法行政部及商埠法院供职，不仅制度之改革、法律之运用，必日有进步，而审理外人案件，亦不致隔阂。

……

五、调练低级司法官，以增进常识学力，并振刷精神案

清末民元，初设法院，以人才缺乏，任用法官，仅论资格，不辨才学。历年既久，优秀者多已升迁，羸弱者仍留原位，故在人浮于事之法

院，甚至有任推检十余年尚不知刑事处分书及判决书之格式（民刑执行处多为此项人员容身之所）。加以国内变乱相寻，中央权轻，各省司法当局或有汲引不合格之人派充推检，尤为滥竽充数。即在考试出身之员中，亦有因时代性之关系，对于国民政府新颁法令，每多误解。为今之计，宜将全国各地院推检分批调京训练，以增进常识学力，并可使刷新心机，振作精神。受训结果，如有昏庸之员，则令休职，以防滥竽之弊。

……

八、按照法院组织法第三十六条第二款、第五款之规定选拔司法人员案

法官任用资格，故宜偏重考试一项，但杰出之才或不欲屈就此途，群趋行政方面。将来扩充司法及收回法权，人才一项，是否足应需要实属疑问。为储备人才计，似宜由大学法律教授从国立大学最优等毕业生中选拔。其学生选拔合格者，则入所训练，循资授职。其教授选拔合格者，则先在部中试以相当职务，如能才能卓异、办事敏勤，即予叙补法官，并不以低级为限制。优秀分子得有及时效用之机，司法人才可收拔十得五之效。且征诸往事，凡由国立大学教授及最优等毕业生选拔者，多能蜚声法界。法院组织法第三十六条第二款、第五款特辟登庸之途者，正以此也。

……

十九、司法人员制服宜酌量改订案

我国旧俗，人民之视官吏恒以服制为区别，原有法官之制服，半系取法德国，为欧洲寺院之遗物，既不足昭信仰，且仅用于法庭，推检出外检验履勘之时，则用便服。陈诉者每每难于辨识，致生疑误。似宜仿军警制服，另施标志颜色，以资人民观感，而振作职员精神。

二十、改良司法官待遇案

司法官职司平亭，须崇其地位、优其待遇，始可保持法权之威信、裁判之公平。我国旧制，司法官之俸给较低于行政官，不惟未足养廉，而才智之士亦多另趋他途。新法院组织法已改弦更张，明定司法官之俸给予一般公务员相同。惟因财政困窘，尚未实行，似宜妥筹经费，按照新法改

第五章
抗战前的北京大学法律学系（1927—1936）

叙，以符优待之本旨。

除以上6项提案外，还有其余14项：各法院推检员额宜按案件多寡平均配置案；省会商埠各高院宜配置思想推检，又商埠各法院宜配置通晓商事之推检案；各高等法院宜派推事巡行该管区内兼理司法各县，代为清洁重案并促进行案；整理司法收入特别会计，凡各院主管会计人员，均由部遴员派充，不随长官进退案；协商教育部改进法学教育案；培养法院书记官人才，并慎选记录书记官，优其待遇案；修订关于执达员司法警察之规章，并慎选优遇案；按照现时交通状况，更定各高院之上诉管辖区域案；诉讼用纸格式宜按新颁民刑诉讼法修订，又处务各种簿册亦应按照新颁各法院处务规程修订案；监狱官员宜选用曾经训练专门人才案；训练教诲师并由部遴员派充案；监狱作业宜注重养成监狱生活技能，并于可能范围内试办农场作业案；各法院看守所宜亟谋改革案；协商立法院速订非讼事件程序法案。以上共20项提案，皆针对当时立法、司法、行政中重要问题提出。其中部分内容，如关于司法监督、法官培训考核、法官服装、法官待遇等提案，对于当下亦不无借鉴意义。

20世纪二三十年代的中国风云变幻，政治形势波诡云谲。国民党北伐成功后，以新军阀统治代替了旧军阀统治，推行一党专政、个人独裁，为了维护统治地位不断发动内战，企图消灭共产党军队，解决这个心腹大患。可是，这时日寇也加紧了对中国的侵略。1931年9月18日，制造事变，几个月内，日寇的铁蹄踏遍东三省。蒋介石一方面畏于日本的军事强势，隐忍以待；另一方面，奉行"攘外必先安内"政策，不遗余力对共产党势力进行打击围剿。可是，日寇的野心越来越大，1933年春攻战热河，平津危迫。5月22日，日军更直接包围北平，离城仅数十里，坦克车四处横行，耀武扬威，气焰嚣张至极。军事当局恐有巷战，令各学校学生他避，于是各校"讲习都辍"。后因华北缔结屈辱的停战协定，各校得以是年秋季继续开学。

国内外政治形势的变化直接刺激并深刻影响了北大法律系。"九一八"事变发生后，北大学生会旋即组织"抗日委员会"，发表抗日宣言，号召民众团结起来一致对外，誓死驱逐日军出境。北大教职员随亦组织"北大教职员对日委员会执行委员会"，商讨对日策略。分别于1931年9月21日、22日在第二院大学会议室召开"北大教职员对日委员会执行委员会会议",法学院派周炳琳、戴修瓒两位先生作为代表参加,并由周炳琳先生担任大会主席。第一次执行会议议决推举周炳琳、胡适、燕树棠三位先生起草致中央党部及国民政府函电。函电内容主要有三项:(1)请严重抗议,要求日本立刻撤兵,恢复原状;(2)在未撤兵以前,不得谈判;(3)命令地方政府,不得与日本就地直接交涉。第二次执行会议推举各执行组主任,共分文书、事务、交际、宣传、研究五个组,其中周炳琳先生任交际组主任,燕树棠先生任宣传组主任,何基鸿先生任研究组主任,每组之间分工合作,共商抗日大计[①]。9月24日,在三院大礼堂举行抗日运动宣传大会,教授胡适、何基鸿、燕树棠、陈启修、陶希圣、许德珩等到会演讲,对日军侵略行径提出严正抗议和谴责。

1931年12月,在国立北京大学三十三周年纪念会上,法学院教授陈启修先生发表题为《第二个"五·四"》的演讲。他讲道:"'五·四'之后,中国的社会是天天变坏的。……真真要想负担起拯救中国的任务的时候,必须以救国为前提,单单读书是不对的。如果想做了爱迪生才来救国,则那时恐怕早已无国可救了。并且环境是否能容许我们读书呢?所以我们:(1)必须开辟我们读书的环境;(2)把自学未成焉能救国的观念改正;(3)必须自己起来从制度上改革。"北大同学要想真正继承"五·四"精神,要想造成第二个"五·四"运动,应当至少有三个条件:第一,争取"爱国自由权";第二,争取"读书自由权";第三,争取"大学自治权"。"只有获得了这三种权利,才能使救国者有真真的保障。"[②]陈启修先生的演讲,对鼓舞士气、激发同学们的爱国热情起到了巨大作用。

北大法学院其他教授学者们也纷纷发表文章,主张积极准备,抗战救国。陶希圣先生在《地方战与国民战》一文中强烈呼吁,"我们没有侥幸的事了,在今日,只有对日本帝国主义一战,才能够把国际的矛盾再扩大起来。……我

---

① 《北京大学日刊》1931年9月24日。
② 《北京大学非常学生会专刊》1931年12月20日。

们要准备国民战。"张忠绂先生也公开发文,认为"可以战矣"①。

日本占领东三省不久后,新闻媒体很快传出日寇拟在锦州设立"中立区域"的消息,一时舆论大哗。北大法律教授燕树棠先生特著文指出,"无条件的设中立区域等于断送东三省"!他在文章开头首先提请"全国注意":"中国政府若是无条件的承认在锦州设中立区域,等于断送东三省,等于卖国行为,并且甚于袁世凯承认'二十一条'的要求。"接着,燕先生又从事实上和法律上对设立中立地带的做法进行分析:

> 若在锦州设中立地带,设立中立地带以后,一定是由国联派遣调查团来东三省调查。他们调查以后,一定是将调查结果报告国联,然后,国联再开会、再讨论、再定办法、再劝告中日两国、日本再要求、中国再不承认或承认。再一方面,设中立地带以后,中国一定与日本直接谈判,日本一定提出种种的要求,一定经过许许多多的磋商和谈判。我们先不说:此后国联向日本交涉的结果如何?也不说,中国以后向日本的交涉结果如何?只就时间上说:这样的来来往往,就累月经年的过去了!试问:在这个期间之内,东三省归谁执掌政权?归谁操纵政权?那东三省还是中国的东三省吗?试问外交当局还办什么交涉?
>
> 就法律上说,中国承认在锦州设中立地带,即是无形的间接承认维持中日间"现状"(Status quo),即系承认日本在现在状况之下已得到的利益。中国政府为什么又给日本种种无理的要求和行动,加上一种法上的保障?

进而,燕先生提出主张:第一,反对无条件地设中立地带;第二,要求政府宣布设中立地带条件;第三,要求政府重修宣布整个的交涉方针!最后,燕先生向当时负责交涉的代表顾维钧发出警告:"我们现在警告顾维钧勿作章宗祥、曹汝霖第二!"②燕树棠先生的这篇文章很发国人深省,有理有据,振聋发聩,不啻一篇战斗檄文。

---

① 《北大学生周刊》第 2 卷第 1 期,1931 年 11 月 30 日。
② 《北大学生周刊》第 2 卷第 2 期,1931 年 12 月 7 日。

对于像"九一八"这样的大事,北大法律系的期末考题中也有所反映。1934年北大法学院徐辅德先生主讲"国际关系及国际组织"课程,他出了这样几道期末考题:

一、东北事件发生后,中国提交国联处理,曾历引盟约第十、第十一及第十五等条,究竟该数条之内容若何?我国引用之程序,有缺憾否,试略论之。

二、关于国际纷争之和平解决办法,欧洲(战)前与欧战后,相异之点何在?试举其重要者述之。

三、国联盟约第十六条,对违约国有经济制裁之规定,何以自东北事

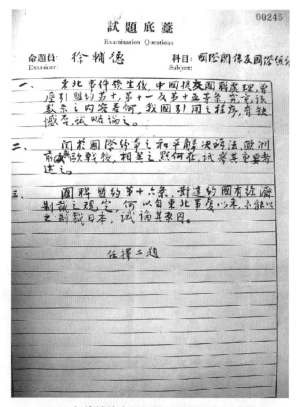

1934年徐辅德出国际关系及国际组织考题

变以来，未能以之制裁日本，试论其原因。[1]

一共三道考题中，便有两道直接关于"东北事变"，即"九一八"事变。徐先生出题时间虽距"九一八"事变已经过去两年多，但由于相关问题始终得不到解决，国人痛心，世界瞩目。在此之前，"国联"虽曾派代表李顿来中国调查事变真相，但是调查结果却含糊其词，无权也不敢对日本的侵略罪行进行实质性惩罚，"国联"的权威已经名存实亡。徐先生出此考题之目的，笔者推测，不外乎要同学们关心国家和民族之命运，"读书不忘救国，救国不忘读书"，既要学到全面完整的国际法理论，更要为洗刷中国的耻辱而奋发图强。虽然不知当时同学们回答得怎样，但是这样的考题的确抓住了当时的国际热点，又能激发学生的爱国情怀。这既是一次常规的期末考试，也是一场深刻的爱国主义教育。

20世纪30年代北大法律系毕业同学合影

---

[1] 北京大学档案馆藏：《国立北京大学部分课程考题记录》（1934年）。

1936年12月12日,"西安事变"发生,国内形势发生转机,蒋介石被迫停止内战,结成抗日民族统一战线,一致对外。日寇不断在蚕食鲸吞中华大地,大战一触即发,"黑云压城城欲摧",形势日益严峻。当时北大有人记载道:"今之北平,已处边壤。一旦有事,首当其冲。此苟安之局不知能几何时。……惟有益自淬励,期以学术上之成功为中华民族增光荣。书生报国之正,其在此乎,其在此乎?"[①]

[①] 《国立北京大学民国廿二周年毕业同学录》,载《国立北京大学校史略》。

第六章

长沙临时大学、西南联合大学及复校后的北京大学法律学系(1937—1949)

国立西南联合大学校门

1937年7月7日，卢沟桥事变爆发，平津陷于日寇，北方各大学纷纷南迁。北京大学、清华大学、南开大学奉教育部命令于长沙联合筹设新校，定名为长沙临时大学。以北京大学校长蒋梦麟、清华大学校长梅贻琦、南开大学校长张伯苓、湖南教育厅长朱经农、湖南大学校长皮宗石及教育部代表杨振声等为临时大学筹备委员会委员。是年冬天准备就绪，各部开始上课。1937年年底，南京再陷，武汉震动，三校乃西迁入滇，并于1938年4月28日到达云南昆明。三校又奉教育部命令，改为"国立西南联合大学"，仍以三校校长组成常务委员会主持校务，并于是年5月4日恢复上课，开始了8年西南联大时期（后文亦称为"联大"时期）。长沙临时大学法学院以及后来的西南联合大学法学院在这前后9年左右的时间里，遭逢时局动荡、国运多舛，虽辗转播迁，但教授学者们，克服重重困难、教书育人、诲人不倦，莘莘学子也勤奋向学、弦歌不辍，为抗战的胜利以及后来民主阵线的缔造输送了大量生力军，作出了不朽的贡献。抗战前北大法学院的经济学系和政治学系，与清华大学、南开大学的相关学系进行归并，合作办学。至于法律学系，清华大学的法律学系已于1934年停办，南开大学则一直未设法律学系，所以长沙临时大学法律学系以及后来的西南联大法律学系可以说就是抗战前北大法律学系（亦简称"法律系"）的延续。

第一节
长沙临时大学时期

卢沟桥事变发生以后的半个月时间里，抗战已成定局。此时，蒋介石在庐山邀请国内知名人士展开国事讨论，北京大学校长蒋梦麟、清华大学校长梅贻琦和南开大学校长张伯苓参与其中。但蒋介石最初并未明确作出向日本正式宣战的决定，所以会后三校校长也并未急于赶回学校。随着平津局势急转直下，南北交通阻断，蒋梦麟等一时无法返回。8月28日，教育部高等教育司在给梅

第六章

长沙临时大学、西南联合大学及复校后的北京大学法律学系（1937—1949）

贻琦的一封公函中说："**奉部长密谕：指定张委员伯苓、梅委员贻琦、蒋委员梦麟为长沙临时大学筹备委员会委员。杨委员振声为长沙临时大学筹备委员会秘书主任。**"[1] 梅贻琦接到信后，立即赶赴长沙进行筹备。9月10日，发布教育部令，正式组建长沙临时大学。三天后，在长沙举行第一次筹委会会议，确定了校舍、经费、组织分工等事项。

为了节省开支，提高效率，院系设置一开始即采用归并办法：凡属三校共有者，固应归并，即一校内性质相近者也进行归并。归并结果，全校共设17学系。其中，法商学院下有4个学系：法律学系、经济学系、政治学系、商学系。正如前言，法律学系为北大独有。

至于教员师资之遴聘，乃根据学系多少及课程需要，以定数量。凡预计必须聘请之教授，皆于事先通知或设法延其来校。同时，为求合作起见，各系皆设一系教授会议，各教授会主席则由常委会就各系教授中推定，法律系教授会主席推定为戴修瓒先生。1938年1月，常委会又公推南开大学方显亭（1903—1985）教授为法商学院院长。

经过紧张筹备，1937年10月25日，长沙临时大学举行了简单的开学仪式。11月1日，各部开始上课。然而，由于战争原因，仍有一些教师滞留北平，当时能够赶来长沙的原北大法律系教师并不多。从一份《长沙临时大学各院系必修选修学程表（1937—1938年度）》来看，法律系教员一共只有7人。现将诸先生姓名及所担任课程备录于下：

（1）戴修瓒：法院组织法、债编各论、保险法（下）、海商法；

（2）蔡枢衡：刑法分则、刑法通论、监狱学；

（3）陈瑾昆：民事诉讼法（Ⅱ）、刑事诉讼法、民刑事诉讼实务；

（4）赵凤喈：物权法、民法通论、国际私法；

（5）李祖荫：债编总论、亲属法、继承法；

（6）张守正：民事诉讼法（Ⅰ）、破产法、民事执行法；

---

[1] 西南联大北京校友会编：《国立西南联合大学校史——1937至1946年的北大、清华、南开》，北京大学出版社1996年版，第一编。

(7)王化成：国际公法。①

从以上记录可以看出，平均每位教员同时要兼讲三门左右课程，师资缺乏可见一斑。不仅师资短缺，教材图书也少得可怜。1938年2月4日，长沙临时大学第48次常务委员会会议，通过系主席及图书、理工设备设计委员会联席会议建议购买图书仪器及其他事项六条。又提出原版书籍由本会推定各系负责人在广州或香港订购，由图书馆给予推定负责人以证明文件。其中，负责法律系书籍订购的为李祖荫教授。

1938年1月，长沙临时大学法律系的学生中，源自北大者一共有23人，包括后来比较著名的曹树经、杜羡孔等。另外，还有来自各校的借读学生18人，与前者合计41人。1938年7月毕业4人，1939年7月毕业4人，1940年7月毕业9人，1941年7月毕业3人。②

在校舍分配上，经费也很紧张。通过教育部与湖南省教育厅事先联系，长沙临时大学租定韭菜园圣经学校，法商学院的学生即在该校正楼上课。另在附近觅得四十九标营房三座，作为男生宿舍，女生宿舍则在涵德女校。为锻炼学生体格，适应国防需要起见，特规定全校学生一律实行军事管理，专设军训队，以资约束。"务期养成每一学生除有专门之知识，同时须具一切战时之精神"。③不言而喻，学习和住宿条件极为艰苦，而且时常遭受敌机骚扰和轰炸。

当时许多学生历尽艰险，冲破敌人重重封锁，从沦陷区逃出，不远千里赶到长沙继续求学。由于交通紧张、经费不足，有的学生甚至是徒步赶往，艰苦万分。但是，千难万阻都不能磨灭求学的意志，相反，只能是更加坚定学子们奋进的决心和对敌人的仇恨。后来，一些法律系学生，或应征入伍，或主动请

---

① 《长沙临时大学各院系必修选修学程表（1937—1938年度）》，载北京大学、清华大学、南开大学、云南师范大学编：《国立西南联合大学史料·教学·科研卷》，云南教育出版社1998年版。
② 有的同学后来陆续赶到，也有的同学由借读生后来转为西南联大正式生，因此1937年至1940年毕业生总数并不为41人，实际毕业生总数为20人。
③ 《长沙临时大学筹备委员会工作报告书（1937年11月17日）》，载北京大学、清华大学、南开大学、云南师范大学编：《国立西南联合大学史料·总览卷》，云南教育出版社1998年版。

缨，直接走上从军道路，上阵杀敌、血战疆场；也有一些同学，在大后方努力学习，成为法律专门人才。

1937年12月，南京陷落，武汉告急，形势更为严峻。经过反复磋商，长沙临时大学决定西迁昆明。1938年1月20日，长沙临时大学第42次常委会议决定，即日起开始放寒假，下学期改在昆明上课，并且规定师生务于3月15日前在昆明报到。1月22日，长沙临时大学发布关于"迁校"布告："本校商承教育当局迁往昆明，嗣后关于设备之充实、教学之整理，务集众长，提高效率。凡学生志愿专心求学而成绩及格者，得按规定手续，请求许可证，随往新址，笃志学问。迁移时，本校各予川资津贴20元。来迁移新址后，学宿各费暂行免收，惟膳食须行自筹。其有志服务，不去昆明而欲至国防机关工作者，本校当竭力介绍，以成其志，并按本校规定办法，为之保留学籍。"[①]同时确定了"迁校"路线及具体负责人，公推北大校长蒋梦麟为昆明办事处主任，先期与副主任秦瓒（1898—1988）飞赴昆明，主持建校事宜。

对于步行赴滇的师生，临行前，1938年2月4日，学校又特别叮嘱："借以多习民情，考察风土，采集标本，锻炼体魄，务使迁移之举本身即是教育。"[②]于是，漫漫西迁之途开始了。

第二节
西南联合大学时期（上）

由于学校的精心组织、周密安排，近千名师生分批从长沙出发，经过长途

---

① 《长沙临时大学关于迁校的布告（1938年1月22日）》，载北京大学、清华大学、南开大学、云南师范大学编：《国立西南联合大学史料·总览卷》，云南教育出版社1998年版。
② 《长沙临时大学关于迁校步行计划的布告（1938年2月4日）》，载北京大学、清华大学、南开大学、云南师范大学编：《国立西南联合大学史料·总览卷》，云南教育出版社1998年版。

跋涉，几乎全部安全抵达昆明。1938年3月14日下午，蒋梦麟、张伯苓、周炳琳、施嘉炀、吴有训、秦瓒及郑天挺等，作为主要负责人在昆明市内的四川旅行社开会，研究决定恢复办学事宜。出于条件限制，会上决定法学院和文学院暂时设在蒙自，理工学院设在昆明，由北大、清华、南开各派一人到蒙自筹设分校。北京大学派郑天挺先生前往筹备，并由其负责蒙自的北大办事处。①

蒙自为滇南重镇。光绪十三年（1887）辟为商埠，设有蒙自海关、法国银行、法国领事馆。清末时，法人修滇越铁路后，途经碧色寨而未经蒙自，其经济大受影响，商业一蹶不振。联大法学院和文学院至蒙自时，法国领事馆、银行及各洋行均已关闭。1938年4月初，学生宿舍和治安问题得到基本解决，5月2日后，到达昆明的法学院及文学院师生陆续赶到蒙自。校舍乃租借蒙自海关，男生住蒙自歌胪士洋行楼下，女生则住在春秋祠内。

1938年4月2日，教育部以命令转知：奉行政院命令，并经国防最高会议通过，"国立长沙临时大学"更名为"国立西南联合大学"，仍由三校校长作为常务委员会主持校务。次年5月4日，西南联大正式恢复上课。但由于法学院与文学院远在蒙自，管理上有诸多不便，遂决定增借昆明城西门外昆华师范学校、昆华工业学校等为校舍，法商学院以及文、理学院则分别在昆华农校、工校等处上课。1940年夏，越南被日帝占领，云南戒严，联大奉教育部命令，于四川叙永筹设分校，一年级学生安排至分校上课，以备万一。1941年夏，昆明局势稍定，乃结束叙永分校，另租昆华中学新校址一部为一年级学生课室及宿舍。在此之后的5年时间里，国立西南联合大学进入一个相对稳定的发展时期。

国立西南联合大学成立半个月后，法商学院院长方显亭先生即来信请辞院长职务。1938年4月19日，经首次西南联合大学常务委员会讨论通过，并敦请南开大学陈序经（1903—1967）教授继任法商学院院长。其后，时局变动，人事不齐，曾由陈岱孙（1900—1997）先生短暂代理院长，主持院务。直到1944年8月，陈序经先生奉派赴美，正式辞去法商学院院长，经西南联大第307次常务委员会决议通过，改请周炳琳先生为联大法商学院院长。此后，联

---

① 郑天挺：《滇行记》，载郑天挺：《及时学人谈丛》，中华书局2002年版，第569页。

第六章
长沙临时大学、西南联合大学及复校后的北京大学法律学系（1937—1949）

1938年10月陈序经（左一），方显亭（左二）等在昆明

大法商学院院长一职基本由周炳琳出任，以迄联大结束、三校回迁。

至于联大法律系主任，最初仍推选戴修瓒先生担任，但戴先生因故迟迟未能到校。适逢燕树棠先生取道四川抵达昆明，重返北大教坛，1938年7月12日联大第79次常委会议议决："法律学系主席戴修瓒教授迄未到校，请燕树棠先生为法律学系主席。"①此后八九年时间，联大法律系（即北大法律系）主席一直由燕树棠先生担任，并延续至北返复员后一年。其间，燕先生亦曾以健康为由几次提出辞呈，但皆被慰留。因此，客观而言，燕先生对联大法律系的维持发展贡献良多。

联大八年，师资依旧紧张。初到蒙自，法律系教授只有蔡枢衡和陈瑾昆二位，不久陈瑾昆又因故北上，师资更显不济。燕树棠出任法律系教授会主席后，形势也未立即好转。1938年秋，戴修瓒抵达昆明。根据1937—1938学年度第二学期《国立西南联合大学文法学院各学系必修、选修学程表》，当时担

---

① 《联大第七十九次常委会议（1938年7月12日）》，载北京大学、清华大学、南开大学、云南师范大学编：《国立西南联合大学史料·会议记录卷》，云南教育出版社1998年版。

联大教室外景　　　　　　　　联大教室内景

任教职者只有戴修瓒、赵凤喈、陈瑾昆、蔡枢衡、李祖荫、张守正、王化成等7人，平均一人需要担任三门课程的讲授。到了1938—1939年学年度第一学期，教员只有6人：戴修瓒、燕树棠、赵凤喈、蔡枢衡、费青、胡觉。其中，费青和胡觉是新聘的讲师，戴修瓒先生同时担任公司法、票据法、海商法、保险法、债权分论、刑事诉讼法等六门课程的主讲，可谓劳苦功高。师资紧缺的情况直到1939年下半年以后，才得到一定程度缓解。缓解的原因，一方面，是因为教员人数增加，这一时期陆续增聘者有张企泰、罗文干、林良桐、芮沐、章剑、李士彤、王赣愚、马质夫、吴薇生、赵鸣岐、崔书琴诸先生；另一方面，是学生可以跨系选课，比如法律系的同学可以与政治学系同学一起上宪法和比较行政法，可以与社会学系同学一起上劳工法等。这种做法无疑减轻了法律系许多教学压力，也有利于学生学习的深入和全面化。另据统计，西南联大时期，法商学院法律系本科毕业生共91人，其中包括1943年、1944年两次大规模应征或主动从军的学生17人。在校本科生以1944年为最多，四个年级学生共有26人。

在此期间，联大学生的住宿条件一直很差。先是在蒙自，法律系与政治系、经济系以及文学院的男生万分拥挤地住在蒙自歌胪士洋行的楼下，而当时楼上就住着法商学院院长陈序经先生。及至迁回昆明，一时之间，新的校舍还没建好，法律系学生被暂时安排在昆华农校和工校上课，住宿则在昆华中学和昆华师范，法律系办公室设在昆华农校东楼楼上第51号房间。直至1939年

第六章

长沙临时大学、西南联合大学及复校后的北京大学法律学系（1937—1949）

联大学生宿舍

夏，西南联大新的校舍建成，勉强足够法商学院及文、理学院使用，联大法律系才有了稳定的宿舍。

当时法律系的图书条件还算幸运。从 1946 年《西南联合大学移交国立昆明师范学院中文杂志目录》来看，其中有《中华法学杂志》《法学月报》《东吴法声》《法研会报》《法律学报》《法治论坛》《法律生活》《法律学方法论》及《法律新闻》共九种法学刊物。而同时移交的中文图书中，大致有以下法学书籍：《法学纲要》《法律》《最近国际法上几个重要问题》《国际私法新编》《孟德斯鸠法意》《春秋国际公法》《法律教育》《宪政运动参考资料》《苏联新宪法研究》《大众法律知识》《战时人民法律行为之析述》《解判合一》《民法物权》《契约法论》《中国民法亲属论》《继承法新论》《比较刑法纲要》《刑事诉讼实习》《法学文选》《中国法律之批评》《法学肆言》《制宪与抗日》《中国新宪法论》《社会主义的新宪法》《政令宣传辑要》《判解大全》《民法概要》《实用契据举例》《契据讲话》《亲属法大纲》《继承法》《民事诉讼强制执行法》《公司法要义》……①

这些法律书籍一部分是在迁校过程中携来，一部分是通过李祖荫（1897—1963）先生在香港和广州等地购买而来。据时人记载，"在昆明时期，除大图书馆有一部分法律图书外，法律系自己有一小型图书馆。其中，英、德、法诸

---

① 《西南联大移交国立昆明师范学院中文图书目录（1946 年）》，载北京大学、清华大学、南开大学、云南师范大学编：《国立西南联合大学史料·经费、校舍、设备卷》，云南教育出版社 1998 年版。

联大新校舍图书馆

国文字之法学名著均有。"① 此外，罗文干（1884—1941）先生因病去世后，家属将其生前收藏的一部分中西文典籍惠借联大法律系。因此，在后方无比艰苦的环境下，能有如许丰富图书，可谓幸运之至！但总体来说，这些法律图书总量与抗战前北大法律系师生所能利用的图书资源相比，那也只能是天壤之别。总体而言，虽然西南联大时期师资空缺，校舍简陋，且时常遭受日寇敌机骚扰，警报频传，西南联大法律系师生们仍凭借顽强毅力，充分利用有限图书资源，努力钻研，发奋图强，勉力维持教学秩序，法律教育事业在动荡中缓慢发展，迎接着抗战胜利的早日到来。

法律系本科的课程一向较为繁重，根据1946年教育部颁布的标准，一年级的学生必须修满46个学分，以后三年，每年至少还要修满40学分，四年共计166学分，远远多于其他院系。由于西南联大时期最初师资不稳，即使一人身兼数门仍不能开出足够的课程，后来随着原有教员陆续赶来以及新聘教员

---

① 北京大学讲师、讲员、助教联合会编：《北大院系介绍（1948年）》。

蒋梦麟手书国立西南联合大学校训

的增加,法律系所开设课程日益增多。

法律系一年级学生必须学习法商学院一年级的共同必修课,诸如:大一国文、英文、中国通史、逻辑,还要选一门自然科学。本系的专业必修课包括:法学绪论、民法总则、宪法。此外,还有体育和军训。

二年级学生必须选择的法商学院共同必修课有:西洋通史、哲学概论,还要选一门社会科学。本系必修课则有:刑法总则、民法债编、民法物权、国际公法和中国司法组织。

三年级的课程大多为专业必修课,如:民法亲属继承、商事法概论、行政法、刑法分则、中国法制史和刑事诉讼法。以外,还有限制性选修课,如第二外国语等。

四年级必修课有:国际私法、破产法、劳工法、民事诉讼法、强制执行法、法理学。作为毕业生,还有进行诉讼实习及毕业论文写作等。

经过归纳梳理，国立西南联合大学法律学系所开设的必修课计有如下23门：

1. 民法概要，供法商学院与文学院一年级学生修习，法律系学生必须由此入门。1937—1938学年度称作"民法通论"，由赵凤喈先生讲授。1938—1939学年度改称"民法概论"，由燕树棠先生讲授。1939—1941学年度又改称"民法概要"，由燕树棠先生讲授，为外系学生选修，本系学生不得选习。1941—1942学年度，又分甲、乙二组，均由李士彤先生讲授，甲组为外系选修，乙组为本系选习。1942—1945学年度，合并为一组，仍由李士彤先生讲授，供外系一年级学生选习，本系学生则必修"民法总则"。

2. 法学概论，供外系一年级学生必修。1945年下半年开设，直到联大结束，皆由李士彤先生讲授。

3. 法学绪论，为法商学院一年级各系必修课。1943—1946学年度上学期开课，由赵鸣岐先生讲授。

4. 宪法，为联大法商学院一、二年级必修课。1938—1941学年度由钱端升先生负责讲授。1942—1943学年度由王赣愚先生讲授。1943年下半年至西南联大结束，一直由燕树棠先生讲授。

5. 民法总则，一、二年级必修课。1939—1940学年度由燕树棠先生讲授。1941—1942学年度由张企泰先生讲授。1942年下半年至1944年上半年，由李士彤先生讲授。1944年下半年以后，又由燕树棠先生讲授。

6. 民法债编，二、三年级学生必修课。1937—1938学年度，称"债编总论"，先由李祖荫先生讲授，后由陈瑾昆先生讲授。与此配套设置"债编各论"，由戴修瓒先生讲授。1938—1939学年度改称"债权总论"，由费青先生讲授。1939—1940学年度，改称"民法债编总论"和"民法债编各论"，均由张企泰先生讲授。1940—1941学年度，又改称"民法债编"，由赵鸣岐先生讲授。1941年下半年至1945年上半年，改由芮沐先生讲授。1945—1946学年度仍由费青先生讲授。

7. 民法物权，二、三年级学生必修课。1937年至1939年上半年，一直由赵凤喈先生讲授。1939年下半年至1941年上半年，由张企泰先生讲授。1942—1943学年度，由芮沐先生讲授。1943年下半年至1945年上半年，由新

第六章

长沙临时大学、西南联合大学及复校后的北京大学法律学系（1937—1949）

聘吴薇生先生讲授。1945—1946 学年度，由费青先生讲授。

8. 民法亲属继承，三、四年级必修。1937—1938 学年度，分为亲属法、继承法两门，由李祖荫先生讲授。1938—1939 学年度，改由赵凤喈先生讲授。1939—1940 学年度，改称"民法亲属"和"民法继承"，由费青先生讲授。1940—1941 学年度，又改称"民法亲属继承"，由张企泰先生讲授。1941—1942 学年度，改归两门"民法亲属""民法继承"，由赵鸣岐先生讲授。从 1942 年下半年开始，又改称"民法亲属继承"，由赵鸣岐先生讲授，直到抗战胜利。

9. 刑法总则，二年级必修。1937—1938 学年度，称为"刑法通论"，为政治系选修，由蔡枢衡先生担任教授。1938 下半年改称"刑法总则"，仍由蔡枢衡先生讲授，直到 1942 年上半年。1942—1943 学年度，由章剑先生讲授。1943—1944 学年度，仍改由蔡枢衡先生讲授。接下来的两个学年里，仍先后由章剑和蔡枢衡两位先生各分担一学年的教学任务。

10. 刑法分则，二、三年级必修。从 1937 年下半年到 1943 年上半年，一直由蔡枢衡先生讲授。1943—1944 学年度，改由章剑先生讲授。1944—1945 学年度，仍由蔡枢衡先生讲授。1945—1946 学年度，由章剑先生讲授。

11. 民事诉讼法，二、三年级必修。1937—1938 学年度，由陈瑾昆先生讲授。1938—1939 学年度，由新聘讲师胡觉先生讲授。1939 年下半年至 1942 年上半年，一直由张企泰先生讲授。1942 年下半年开始，直到回迁前一学年，均由芮沐先生讲授。1945—1946 学年度，由吴薇生先生讲授。

12. 刑事诉讼法，三、四年级必修课。1937—1938 学年度，由陈瑾昆先生讲授。1938 年下半年至 1942 年上半年，由戴修瓒先生讲授。1942 年下半年开始，一直由蔡枢衡先生讲授。

13. 行政法，三年级必修课。1938—1939 学年度，由赵凤喈先生讲授。1939—1940 学年度，同政治系比较行政法一起上课，由楼邦彦先生讲授。1940 年下半年至 1943 年上半年，由赵鸣岐先生讲授。1943 年下半年至 1945 年上半年，由新聘讲师马质夫先生讲授。1945—1946 学年度，仍由赵鸣岐先生讲授。

14. 法院组织法，二年级必修课。1937—1938 学年度，由戴修瓒先生讲授。1938—1939 年，因为师资严重短缺，停开一年。1939 年下半年至 1942 年上半年，皆由戴修瓒先生讲授。1942—1943学年度，改由赵鸣岐先生讲授。1943年下半年以后，课程名改称"中国司法组织"，由章剑先生讲授。

15. 商法，三年级必修课。1939年下半年开课，直到1942年上半年，一直由戴修瓒先生讲授。1942—1943学年度起，由李士彤先生讲授。1943—1944学年度，改称"商事法概论"，仍由李士彤先生讲授。1945—1946学年度改回"商法"，皆仍由李士彤先生讲授。

16. 国际公法，二年级学生必修课。1937—1938学年度，由王化成先生讲授。1938—1939学年度，停开一学年。从1939—1940学年度开始，随同政治系上课，由崔书琴先生主讲。

17. 国际私法，四年级必修课。1937—1938学年度，由赵凤喈先生讲授。1938—1939学年度，由燕树棠先生讲授。1939—1940学年度，由费青先生主讲。1940下半年以后，先后由张企泰、芮沐、燕树棠、赵鸣岐诸先生讲授。

18. 法理学，三、四年级必修课。1938—1939学年度始设，请费青先生讲授，直到1940年上半年费青先生回沪养病。之后，一直由燕树棠先生讲授。

19. 中国法制史，三、四年级选修课。1939年下半年至1941年上半年，由罗文干先生讲授。是年暑假罗先生赴广州省亲，病殁。1941—1942学年度，请赵鸣岐先生讲授。1942年下半年至1945年上半年，由马质夫先生讲授。1945—1946学年度，由章剑先生讲授。

20. 强制执行法，三、四年级必修课。1937—1938年度，设有"民事执行法"，由张守正先生讲授。1939年下半年至1942年上半年，一直由戴修瓒先生讲授。1942—1943学年度，由芮沐先生讲授。从1944年下半年起，请吴薇生先生讲授。

21. 破产法，三年级必修课。1937—1938学年度，由张守正先生讲授。1938—1940学年度，连续两年停开。1940—1941学年度，重新设置，由张企泰先生讲授。1941—1942学年度，由芮沐先生讲授。1942年下半年至1944年上半年，由李士彤先生讲授。1944—1945学年度，改聘吴薇生先生讲授。1945—1946学年度，仍由李士彤先生讲授。

22. 劳工法，四年级必修课。1939年下半年始设置，学生随同社会学系

第六章
长沙临时大学、西南联合大学及复校后的北京大学法律学系（1937—1949）

"劳工问题"上课，聘社会学系林良桐先生讲授，直到1942年上半年。1942—1943学年度，改聘陈达先生讲授。1943年下半年至1945年上半年，又改聘马质夫先生讲授。1945—1946学年度，仍聘陈达先生讲授，以"社会立法"代之。

23. 诉讼实习，四年级毕业班必修课。1937—1938学年度称"民刑事诉讼实务"，由陈瑾昆先生讲授。1938—1939学年度，改称"诉讼实习"，由胡觉先生讲授。1939—1940学年度，由戴修瓒、张企泰、费青三位先生同时讲授。1940—1941学年度，改由戴修瓒、赵鸣岐、张企泰三位先生同时讲授。1941—1942学年度，由胡觉、戴修瓒、赵鸣岐、张企泰四位先生同时负责。1942—1943学年度，为赵鸣岐、蔡枢衡、芮沐、章剑四位先生。从1943年下半年开始，一直为吴薇生先生讲授，直到三校回迁。[①]

除必修课外，国立西南联合大学法律系还先后设有选修课，如海商法、保险法、罗马法、土地法、近代大陆法、民事执行法、监狱学、犯罪学、法医学、犯罪心理学、国际关系及组织、刑事政策等，限于篇幅，在此不赘。

另据1943年教育部命令，西南联大筹设"司法组"，并于次年下半年正式上课。其中，必修课程主要有以下20门[②]，如表9所示：

表9　西南联大主要必修课程（1944—1945学年度）

民法总则	民法物权	刑法总则	刑法分则	民事诉讼法
刑事诉讼法	国际公法	破产法	公司法	劳工法
罗马法	行政法	监狱学	刑事政策	中国法制史
犯罪学	强制执行法	中国司法组织	商事法概论	毕业论文

其实，这个司法组与法律系并没有显然分别，课程也大同小异。只不过法律系毕业同学必须经过司法官考试才能取得司法官的资格，司法组则能捷足先

[①] 以上根据《国立西南联合大学史料·教学科研卷》中1937—1946年各院系课程表统计得出。
[②] 《国立西南联合大学校史》，第二编"院系史"，北京大学出版社1996年版。

登,免去考试这一关。换句话说,司法组侧重培养未来从事司法实务的法律专业人才。

抗战爆发后,原北京大学法律学系的研究生教育被迫暂停,及至国立西南联合大学成立,研究生教育得以重新开始。1939 年 7 月,西南联合大学常委会作出"关于暂不举办研究院的决定",虽然"暂不举办研究院",但同时决定由三校就现有教师、设备,并依分工合作原则,酌情恢复研究所、部,其研究生经费亦由各校自筹拨发[①]。接着,西南联大法科研究所、文科研究所、理科研究所陆续成立,先是推举时任法商学院院长陈序经为法科研究所所长,后又推选周炳琳继任法科研究所所长。法科研究所下设三个学部:法律学部、经济学部和政治学部。正如前述,法律学部乃为北大所独有,故法律学部主任一直由北大法律学系主任燕树棠先生担任。

每年西南联大法科研究所法律学部招生最多时分为三组:(1)中国法律史及中国法律思想史组;(2)国内司法调查组;(3)犯罪学组。前二者较常举行,第三者为后来所增加。有关第三组的考试科目情况,目前未曾见到,现将前二组的考试科目简录如下:

(1)中国法律史及中国法律思想史组:

  A.国文　B.中国经文解释　C.英文(作文及解释)　D.罗马法及法理学　E.民法　F.刑法

(2)国内司法调查组:

  A.国文　B.英文(作文及翻译)　C.民事诉讼法　D.刑事诉讼法　E.民刑法[②]

根据《国立北京大学研究院暂行办法》规定,北京大学于 1939 年度继续

[①] 《国立西南联合大学关于暂不举办研究院的决定(1939 年 7 月)》,载北京大学、清华大学、南开大学、云南师范大学编:《国立西南联合大学史料·会议记录卷》,云南教育出版社 1998 年版。

[②] 《国立西南联合大学清华、北大、南开研究院三十一年度招考简章(1942 年)》,载北京大学、清华大学、南开大学、云南师范大学编:《国立西南联合大学史料·教学科研卷》,云南教育出版社 1998 年版。

办理研究院,一方面通知旧生复学,并酌收新生。凡本校法科、理科研究所研究生考试成绩及格者得请求津贴,此项津贴每年每名600元,按月发给。研究生成绩优异者,于年终给予甲种或乙种奖金,甲种300元,乙种150元。领受甲种奖金者,其成绩总平均至少须满80分;领受乙种奖金者,其成绩总平均至少须满75分。西南联大法科研究所法律学部导师共有7人,皆为兼任。每年招收研究生以要求严格闻名,必中英文均好,法学基本知识扎实,方有被录取的希望。实际上研究生招收数量也很少,前后八年招生仅4名而已。1940年入学研究生2人,为闻鸿钧和贺祖斌。1942年度入学者为张挹材,1943年度入学者为崔道录。其中,张挹材的论文题目是《司法调查》,崔道录的论文题目是《隋唐法律思想与法律制度》,导师均为燕树棠先生。闻鸿钧毕业后留校工作,执鞭任教。

第三节 西南联合大学时期(下)

国立西南联合大学时期的法律学系与抗战前北京大学法律学系一脉相承,崇尚民主科学,教授方针一以贯之,"乃是不使你仅仅造成一个判罪的阶级,乃着意在养成一个法律头脑,进一步成为研究法理的学者",同时注重涵育学生民主、自由、法治的理想追求和爱国热情。① "自北大有法科毕业生以来,入行政界的人最多。近年以来,从事司法实践工作者亦日渐增多。在各大学从事法律教育者,亦遍布南北。"②

当年国立西南联合大学时期与法律学系发生密切关系的诸先生们值得我们永远纪念。他们中如燕树棠先生、戴修瓒先生、蔡枢衡先生、赵凤喈先生、费

---

① 1943年以后设置的司法组,则侧重培养司法业务的人才。
② 北京大学讲师、讲员、助教联合会编:《北大院系介绍(1948年)》。

青先生、钱端升先生、周炳琳先生等。

燕树棠先生29岁即执教于北京大学法律系，是个老国民党员。据说，他有两件事情引以为豪，其一是亲自指挥过北大学生攻打段祺瑞总理衙门，其二是递过告发段祺瑞倒行逆施罪行的诉状。他为人正直，具有强烈的正义感，一贯对学生严格要求。抗战前曾到武汉大学教书，后辗转来到联大法律系，被推举为法律学系教授会主席，带领联大法律系度过了那段最困难的时期，擘画经营，贡献尤多。[①]

戴修瓒先生在长沙临时大学时期被推举为法律学系教授会主席，后来三校西迁，戴先生人虽未到，西南联大常委会仍推举他为法律学系教授会主席。后来由于办事乏人，戴先生又到期渺茫，恰逢燕树棠先生回到北大法律系，而燕先生与戴先生在彼时法律学界名望声誉不相伯仲，联大常委会就任命燕先生为法律学系教授会主席。戴先生随后赶到，在那段艰苦的岁月里，默默奉献，不辞劳苦。1938—1939学年度，在联大法律系教员最为缺乏的时候，戴先生身兼重任，他一人同时为法律系同学开设6门功课（公司、票据、海商、保险、债权分论、刑事诉讼法）。这样的知识和劳力付出，令人肃然起敬。在联大后来的时间里，戴先生一直担任教职，孜孜不倦，殚精竭虑。

蔡枢衡（1904—1983）先生是日本刑法学大家牧野英一的亲授弟子，在中国法学界卓然一派，高扬民主旗帜，主张用唯物辩证法进行研究。他经历了全部长沙临时大学、西南联大前后十年左右的历史，既是这一时期法律系兴衰的见证人，又是这一时期法律系的一大功臣。蒙自分校时期，法律系教授只有蔡枢衡先生和陈瑾昆（1887—1959）先生二人。不久，陈瑾昆先生因故北上，只剩下蔡先生一人，独撑危局。蔡先生在西南联大时期开课也相当多，一学期少则两门，多则四五门，主要有刑法总则、刑法分则、监狱学等。

费青（1907—1957）先生精通大陆法，也烂熟英美法，既会讲玄奥的法理，也会讲有趣的实例。1938年年底来到北大，扶病上课，同学们深受感动。后来由于病体不支，不得不回沪养病，经过一段时间休养，他又重返法律系讲

---

① 《联大八年》（西南联大除夕副刊），1946年7月。

坛。但费青先生因长期患病,以致经济窘迫,1941年9月,他只得忍痛将自己的藏书出售,换取疗疾之资。燕树棠先生得知后,即协同张企泰先生(1907—1962)与其面商,愿以北大法律研究所名义将所有书籍收买,这样既可以解决费先生的燃眉之急,也可保费先生与其心爱的书籍时常"见面",更能为法律系的学子们增加知识的肥料。经过商定,书价为当时国币3000元整,但北大法律研究所也没有足够的现金支付,最后得到蒋梦麟先生的首肯,以北大办事处经费暂为垫付,"俟教育部发到法科研究院经费时即行拨还"。此事成为西南联大历史上的一段佳话。

另外,周炳琳先生虽专业属于经济学,但长期担任北大法学院院长。抗战爆发后,他辞去教育次长之职,回到北大。他在长沙临时大学时期,先后被聘为总务长和教务长。西南联大时期,又被聘为法商学院院长、法科研究所所长、联大招生委员会委员等,对于西南联大的校务、行政贡献颇多。联大法律系,更是直接在他的领导之下。周先生作为当年五四健将,声望卓著,对这一时期的法律系教学、行政等诸多方面起到了巨大作用。还有本校法律系毕业的赵凤喈先生(1896—1969),早年为清华大学政治系教授,但到西南联大后,一直在法律系任课,作为法律系的教授。三校回迁后,赵凤喈依旧受聘为北大法律系教授。

钱端升先生(1900—1990)在抗战前即为北大政治系主任,联大时期曾主讲法律系的宪法和国际法等课。他特有的刚直和正义感给联大法律系学生留下了深刻印象,曾任中华人民共和国成立后北大法学院的第一任院长,在法律系主讲国际法课程。

虽说法律专业与政治的联系十分紧密,实际上如前所说,北大法律系的毕业生和教员们很多也和现实政治发生关系,但是北大法律系的师生们胸怀满腔的爱国热忱,始终保持着对现实的批判、对民主的追求。

1945年10月1日,国共重庆谈判期间,西南联大十位教授就曾公开致电毛泽东和蒋介石,反对独裁,要求停止内战,主张建立民主联合政府。这十位教授几乎都来自联大法商学院,以张奚若为首,周炳琳、钱端升、陈序经、陈岱孙等名字赫然其中。而在著名的"一二·一"运动中,联大法律系诸先生们所扮演的特殊角色往往为世人忽视。

这一年的 8 月 15 日，日本宣布战败投降，全国一片喜悦。但是内战的阴影很快再一次笼罩中华大地，深受战争苦难的中国人再也不愿经历那腥风血雨的日子，全国各界反对内战、要求民主的呼声此起彼伏。而蒋介石政权幻想依靠美国的支持维持其独裁统治，内战一触即发。在这样的形势下，昆明文化界尤其在西南联大反应积极而强烈。11 月 22 日，联大冬青社、文艺社、社会科学研究会、南院女同学会、科学青年社等十五个联大团体联名建议学生自治会通电反对内战。西南联大、云南大学、私立中法大学、云南省立英语专科学校四大学学生自治会联合发起在 11 月 25 日晚举行反内战时事讲演会，地点在云南大学至公堂，邀请著名民主人士讲演，并发动各校学生参加。云南省党政当局闻讯，于 24 日召开紧急联席会议，作出"未经党政机关批准，不得集会游行"的决定，同时命云南大学不得借给会场。后来，四校学生自治会决定改在

《昆明一二·一学生爱国运动》封面

第六章

长沙临时大学、西南联合大学及复校后的北京大学法律学系（1937—1949）

联大图书馆前大草坪如期举行讲演会。

集会当晚，先请钱端升先生讲"对目前中国政治的认识"，他慷慨陈词，喊出"内战必然毁灭中国""我们需要联合政府"等口号。会场上，群情激动，掌声如雷。随着掌声，联大围墙外响起枪声，步枪、冲锋枪齐发，甚至还有炮声。原来驻昆明的国民党第五军包围了学校，以武力相威胁，企图中止演讲会。但是，钱端升先生继续镇静地演讲完，接着伍启元（1912—1957）讲"财政经济与内战的关系"、费孝通（1910—2005）讲"美国与内战的关系"，都表达了要和平而不要内战的呼声。其间，又响起几次枪声，但晚会基本按计划结束。①

会后，联大学生为军队开枪威胁晚会所激怒，纷纷要求罢课，表示抗议。次日的《中央日报》为了掩盖真相，诬蔑晚会期间出现匪警。这时，蒋梦麟先生已经辞去北大校长职务，中央已经任命胡适先生为北大校长，胡适先生未到期间由傅斯年先生暂代，梅贻琦先生常去重庆参加教育善后复员会议，联大教授会主席由周炳琳先生代理，实际主持工作。事发后，联大教授会首先对学生表示了同情和支持，11月29日，在西南联大教授会1945年第二次会议上，议决了以下事项：

代理校长傅斯年

第一，同仁站在教育立场，对本月廿五日晚军政当局行为，认为重大侮辱，应依校务会议原则加强抗议；（全体通过）

第二，推举抗议书起草委员会八人，抗议书内容由起草委员会全权负责；

第三，推张奚若、钱端升、周炳琳三先生代表向学生训话；

---

① 陪都各界反对内战联合会编印：《昆明一二·一爱国学生运动》，"事件经过"。

第四，推冯友兰、张奚若、钱端升、周炳琳、朱自清、赵凤喈、燕树棠、闻一多八先生为抗议书起草委员。（冯友兰为召集人）①。

同时，公布《国立西南联合大学全体教授为11月25日地方军政当局侵害集会自由事件抗议书》，其中指出："近代民主国家，无不以人民之自由为重，而集会言论之自由尤为重要。无此自由者，应使有之；既有此自由，应保障之、充实之。……际此抗战已经结束，举国方以进入宪政时期，而地方军政当局，竟有此不法之举，不特妨碍人民正当之自由，侵犯学府之尊严，抑且引起社会之大不安。兹经同人等于本日集会，全体一致决议，对此不法之举，表示最严重之抗议。""抗议书"以"自由"和"宪政"为出发点，谴责了国民党政府的倒行逆施，侵犯人权。除发布"抗议书"外，联大教授周炳琳、钱端升、张奚若等召集学生训话，劝说同学们复课。

然而，罢课仍在继续，事态发展进一步恶化。云南省政府代主席李宗黄与警备总司令关麟征于27日召开中学校长会议，限令各校务必于28日无条件复课，并且组织了所谓的"反罢课委员会"，由第五军军长邱清泉任总指挥，扬言将以武力镇压学生的民主运动。接下来的几天里，军警与学生冲突不断，互有死伤。联大等校一面向当局表示抗议，一面加强戒备。

12月1日，卢汉继龙云任云南省主席，李宗黄在交接仪式结束后，立即布置暴徒进攻联大。上午11时许，一伙暴徒袭击联大新校舍，并准备向围墙内投掷手榴弹，被路过的南菁中学教师于再发现，将之抢下，结果爆炸，于再当晚身亡。地质系教授袁复礼出来劝阻，也遭殴打。与此同时，联大附中、联大师范学院、联大工学院也连续遭到暴徒们的围攻，歹徒们逢人便殴，甚至投掷了手榴弹，当场炸死1人。另有联大师范学院专修生被殴打后，在送往医院途中再次被殴，后死亡。联大工学院马大猷教授也遭殴打。当天总计死亡4人，被殴打致重伤者25人，轻伤者30人以上。闻一多先生事后将这一天称为"中华民国建国以来最黑暗的一天"，军政当局的暴行引起联大师生极大愤慨。

---

① 《1945年联大教授会第二次会议记录》，载北京大学、清华大学、南开大学、云南师范大学编：《国立西南联合大学史料·会议记录卷》，云南教育出版社1998年版。

当天下午，联大教授会召开紧急会议，发表谴责军政当局暴行的宣言。12月2日上午，联大教授会召开第三次会议，首先报告死伤情况，接着议决接受联大28位助教建议书中关于法律的部分，组织法律委员会负责研讨，准备对云南军政当局提起法律诉讼。法律委员会由周炳琳、钱端升、费青、燕树棠、赵凤喈五先生及建议书具名之法律系助教曹树经、闻鸿钧充任。12月4日，联大教授会第四次会议，由周炳琳报告了法律委员会的工作情况，并议决有以下事项：

第一，法律委员会委员，除上次会议推定之周炳琳等五先生及助教曹树经、闻鸿钧二先生外，加请蔡枢衡、章剑、李士彤三先生及助教丁则良先生参加工作；

第二，委托法律委员会搜集本次事件之史料；

第三，促法律委员会加紧工作，务期早日办到惩凶及取消非法禁止集会之命令。①

一个星期后，法律委员会关于案件材料搜集完毕，并草拟出了"告诉状"。12月10日，联大教授会第五次会议通过议决，表示接受，其余各项呈文也授权法律委员会全权办理。梅贻琦先生在12月20日晚对学生自治会理事发表谈话，告诉大家"涉及李（宗黄）、关（麟征）、邱（清泉）的诉讼部分，已由法律委员会提起正式控诉"。

"告诉状"原有二份，一为呈送法院，控告罪犯关麟征、邱清泉等现役军人；一为呈送法院，控告罪犯李宗黄等非军人。在《西南联合大学教授会呈国民政府军事委员会告诉状》中，第一项详细列举了"被告事实及证据"，第二项明确提出"本案被告及罪名"，最后指出，综上所陈"被害事实，非止一端，有关人犯，数以百计，考之被害情形，要属牵连案件，应由军法机关及普通法院分别审判"。根据最高法院民国二十九年（1940年）非字第62号判决，除非军人部分人犯李宗黄等已另行状请最高法院依职权移转管辖依法追究外，

---

① 《1945年联大教授会议第四次会议记录》，载北京大学、清华大学、南开大学、云南师范大学编：《国立西南联合大学史料·会议记录卷》，云南教育出版社1998年版。

联大教授会呈国民政府军事委员会告诉状

对于云南省前警备司令关麟征、第五军军长邱清泉等现役军人或准军人,"其所犯刑法上之各罪,依陆海空刑法第二项规定,应依刑法处以应得之刑"。① "具状人以此等人犯罪大恶极,过去万恶军阀所不敢为者,竟贸然为之、泰然处之。苟不严惩,国将不国。特根据陆海空军审判第二十条之规定,缕陈各节,提起公诉,伏恳钧会迅予调集证据,依法审判。岂仅生者感恩、死者衔环,滇省社会秩序、中国法治前途,均利赖之。" ②

那段时期的社会仿佛无法无天,国民党为了发动内战不惜血本,倒行逆

---

① 陪都各界反对内战联合会编印:《昆明一二·一爱国学生运动》
② 《西南联合大学教授会呈国民政府军事委员会告诉状》

第六章

长沙临时大学、西南联合大学及复校后的北京大学法律学系（1937—1949）

联大学生经常邀请进步教授和
知名人士作时政报告

施，全国范围的民主爱国运动反而如火如荼，愈演愈烈。闻一多先生指出："'一二·一'是中华民国建国以来最黑暗的一天，但也就在这一天，死难四烈士的血给中华民族打开了一条生路。从这一天起，在整整一个月中，作为四烈士灵堂的联大图书馆，几乎每日都挤满了成千上万扶老携幼的致敬的市民，有的甚至从近郊数十里外赶来朝拜烈士的遗骸。……在这些日子里，昆明成了全国民主运动的心脏，从这里吸收着也输送着愤怒的热血的狂潮。从此全国反内战、争民主的运动，更加热烈地展开，终于在南北各地一连串的血案当中，促成了停止内战、协商团结的新局面。"①

从以上事件可以看出，联大法律系师生不仅重视法律理论之研究探讨，更表现出强烈的爱国热情和现实关怀，敢于以法律为武器，高扬依法治国的旗帜，同反动势力相抗争。虽然后来事件平息并不仅仅因为这一纸讼状，但是这些被告基本都得到相应处罚，联大法律系（北大法律系）的师生们在这一运动中用自己的行动实践着法治的真谛。

---

① 闻一多：《一二·一运动始末记》，载《一二·一运动》，中央党史资料出版社1988年版，第50页。

第四节
"伪北大法学院"及回迁后的北大法律学系

卢沟桥事变发生后,一部分北大师生离京南下,参加长沙临时大学和国立西南联合大学;有的教员则由于经费、家眷等原因不能南下,滞困在沦陷区内。当然,也有人根本不愿南下,甘心在日寇的统治下过活,甚至充当侵略者的爪牙,以钱稻孙(1887—1966)为首的一批人就是如此。事变之前,钱稻孙就与日本人联系紧密,事变发生后,钱稻孙更极力阻挠北大师生南下。他曾劝说当时的教务长郑天挺(1899—1981)留下,但被郑严词拒绝,最终郑天挺只身与当时法学院的周作仁等人毅然南下,离开了沦陷区。后来,钱稻孙等人在日军支持下,聘请了一些并不打算离开沦陷区的原北京大学教师,又将原北平大学合并进来,重新组织起北京大学,史称"伪北大"。

这一时期的是非功过虽早经历史的审判,但是这段历史本身似乎一直少有人注意,人们甚至避而不谈。为了完整地记述北京大学法学教育的历史演变,谨将之概要介绍一下。

在钱稻孙等人的一手操办下,伪北大分设六学院,除法学院以外,还有文、理、工、农、医等五院。其他五院成立较早,而法学院成立较迟,1941年2月方始成立,而在此之前法律系一直存在。伪北大法学院起初借用中南海福禄居地址为法学院筹备处,聘原北平大学法学院法律学系教授方宗鳌(1884—1950)为法学院院长。8月1日,借原私立中法大学一部分房屋充作校舍,9月11日,开学上课。伪北大法学院实际上由原北京大学法学院与原北平大学法学院两部分组成,教师也包含了原有两院的部分教授学者,另外加聘了一些日本法律学者。伪北大法学院成立当年,在籍法律系学生共有41人,来自北京、天津、河北、山东、江苏、浙江、安徽等七省份,且以河北最多,达19

第六章
长沙临时大学、西南联合大学及复校后的北京大学法律学系（1937—1949）

人。所谓的伪"满洲国"也有5人，另有日本学生1人，朝鲜学生1人。①

伪北大时期的教育方针，以复兴"儒教""亲仁善邻"为幌子，行侵略扩张之实，提倡尊孔复古，试图根绝"容共"思想，反对欧美势力在东亚扩张，建立所谓的"大东亚新秩序"，"谋东亚及全世界之和平"。并且，欲以日本的武士道精神"改造"中国国民的精神面貌，"使学生有以国士自许之志向，俾将来能担负复兴东亚之重任"②，实际上是培养为他们卖命的"人才"，达到其血腥征服之目的。

《民国三十年度（伪）国立北京大学法学院一览》

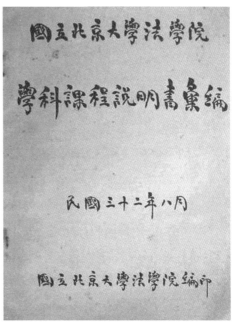

《（伪）国立北京大学法学院学科课程说明书》

伪北大法学院的课程设置，在原北京大学法学院及北平大学法学院的学科设置基础上，"颇多参酌采用东京帝国大学之最新学科"，实际把当时日本大学

---

① 《（伪）国立北京大学法学院一览》（民国三十年度），"本院沿革"。
② 北京大学档案馆藏：《教育总署厘定专科以上学校实施教育方针》（1940年6月17日）。

的法学教育制度完整植入进来。各系一学年课程，大抵讲述社会科学之概论，授以各门之基本知识。自第二学年起，则循序渐进，次第显示其专门特色。方宗鳌认为，"各系学科虽属分立，而相互关系密切，学者如仅偏重其基本知识，于他系科目毫无所知，殊不足以称淹通而适其用"。故在注重本系课程实质上，兼授以其他必备常识。例如，对法律系学生授以经济学知识，政治系学生授以法律系之大体知识，法律、经济、商学三系学生授以政治学之大纲等，以厚植其学力，并注重实习指导和特别讲义[①]，"积四年培养陶冶之功，期使学力及经验均有相当成就，成一实用专门人才"。

伪北大法学院法律系的课程表几经修订，1939年8月初颁，1942年11月即进行修订，1944年8月再次进行修订，才基本定型，但距离日伪统治的末日也为期不远了。1944年8月的《修订法律学系必修科目表》规定了以下科目为法律系学生必修：法学绪论、宪法、民法总则、民法续编、民法物权、民法亲属继承、商事法概论、公司法、票据法、保全法、海商法、刑法总则、刑法分则、中国司法组织、民事诉讼法、刑事诉讼法、行政法、国际公法、国际私法、法理学、中国法制史、毕业论文。

除必修科目之外，该课程表同时还规定了选修科目，主要有：外国文（二）、第二外国史、世界通史、刑事特别法、中国旧律研究、比较法学绪论、比较民法、比较刑法、中国司法问题、比较司法制度、罗马法、英美法近代欧洲大陆法、立法学、破产法、土地法、劳工法、法学专题研究、证据法学、强制执行法、犯罪学、监狱学、刑事政策、中国法律思想史、中国政治制度、中国经济史、诉讼债务。

从1943年8月的一份《（伪北大）法律学系课程时数表》来看，当时法律系第一学年要学习的课程有：法学通论、宪法、经济学、政治学概论、哲学概论、日文、国文、欧文、体育，共9门基础课程，皆为必修。到了第二学年，则要学习民法（第一部）、刑法（第一部）、刑法（第二部）、行政法（第一

[①] 方宗鳌：《（伪）国立北京大学法学院各系课程汇辑说明书》（1943年12月）。"特别讲义"，指聘请专家就特种法律问题临时讲演，授以短期讲义，以达成学生获得充分知识之目的。

第六章

长沙临时大学、西南联合大学及复校后的北京大学法律学系（1937—1949）

部）、经济政策、财政学、日文等必修科目，还有心理学、社会学、论理学等3门选修科目。第三学年，有民法（第二部）、公司法及合作社法、票据法、民诉（第一部）、刑诉、刑事学、行政法（第二部）、东亚法制史、日文共9门必修课，另有国际公法、社会政策、法医学等3门选修课程。第四学年，则有民法（第三部）、海商法、保险法、民诉（第二部）、产业法、法理学、西洋法制史、国际私法、刑事诉讼实务、民事诉讼实务、公文程式、日文、实习、特别讲义共14门科目，皆为必修。

根据规定，每学年日文皆为必修，足见日寇为了达到长期占领中国之目的，用心良苦。这一时期的课程实际上与20世纪20年代北大法律系的课程设置相比，除增加日文的学习外，差别并不是很大，主要因为那一时期北大法律系的教育模式受日德式教育影响显著。但与北大30年代的课程相比，差别却是明显的。如前所述，北大法律系在蒋梦麟先生长校以后，推行一系列的教学改革，主要引进的是欧美教学经验。当时的法学院长周炳琳先生早年也曾留学美国，因此在20世纪30年代，北大法律系的课程设置及教育模式基本趋向美式法学教育，但这在日寇占领时期又发生了逆转，重新被"日德化"了。

伪北大时期法律教育的"日德化"，从当时教员组成上也可以看出。1941年8月，伪北大甫一成立，即聘日本法学博士、前司法大臣小山松吉（1869—1948）为名誉教授，其聘任期与伪北大法学院相始终。另外，除了大批的日本人直接受聘为伪北大法学院教员外，上至院长，下到普通讲师，很多都是在日本接受的法律教育。1941年，伪北大法学院除院长方宗鳌为日本东京明治大学商科毕业外，其余3名主任教授中又有两名皆为日本东京帝国大学毕业（刘志敥、胡瀛洲），只有余天休（1896—1969）一人为美国法学博士毕业。同年伪北大法学院教授、副教授、讲师、助教一共有38人，其中有20人与日本有直接或间接的关系，这20人当中，有4个人就是日本人。1942年12月，伪北大法学院共有教授、副教授、讲师、助教72人，日本人有12个，占了总数的1/6[①]。不仅如此，同样是教授，排名时日本人往往被安排在中国教授前面，

---

① 《(伪)国立北京大学法学院职教员录》（1942年12月）。

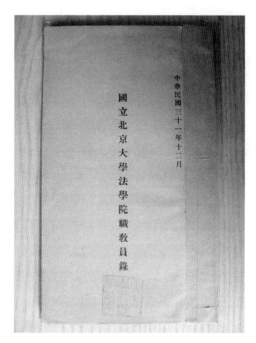

《(伪)国立北京大学法学院职教员录》封面

充分暴露了日本人的野心。尤其那个"名誉教授"小山松吉经常向学生发表演讲,大谈中日同盟的必要性,别有用心地宣传什么"善邻友好",公开为日寇的侵略政策张目。

日寇还在伪北大组织成立了所谓的"生活指导委员会",举行活动,加强对中国人的奴化教育,宣传他们的侵略政策,从有幸留存下来的当时的报告记录中完全可以看出这一点。下面从"(伪)国立北京大学学生生活指导委员会法学院分会"向上级所作的"会务总报告"中撷取几条,作为证据。

1941年:

11月29日,为纪念"中、日、满缔盟",生活指导委员会请政治系胡瀛洲作特别讲演;

12月12日,"为友邦对英美宣战事件,院长召集全体学生训话";

12月29日,"为庆祝香港陷落,院长在操场召集学生训话后,全体学生教职员出发游行,参加庆祝大会";

12月31日，"全体学生赴新新戏院参加庆祝香港陷落演讲大会"。

1942年：

12月8日上午10时，"在礼堂举行大东亚战争一周年纪念式，由院长训话，并请日系教授代表兼子一先生讲演"。

1943年：

9月30日，"派学生郭天启出席剿共委员会主办之文教座谈会"；

10月29日，"名誉教授小山松吉讲演：对中日缔结同盟条约之感想"；

12月7日—12月31日，"请大东亚大陆文化振兴会铃木安藏作特别演讲，（每周4小时），题为：亚细亚与日本"；

12月8日，"剿共委员会宋唯民讲演：大东亚战争与中国思想问题"。

另从该报告书记载的内容看，当时"生活指导委员会"所举行的"不定期事项"中也有些的确属于法学演讲范围。如：

1942年：

10月15日上午11时，"敬请日本帝大前法学部长石田文次郎博士讲演，演题为：所有权理论地演变"；

11月24日上午11时，"请帝大助教授四宫和夫先生讲演：由法之历年观察法之发展"；

1943年：

4月19日上午11时，"请教授植松先生为法律系学生讲演：关于刑事政策地问题"；

4月23日上午11时，"帝大教授田中耕太郎博士讲演：文化上之信念与自然"；

4月27日上午11时，"帝大教授铃木竹雄为法律系学生讲演：制定法与习惯法"；

5月25日上午11时，"帝大助教授川岛武宜讲演：法之社会的基础"[①]。

---

① 北京大学档案馆藏：《国立北京大学学生生活指导委员会法学院分会会务总报告》（民国三十年度上学期至三十二年度上学期）。

总的说来，伪北大法学院时期的法律教育未能在中国近现代法律教育中产生深刻影响，日本人依靠机枪大炮推行的法律教育基本上是以失败而告终。

1945年8月，日寇的铁蹄终被斩断，艰苦的抗战取得胜利。8月13日，西南联大第342次会议讨论了三校复员问题，决定1945年第一学期自9月3日开始上课，3个月后放假，先修班也停止招生。10天后，西南联大迁移委员会宣告成立，推举郑天挺先生为主任委员。9月11日，梅贻琦先生赴重庆出席"全国教育善后复员会议"，会议结束的前一晚，蒋介石于宴会后向梅贻琦先生表示：三校回迁，"准备愈充足愈好，归去愈迟愈好，政府不亟亟于迁都，各校也不应亟亟于回去"①。在此旨意下，三校决定于次年春夏间进行回迁。同年10月17日，北大派出郑天挺先生作为代表，赴北平接收"北平临时大学"。

北平临时大学是在抗战胜利后，教育部针对曾在沦陷区接受"奴化"教育——尤其是"国立大学"的学生而特别开办的一种过渡性学校。换句话说，

余棨昌教授

只有经过临时大学考试合格，重新甄别通过，方能取得国民政府教育部的认可，重新获得在校或毕业学生的官方身份，故这一过程也被称为"甄审"。伪北大法学院法律系的学生被分在北平临时大学补习班的第三分班，一年级人数较多，分为甲、乙二组；此外，又有二年级、三年级、四年级组。临大各年级共同必修的课程有：三民主义、国文、英文、哲学概论、中国通史、普通心理学、体育等。一年级本系必修的有宪法和法学绪论，任课教师为唐纪翔、许泽新、孔繁泰、胡咏业。法律系二、三、四年级的本系必修课程及任课教师分别为：

---

① 《国立西南联合大学校史》，第一编"概述"。

➡ 二年级

民法物权（余棨昌）　刑法总则（周国馨）　商事法（孔繁泰）

国际公法（唐纪翔）　民法总则（陆鼎祥）　民法债编（刘志敔、陈瑾昆）

➡ 三年级

票据法（耿光）　海商法（耿光）　民事诉讼（石志泉）

保险法（耿光）　亲属继承（余棨昌）　公司法（耿光）

民法物权（余棨昌）　商事法（孔繁泰）　司法组织（孔繁泰）

民法债编（刘志敔、陈瑾昆）

➡ 四年级

国际私法（唐纪翔）　破产法（张庄伯）　法理学（周国馨）

诉讼实务（刘精一）　亲属继承（余棨昌）　民法物权（刘志敔）

民法债编（刘志敔）　民事诉讼（张庄伯）　海商法（？）[①]

保险法（？）　毕业论文（？）

强制执行法（于梅僧）　刑事诉讼法（陈瑾昆）

经过临时大学的"再教育"，一部分"伪北大"法律系学生"获得新生"，取得"合法"身份，得以继续求学之路，或走向社会，参加工作。

在学校领导和教职员工方面，大约在1945年6月，蒋梦麟先生由于出任行政院秘书长，无法兼理校务，故在昔日同僚敦劝下提出辞呈，随即得到批准，其北京大学校长及西南联大常委职务一并解除。继此之后，教育部任命胡适（1891—1962）为新的北大校长。然而，此时胡适正在国外，其未到职前，请傅斯年先生（1896—1950）暂代校长职务。

傅斯年来到昆明之前，曾给法商学院院长周炳琳写信，其中谈到他对"代理校长"一事的看法。他说"弟（傅自称）贸然代理（校长），半年之后必遭

---

① 北京大学档案馆藏：《教育部特设北平临时大学补习班第三分班各系课程一览（1947）》。此原始材料未能明确记载任课教师，故以"？"表示存疑，下两处同。

天殃……固跳火坑矣,除非大家努力,齐一步骤,此局不易维持也。"① 因为在其暂代北大校长、正式到校视事前,昆明"一二·一"民主运动已经爆发,他感到问题十分棘手。事件短暂平息后,傅斯年由昆明返回重庆,准备赶赴北平。未出发前,他对记者发表私人讲话,公开表示:"伪北大之教职员均系伪组织之公职人员,应在附逆之列,将来不可担任教职。至于伪北大之学生,应以其学业为重,已开始补习,俟补习期满,教育部发给证书后,可以转入北京大学各系科相当年级,学校将予以收容。"② 此言一出,昔日沦陷区舆论大哗。不少学者教授表示反对,要求取消"甄审",希望能与北归之三校教员得到同等待遇。后来"甄审"的标准虽有所变通,但基本还是按照傅斯年的意见处理了这些"伪北大"的师生们。

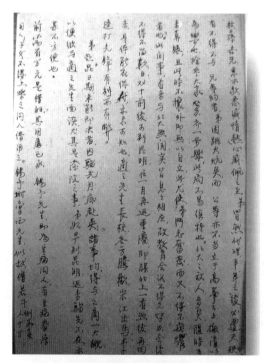

傅斯年致周炳琳信局部

---

① 北京大学档案馆藏:《傅斯年致周炳琳的信》(1946年)。
② 北平《世界日报》1945年12月2日。

第六章

长沙临时大学、西南联合大学及复校后的北京大学法律学系（1937—1949）

在处理和接收"伪国立北京大学"同时，西南联大三校也紧锣密鼓地进行回迁准备。1946年4月24日，西南联大第372次常委会通过决议：三校定于10月1日起学生开始报到，10月10日同时开学。有了当年西迁入滇的经验，三校回迁工作很快安排妥当。在校肄业生于5月1日开始填写志愿书，分发三校，志愿入北京大学者共计644名，其中入北大法律系者（包括研究生）有75人，占比10%以上。

1946年7月13日，联大最后一批学生离开昆明。7月31日，联大常委会举行最后一次（即第385次）会议，正式宣告西南联大的使命结束。正如《西南联合大学校歌》中所言："万里长征，辞却了五朝宫阙。暂驻足衡山湘水，又成离别。……尽笳吹弦诵在山城，情弥切，……待驱除仇寇，复神京，还燕碣。"在西南联大前后八年左右的时间里，全体法律系师生同甘苦共患难，同舟共济，肝胆相照，在长夜难明之际，在中国的西南一角，创造了中国法律教育史上的一个奇迹。

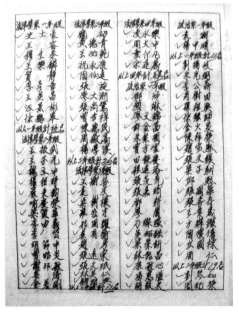

西南联大解散志愿入法律系学生名单

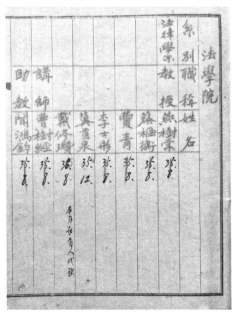

北大法律系回迁后部分教授到校时间

1946年8月至1947年8月，北大法律系教员陆续赶到北平，北大法律系的历史翻开新的一页。归复不久的北大法律系教员当中，有从昆明赶回的燕树棠、蔡枢衡、费青、李士彤、戴修瓒、曹树经、闻鸿钧、芮沐等人，也有刚从海外归来的冀贡泉先生（1882—1967）。冀先生字育堂，号醴亭，早年东渡日本留学，获明治大学法学士学位。年轻时，在北洋政府教育部教育司第一科任职，曾与该时已崭露头角的大文豪鲁迅先生共事，并与年长自己11岁的鲁迅颇有交谊。后来回到山西，出任山西省立法政专门学校教育长，又在山西大学当了7年的法科学长，最后官至山西省教育厅长。1938年，冀先生全家移居美国，热心华侨事务和世界反法西斯战争的正义事业。他曾出任蜚声美洲侨界的《美洲华侨日报》首任总编辑，并在华盛顿战时新闻署工作，还在好莱坞著名抗战电影《东京上空三十秒》中客串过"老中医"的角色。胡适先生任驻美大使时，与之投契，交往甚深。故而，胡适继任北京大学校长后，提出聘其为北大法律系教授，请其速回故国。冀先生原打算1946年9月底、10月初赶回国内，但在纽约适逢船员罢工，归途受阻，于1946年12月方赶到北大。到校

冀贡泉给胡适的信局部

后，主讲诉讼实务、民法物权、中国司法组织、破产法等科目[①]，并短暂担任北大法律系主任一职。新中国成立后，冀先生长期担任中央人民政府法制委员会专门委员，并任山西省人民政协委员，数度参与新中国战犯审判。

此一时期北大法学院和法律系的主要领导，本来一直延续西南联大时期传统，院长一直由周炳琳先生担任，法律系主任则为燕树棠先生。但北归后不久，周、燕二位先生发生严重分歧，燕先生以健康为由，提出休假一年，继而辞去北大法律系主任职务，前往武汉大学任教，正式离开了北大法律系。北大法律系主任一职，名义上改由法学院院长周炳琳兼任，实际上虚位以待。自1948年4月开始，冀贡泉先生出任北大法律系主任，直到解放军进城。这一时期北大法律系的教授、副教授、讲师、助教最多时有20人左右。1946年北大法律系的毕业生共计65人，1947年毕业生56人，1948年毕业生50人，均含研究生在内。

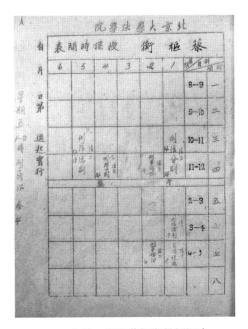

1946年第二学期蔡枢衡教授课表

---

① 北京大学档案馆藏：《冀贡泉致胡适的信》（1946年6月）。

北归后的北大法律系课程,在 1946 年年底发生部分调整:第一,法律系学生必修民法总则;第二,法学概论法律系学生可以免修,主要为外系学生开设;第三,政治学、经济学、社会学三门社会科学中,法律系学生必须选修两种。①1947 年年初,北京大学法律系学生共有 360 人,是法学院中学生最多的系。专任教授有燕树棠、蔡枢衡、李士彤和费青 4 位先生,另有讲师、助教 4 人,兼任讲师 3 人。课程设置有:燕树棠先生主讲法理学、民法总则和欧洲大陆法。蔡枢衡先生主讲刑法总则、刑法分则、中国司法组织和刑事诉讼法等。李士彤先生主讲商法、罗马法和英美法。费青先生开设法理学和国际私法。刘抱愿先生主讲民法总则、民法债编、民法物权。冀贡泉先生主讲刑事诉讼法、土地法、中国司法组织、诉讼实务等课程。芮沐先生主讲法学概论、比较法学。除副教授汪瑄先生讲国际公法、民法总则外,还有专职讲师闻鸿钧、纪元、曹树经等开设的中国法制史、亲属继承、民事诉讼法、强制执行法和监狱学等课程。1947 年年初,北京大学进行学系调整,教育部部长朱家骅致函北京

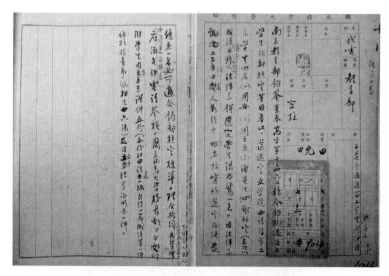

1947 年北大报送教育部推选留学生公函底稿

---

① 《北京大学纪事》(上册),1946 年 12 月。

第六章
长沙临时大学、西南联合大学及复校后的北京大学法律学系（1937—1949）

大学校长胡适，要求"特别重视法律学系"。8月，教育部又有意在北大法律系开办监狱官专修科和行政法学组，经教授会讨论后，均拟缓办。1947年5月26日，北大法律系接到教育部饬令，要求选派赴土耳其留学生。因限于法律系二、三年级学生才能申报，报名人数较少，经过审慎选择，最后决定从候选4名学生中选定1名（张尚鷟）报部。

与此同时，法科研究所的法律学部，仍基本沿袭西南联大时期做法，由于每年招生要求高，研究生数量有限。但回迁后，北大法律系图书设备日渐充实。据统计，当时法律系的图书室藏书达7500余册，在全校各系藏书中绝对属于数量上的佼佼者。

至于联大结束、回迁后的北大，胡适作为新任校长踌躇满志，酝酿提出学术独立发展的长期计划。但，客观形势急转直下，不仅彼时国共内战如箭在弦，一触即发，美国帮助国民党发动内战、尚未撤出的在华驻军，更常常成为政治斗争的绝好题材。1946年12月24日晚8时许，北京大学先修班女生沈崇到平安戏院看戏途中，被两位美军（皮尔森和普理查）挟持到东单练兵场，强施奸淫。后来被人发现，结果犯罪分子一人被捉，一人逃走。该事件发生后，在华美军暴行激起各界民众愤慨。12月30日，北京大学等校学生以抗议美军

北大校长胡适先生

暴行为题，举行万人游行示威活动。游行途中，学生广泛散发《国立北京大学全体同学抗议美军暴行大会告全国同胞书》，其中提出三点要求：第一，严惩美军暴徒及主管人员，并在北平组织中美联合法庭，公开审判；第二，美军当局公开道歉，并确实保证在美军撤退以前不得再有非法事件发生；第三，美军立即撤退中国。学校当局未加阻拦，并联络各有关机关，请求保护。

次日，北京大学校长胡适对于沈崇事件发表公开谈话，强调"此事本身是一法律问题，希望美国从速完成调查及法律手续。至于大的问题，是政府与政府之间的事，则是另一件事。学生游行，是大家愤慨，大家对受害同学的同情，发生是当然的。个人认为这是最不幸的事。……但学生最好不要以罢课作武器，……诚恐贻误学业"[1]，苦口婆心地试图劝说同学们保持理性，不要被人利用。

1947年1月6日，国立北京大学召开第28次行政会议。会上，训导长陈雪屏（1902—1999）报告北平学生抗议美兵"强污"女生事件游行经过，校长胡适又再次报告了事件经过。因为被害人沈崇暂无亲属在平，最后议决，请法律系教授燕树棠、赵凤喈、李士彤、蔡枢衡、费青、纪元六位先生，组织法律顾问委员会，负责代被害人搜集法律证据。[2]

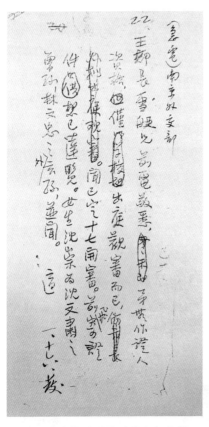

1947年胡适为沈案致外交部电稿

---

[1] 北京市档案馆藏：《沈崇事件档案》。
[2] 王学珍、郭建荣主编：《北京大学史料·第四卷（1946—1948）》，北京大学出版社2000年版，第35页。

沈案发生后，美军驻华海军陆战队第一师，亦即组织特别军事法庭，审讯该案，由休士中校等7名军法官担任审判，由费兹吉罗德中校担任检察官。自1947年1月17日起，至1月21日止，对主犯皮尔森举行了公开审讯。开庭前，外交部部长王世杰先生请胡适作为证人出庭，但胡觉得以旁听者身份出庭更为适合。北京大学校方对此案很是重视，秘书长郑天挺专门嘱人"买较好自来水笔两支，赠送为本校女生被污事件之法律代理人赵凤喈、李士彤两先生"。审理结束后，郑先生又以北京大学名义派人赠送赵、李二先生每人皮鞋一双，作为纪念。①

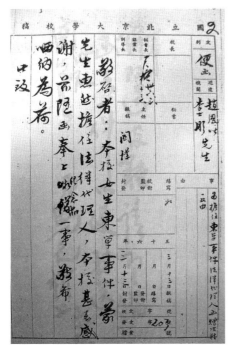

北大聘赵凤喈、李士彤两先生为法律代理人的公文抄底

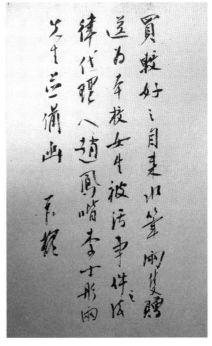

1947年沈案审理前，郑天挺手笺

---

① 北京大学档案馆藏：《关于沈崇事件的来往公函记录》。

据留存下来的"中美备忘录"记载，该案审理过程中，出席旁听者有：被害人之父沈劭、北大校长胡适，被害人之法律顾问李士彤、赵凤喈两教授，北平市市长何思源，北平地方法院首席检察官纪元，本局外事科科长孟昭楹，及中外记者等多人。另据胡适等人回忆，"该法庭审讯当事人及调查证据颇为详尽"，并于1月22日作出判决，主犯皮尔森一名构成强奸既遂罪。但美方提出，依照美国法律规定，须俟转呈美海军部长核定后才能宣布审判结果。至于从犯（帮助犯）普理查，另由该陆战队第一师组织军事法庭进行审讯，由柏思中校等5人担任军法官，检察官仍为费兹吉罗德中校。审讯自1月29日开始，迄2月1日辩论终结，并宣布普理查成立两项罪名：其一，不尽全力将皮尔森侦查逮捕，使其受应得之惩罚。其二，对良好秩序及军纪之妨碍。[①]

上述庭审结果，未能令国人满意。而且，媒体很快传出"东单案主犯皮尔逊将无罪被释，并准予恢复伍长地位"的消息，更是激起进一步的反美浪潮。沈崇之父沈劭首先致信胡适校长，对案件处理结果表示异议，希望犯罪分子能够得到严惩。目录学专家王重民也于同年6月22日致函胡适，认为这样的处理结果严重损害国人尊严。类似反响很多，各地反美、反蒋情绪愈演愈烈，并与中共组织的民主潮流交汇在一起。

1947年11月11晚，北京大学学生自治会在"民主广场"举行竞选演讲晚会，胡适校长及法学院教授费青、周炳琳到会，并在会上讲话，介绍美国大选情形，及选举应有之条件。学生们很受启发，积极开展民主宪政运动。

1948年3月31日，教育部发布训令，要求各高校遵行《戡乱时期危害国家紧急治罪条例》。5月，北大、清华、燕京、中法、南开等京津唐九院校学生自治会联名发表《反对设立特种刑事法庭向立法院请愿书》。该"请愿书"中列举充分理由，说明立法院通过制定的《戡乱时期危害国家紧急治罪条例》《特种刑事法庭组织条例》《特种刑事法庭审判条例》等三个法规，及依此而设立的特种刑事法庭，严重违反宪法，应予撤销。同年6月，《北京大学半月刊》同时刊登两位北大法律系教授的署名文章：蔡枢衡——《人身自由与法治》、

---

① 北京市档案馆藏：《沈崇事件档案》，"中美备忘录"。

费青——《我们为什么要反对特种刑事法庭》,另外刊载"现实法律学会"所作《论特种刑事法庭》一篇译文,试图从学理、法理上进行阐释,表达对特种刑事法庭的反对意见。蔡先生认为,以上三个法规严重侵犯了公民的人身自由。他在文中谈道:"人民和政府是相反相成的。因为是相成的,所以政府可以剥夺人身自由;因为是相反的,所以人民必须享有起码的身体自由。如果政府不能剥夺人民的自由,这个政府便不成了这些人民的政府;如果人民没有起码的身体自由,这些人民也就不是继承了19世纪历史遗产的人民,不是20世纪50年代的人民。"①

北大法律系1948级毕业合影

这一年的五四纪念活动显得很特别。费青、楼邦彦、王铁崖等先生提出,应该继续走"五·四"之路,创造一个新的"五·四",坚持对民主科学的

---

① 《北京大学半月刊》1948年6月。

向往与追求，同反动势力作不懈的斗争。5月5日，北京大学学生自治会召开"民主与科学"演讲晚会，王铁崖、费青等先生到会演讲。王铁崖先生发表"再谈新五四运动"的演讲，他说"今天我们应该发扬光大五四的精神，发动一个新的五四运动，反传统、反权威、反压迫，追求真理，以争取个人人格和大众福利。……我们不要忘记五四的近因是外交，是日本的侵略政策，如果今天需要一个新的五四运动，那么今天的对象，该不该就是我们的所谓友邦的美国？"

费青先生的演讲题目是"起码的权利"，他首先谈道："目前，京沪各地的青年，恐怕连纪念五四的自由都很少了，而我们还能在这里开会，自由地说话，真是很不容易的。"费先生认为：民主、科学与法治三者有一个共同的基础，那就是看清了事实，并且把他说出来。"无论政府对学生运动怎么说，有一点我们今天无论如何不能让步的，那就是：把你看见的事实说出来，绝不能把白的说成黑的。法治其实很容易懂，譬如法庭上的诉讼，第一步就是要弄清事实，如果连这点都不要，那法律就是骗人的。如果连把事实说出来的权利都没有，中国将不成其为国家了。"费先生接着讲，"宪法施行前夕所颁布的'戡乱时期危害国家治罪条例'和根据这条例所设立的'特种刑事法庭'，更简捷将宪法所保证的人民基本权利全部取消；因为在'共匪嫌疑'的帽子下，任何人民都被剥夺了在普通法庭自辩无罪的机会，而这个机会正是宪法和法治的基本。……国大除了产生总统和副总统外，又通过了授予总统紧急处分权，这就是说，无论总统要做什么，都可以不经过立法程序，这一来，整个宪法都可以取消了！"最后他戳穿了蒋介石独裁统治的假面，质问："我指出这些事实，并没有恶意，我只想问一问政府是什么意思？你们究竟要干什么？你们这样做是什么目的？希望你们不要再说那些好听的话了！"[1]可见，蒋介石独裁统治已经到了末路，口口声声谈制宪，实际上却在不断地破坏宪法，根本有悖依法治国的精神。

在国共内战的阴影下，1948年12月，北京大学召开五十周年纪念活动，

---

[1] 《北京大学半月刊》1946年5月1日。

第六章
长沙临时大学、西南联合大学及复校后的北京大学法律学系（1937—1949）

堪为中华人民共和国成立前的一大盛举。为此，北京大学专门成立五十周年纪念筹备委员会，负责各项事宜。在五十周年校庆期间，北京大学法科研究所对外开放展览，主要有：（1）法政经济记录室，专藏法律、政治、经济三方面图书及文献，选择大量珍本及名贵者进行展出；（2）法学院教师著作展览，以已出版者为限，精品约有150种；（3）社会主义及苏联文献展览，包括中、日、俄、英、德、法等国文字图书，共千余册。在彼时国内，堪称最为完备。同时，还有许多演讲、娱乐等活动，热闹非凡。值得注意的是，五十周年纪念筹备委员会专门组织出版了《国立北京大学五十周年纪念论文集》，其中收录有关法律专业论文主要有以下几篇，在"国立北京大学法律系"的学术历史上留下了最后一抹余晖。

费青：《国际私法上反致原则之肯定论》

楼邦彦：《南斯拉夫新宪典》

王铁崖：《条约签字后之法律上效力》

汪瑄：《从门户开放到不承认主义》

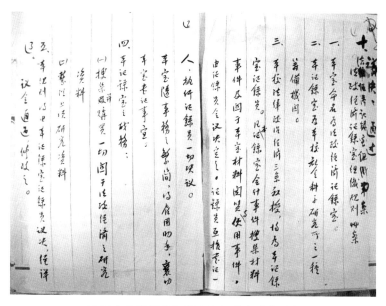

1947年法政经济记录室组织草案（底稿）

李士肜：《死亡宣告制度各国立法之比较》

芮沐：*The Chinese System of Judicial Interpretations and Its Methodical Value Considered in The Light of Anglo-American and Continental Law*[①]

1948年下半年，国民党军队在内战中节节失利。国统区内物价飞涨，国民党虽然抛出币制改革等手段，力图挽救经济危机，但结果反而雪上加霜，人民生活困苦不堪。前方战事也严重影响了北平的教育形势。1948年10月25日，北大教授会发布"停教宣言"。宣言中指出，"改革币制以后，物价和我们薪给被冻结了。物价虽然被冻结，我们却不能照限价购得我们得食用所需。……我们和我们的眷属在为饥寒所迫的时候，难于安心工作。政府对我们的生活如此忽视，我们不能不决定自即日（即本月25日）起，忍痛停教三日，进行借贷来维持家人目前的生活。"当日参加宣言书签名的北大法学院教授主要有王铁崖、汪瑄、周作仁、芮沐等。[②]

随着国民党军队一溃千里，三大战役接连失败，蒋政府开始"抢救"教授的工作。但是，教授学者们一方面普遍对国民党的独裁反动充满反感，不愿意作蒋政权的陪葬品；另一方面，抗战八年，大家已经备受战争离乱之苦，加上故土难离，因此多数表示愿意留下，静观世变。据媒体报道，当时北大法学院五位教授，赵迺抟、樊弘、周作仁、周炳琳、陈振汉，均明确表示不离开山雨欲来风满楼的北平。

1949年2月3日，解放军举行入城仪式。2月28日，北平市军事管制委员会文化接管委员会对北大实行接管，并派员驻校。4月16日，中国共产党北平市委员会通过《关于北平市目前中心工作的决定》，提出"对于一切公立的学校，特别是中小学校，应派能够执行我们教育方针的人去工作，藉以加强对学生的思想政治教育"[③]。5月5日，北平市军事管制委员会决定，成立北京大学校务委员会，由汤用彤任主席，"自校务委员会成立之日起，旧有行政组织

[①] 《国立北京大学五十周年纪念特刊》，1948年版。
[②] 北京大学档案馆藏：《北大教授罢教宣言》。
[③] 《北平市目前工作》，《关于北平市目前中心工作的决定》，1949年版。

即行停止活动"。同日，钱端升被任命为北大法学院院长。9月29日，原北京大学法学院、文学院的9名教授学者，以樊弘、赵迺抟等为首，向毛泽东、朱德等人发出贺函，祝贺新政协会议召开，并表示如下决心：

> 我们一定永远拥护工人阶级的领导，永远跟着共产党走，永远以毛泽东思想为我们的灯塔。我们一定在自己的岗位之上从事建国工作，坚决拥护人民政协三大文件和一切决议，并为其彻底实现而奋斗。我们一定在国际主义的新爱国主义精神下，学习苏联一切文化成果，督促自己作不断的进步，努力从事建设新民主主义的文化教育，使毛主席所预言的文化建设的高潮迅速到来，使我们迅速成为一个具有高度文化的民族，提高全体劳动人民的文化水准，追赶上先进的社会主义和新民主主义国家。①

经历过国民党黑暗统治的教授学者们纷纷发出类似言论，充满美好的憧憬与向往，希望在这个新政权下能够实现他们心中的理想，达到依法治国，保障人民的民主自由权利，而这理想他们曾多年向国民党政府抗争而没有得到，甚至曾经付出血的代价。但是，后来的事实表明，此时迎接他们的仍是未卜的命运，法学教育在这"新时代"也将峰回路转，一波三折。

---

① 《北京大学周刊》1949年11期。

第七章

转型中的北京大学法律学系(1949—1952)

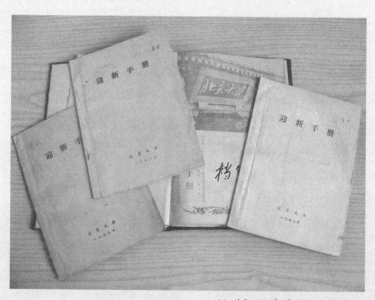

20世纪50年代北大迎新手册

第一节

过渡岁月

1949年下半年，北大法学院在校学生总计436人，其中法律学系（简称"法律系"）人数最多，为190人，而政治学系为79人，经济学系为167人。法律系在校学生共4个年级，1946级学生共67人，1947级学生62人，1948级学生37人，1949级新生24人。① 另外，法律学研究所于1948年和1949年各招收研究生1名，故法律系在校学生共192人。当时的法学院院长为钱端升（汤用彤代）、法律系主任费青（黄觉非代）、政治学系主任王铁崖、经济系主任樊弘。法学院教师共39人，分别是法律系教师13人，政治系教师10人，经济系教师16人。其中，法律系教授6人，副教授1人，助教6人。兼任教授2人，兼任副教授2人。②

1949年2月，在中国人民解放军取得战略反攻决定性胜利的同时，中共中央《关于废除国民党的六法全书与确定解放区的司法原则的指示》发布。1949年4月，华北人民政府颁布《为废除国民党的六法全书及一切反动法律的训令》。根据这一精神，1949年秋，华北高等教育委员会组织京津各大学文法学院一部分教师及专家，成立七个课程改革小组，研究文法学院中文、法律等八个系的任务及基本课程。1949年10月，颁发《各大学专科学校文法学院各系课程暂行规定》，规定了当时法律系的基本课程为12门：马列主义法律理论、新民族主义各项政策法令、名著选读、新民法原理、新刑法原理、宪法原理、国际公法、国际私法、商事法原理、犯罪学、刑事政策、苏联法律研究等。另外，各政法院校还须遵照这个规定，废止国民党党义、《六法全书》等课程，

---

① 到了1950年，因退学、转学、转系等原因，1949级学生只剩15人，1948级学生只剩28人，1947级学生只剩52人。平均每年级流失9.3人次。

② 北京大学档案馆藏：《国立北京大学专、兼任教员人数及工资数统计表（1950年10月份）》。

并开设马列主义理论课程,同时展开了对其他课程的改造。

但在1949年,北大法律系已经来不及制订整体的教学计划,因此,只能考虑削减一些"反动的和不合理的"课程,除这些课程外,继续维持1948年的课程。

根据1949年4月19日制定的《法学院各系课程变动一览》,法律系从1949年下学期拟停开以下课程:(1)比较宪法;(2)民事债务;(3)司法制度;(4)民法亲属继承;(5)刑事诉讼程序;(6)刑事政策;(7)商法;(8)民事诉讼程序(三年级);(9)民事诉讼程序(四年级);(10)国际私法;(11)英美法;(12)诉讼实务。但实际上,到1949年下半年,有的课程仍在继续。北大法律系1948年度所开课程,而1949年度仍继续开设的课程见表10。①

表10　1949年度法律系维持1948年度的课程

课程	开设年级	课程性质	学分	任课教员
新哲学	各年级	必修	3	张志让
社会发展史	各年级	选修	3	费青
马克思经济学说	各年级	选修	2	冀贡泉
国际关系	各年级	选修	2	汪瑄
现行法令政策研究	各年级	选修	2	芮沐
比较宪法	二年级	必修	4	汪瑄
民事债务	二年级	必修	上4、下3	芮沐
司法制度研究	二年级	必修	2	冀贡泉
民法亲属继承	三年级	必修	上2、下1	芮沐
刑事诉讼程序	三年级	必修	上3、下2	冀贡泉
刑事政策	三年级	必修	4	黄觉非

---

① 该表摘自《北京大学档案馆·教学行政处档案》(档案号3049010),第25页。

(续表)

课程	开设年级	课程性质	学分	任课教员
商法	三年级	必修	8	何基鸿
民事诉讼程序	三年级	必修	2	纪元
民事诉讼程序	四年级	必修	上3、下2	纪元
国际私法	四年级	必修	上3、下2	费青
英美法	四年级	选修	上3、下2	冀贡泉
诉讼实务	四年级	选修	4	吕时正

除以上维持1948年度开设的课程外，1949年度法律系新开课程10门，详见表11。

表11 1949年度法律系新开课程表[①]

科目	每周时数	学分	课程性质	担任教员
新刑法原理	2	上2、下2	一、二年级必修	蔡枢衡
政策与法令	6	上4、下3	必修	全系教授
宪法原理	2	上2、下2	一、二年级必修，三、四年级选修	张志让
新民法原理（一）	2	上2、下2	二年级必修	刘志敭
犯罪学	2	上2、下2	二、三、四年级选修	严景耀
名著选读	1	上1、下1	四年级必修，二、三年级选修	何思敬

---

① 该表摘自《北京大学档案馆·教学行政处档案》（档案号3049010），第45页。

(续表)

科目	每周时数	学分	课程性质	担任教员
马列主义法律理论	2	上2、下2	三、四年级必修，二年级选修	何思敬
国际公法	3	上3、下3	三年级必修	汪瑄
新民法原理（二）	2	上2、下2	三年级必修	芮沐
国际公法研究	2	上2、下2	四年级选修	汪瑄

1950年教育部成立，3月，聘请京津各大学、中国科学院及有关部门部分教授、专家组成高等学校课程改革研究会，文科课改小组开始修订文法两学院八个系的课程草案。但草案的出台要到8月以后，因此，1950年上半年只能暂时维持1949年的教学计划。

1950年6月，第一次全国高等教育会议召开，通过了教育部课程改革委员会修订的文科八系课程草案。7月28日，政务院批准教育部《关于实施高等学校课程改革的决定》。根据该草案，1950年下半年，北大法律系根据《高等学校文、法、理、工各学院课程草案》（中央人民政府教育部编印，1950年8月）开始由任课教员制订教学计划，并按计划授课。从下半年起，北大理、工两院课程由学分制改为学时制。但文、法学院仍暂时维持学分制。同时明确，法律系的任务是："为了巩固人民民主专政，适应国家建设需要与社会发展之前景，以新民主主义为领导思想，培养了解当前政策法令及新法学的为人民服务的法律工作干部与师资。目前主要是培养一般的司法干部。"[1]故在课程安排上，作了一定修改，除公共必修课外，专业必修课如表12。

---

[1] 中央人民政府教育部编印：《高等学校文、法、理、工学院课程草案》（1950年8月），第14—15页。

表 12　1950 年北大法律系专业课程表

课程	必修年级	学分	说明	任课教师
政治经济学		10	与经济系结合,修本课程者,免修公共必修课中的政治经济学	
马列主义法律理论	一	4	包括社会观、国家观、法律观	费青、程筱鹤
国家法	一	4	包括人民民主专政、共同纲领、人民政协、人民代表会议、人民代表大会、政府组织法、苏联宪法阐解、新民主主义国家宪法比较、英美宪法批判	张志让
政策法令		6	单行法规及材料充足时,可开设单独课程,如婚姻法	
(一)共同纲领				
(二)土地政策法令			减租、土改、城郊土地政策	
(三)城市政策法令			新城市管理与建设、房屋租赁、失业处理、游民改造问题	
(四)劳动政策法令			职工运动、劳动立法、工资政策等	
(五)财经政策法令			工商业政策、合作社、财政、金融税收、对外贸易、外汇管理	
(六)文教政策法令			文化教育方针、知识分子政策等	
新司法制度与组织		4	人民法院、检察署、监察机关、监狱制度、犯人劳动改造之实际与理论等	
婚姻法	二	2		李祖荫
新民法原理(一)	二	4	单行法公布时再改课程名称	刘志敫
新刑法原理(一)	二	4		蔡枢衡
新民法原理(二)	三	4		芮沐
新刑法原理(二)	三	4		黄觉非
新商事法原理		2		戴修瓒

(续表)

课程	必修年级	学分	说明	任课教师
新诉讼法理论与实务		2—4	包括民诉、刑诉	
国际公法	三	6		汪瑄
审判工作	四	2		
法医学	各	2		张树槐
犯罪学	二、三、四	2		严景耀
名著选读		10	三、四两学年修满:(一)《共产党宣言》。(二)《社会主义从空想到科学的发展》。(三)《家族私有财产及国家之起源》。(四)《国家与革命》。(五)其他:(1)《论国家》;(2)《论人民民主专政》;(3)《斯大林在联共(布)第十八次代表大会上的报告》;(4)《斯大林关于苏联宪法报告》。	
毕业论文	四	2		

1949年10月8日陈毅在北大民主广场演讲

另外，还开设了选修课程12门：外国语、新民主主义国家法律经济的理论与实际、中国政治制度史、中国经济发展史、新哲学、犯罪搜查与采证技术（2学分）、司法统计（2学分）、法医常识（2学分）、苏联法律研究（4学分）、犯罪学（2学分）、中国法制史（2学分）、毕业论文或专题报告（2—4学分）。

不过，这个教学计划因教师需要参加马列主义学习运动，在落实上存在困难。马列主义学习运动是1950年北京大学校长马寅初在北京大学教师中发起的。此后，教育部认为这种学习对全国高等学校教师是必要的，便决定从9月起组织京津20所高等学校教师3000余人开展以改造思想、改革高等教育为目的的学习运动，学习方式是听报告、读文件、联系本人和学校状况，开展批评与自我批评，学习时间为6个月。9月14日，周恩来总理主持研究这次学习的目的和内容，9月29日，周恩来总理在京津高等学校教师学习报告会上作《关于知识分子改造问题》的报告。同年11月30日，中共中央《关于在学校中进行思想改造和组织清理工作的指示》发布，此后，全国各地高等学校、中等学校教师相继开展思想改造运动，到1952年秋，运动结束时，全国参加学习运动的高等学校教职员占91%，大学生占80%，中等学校教师占75%。

到1951年6月，教育部召开高等学校课程改革讨论会，再次修订部分学科课程草案。在《法学院法律系课程草案的课程表修正稿》中规定：（1）各课程的内容应从新民主主义的实际出发，应贯彻爱国主义思想，并以社会发展史的观点，阐明中国新法制之进步性及优越性；（2）讲授课程有法令者根据法令，无法令者根据政策、命令、决议、决定、指示、通报或参照判例总结及其他材料，如无具体材料可资根据参照，则以马列主义、毛泽东思想为指导原则，并以苏联法学教程及著述为讲授的主要参考资料；（3）批判旧法学，应揭露其实质及作用，避免单独介绍及比较；（4）各课程的内容，必须包括有关的政策法令，如有一部分不能包括者，应开政策法令课程，如有特定课程不能开班，亦应开政策法令课程；（5）各课程应在开设前，编订课程纲要，如条件许可并宜编订较详的提纲或讲义；（6）个别课程如具备设立教研组条件时，应尽先设立一、二组，讨论课程内容，领导教学。

根据修订后的草案,法律系课程设置的必修课为:社会发展史、新民族主义论、国文与写作、俄文、中共近代史、国家法、马列主义法律理论、政治经济学、新民族主义社会经济结构、刑法原理、刑事讨论、民法原理、民事讨论、婚姻法、土地法、劳动法、国际法、国际私法、司法制度与诉讼程序、企业法、票据法、名著选读、毕业论文或专题报告、体育等24门。

选修课为:新哲学、逻辑学、犯罪搜查、监狱学、行政法、统计学、犯罪学、法医学、新民族主义国家法律研究、苏联法律研究、国家政治与经济、海商法、保险法、财政学、第二外语、专题研究、俄文等17门。

另外,在1951年,教育部着重强调了在大学课程中贯彻爱国主义教育和政治思想教育的方针。教育部认为:"各系科的教学计划及教学大纲,必须充分贯彻爱国主义的思想教育,纠正只有政治课才能进行爱国主义教育的错误看法,应把爱国主义的思想教育贯彻到每一门课程中去,从各方面来培养和提高学生的爱国主义思想,并巩固其为人民服务的革命人生观。"政治课方面,教育部认为:"社会发展史、新民主主义论(文法财经各系包括政治经济学)等政治课(以后拟取消政治课这一名称,避免认为其他课程可以不必进行政治思想教育的偏向)是各系的基本课程,与其他业务课一样,应着重于系统的理论知识的讲授,同时结合实际有重点地解决学生的主要思想问题。另规定固定的时事学习时间(每周3小时,不计学分),着重于时事政策教育,结合当前的社会活动,解决学生关于时事政策方面的一般思想问题。纠正轻视政治课、任意侵犯政治课时间或以社会活动代替政治课的现象。"[1]

北京大学在制订1951年度教学计划时,也重申了这一要求:"除强调学生必须学好马克思列宁主义、毛泽东思想理论基础的政治课外,各系还必须在每一门课程中贯彻一定的爱国主义思想内容。只有学生们的思想觉悟不断提高,对祖国热爱,他们的学习动力才会愈来愈大,学习的成绩也才会愈来愈好。"

不过,由于教师参加学习运动,没有时间去组织修订教学计划,北京大学

---

[1] 北京大学档案馆藏:《指示各校拟定一九五一年度教学计划时应注意的几项原则》,教育部指示高二字第1011号,1951年8月。

各院系基本维持1950年度教学计划不变①，法律系也如此。到1951年度第一学期结束，法律系在对此期教学计划执行情况作检查报告时指出："教学工作的缺点则更多，最重要为教学尚无明确计划性，本年度人事变动较多为其主要原因。除一个教员未担任功课和另一个教员本年度休假外，本系担任功课的教员共为6人，其中1人为下学期新聘来校，此外4人则均因公或因参加新校学习3个月至4个月。因此，存在担任功课的教员常变动，临时聘请兼任教员，而一部分兼任教员有不负责的情形。另一缺点为教材方面的问题：其一，教材只有纲要，而无较详的提纲，因而虽按照进度进行课程，但教材轻重未能适当分配；其二，教材尚未适当做到贯彻爱国主义教育；其三，教材在各课之间未能调整分配，因而在抓紧教学之时，学生学习时间就超过规定，甚至到达六十小时。"②为了解决这一状况，这份报告随后指出，暑期中应准备如何加强教学计划中的工作。"尽管下学年学生参加土改，但教学计划必须加强，否则教学工作就有瓦解的危险"。具体的方案是："加强教学计划拟从教研组入手，除整顿原有的教研组，本系每一组拟设一个教研组，从事教学与研究工作，并由教研组拟定每学期的计划，切实进行。"也就是说，要加强教研组对教学和科研的领导工作。

从这份报告中可以看出，法律系已经估计到了1951年下半年学生参加土改运动对教学计划的冲击，但显然估计仍有不足。7月14日，根据教育部的精神，北大教务处发出关于政治、经济、法律三系于本年秋季参加土地改革工作的通知。通知规定：政治、法律两系的二、三、四年级学生及研究生，经济系二、三年级学生及研究生参加土改工作（经济系四年级待定）；暑假录取的新生及专科生不参加土改；同时欢迎三系的教师参加。参加土改的师生定于8月20日集合，9月5日前出发，地区为中南、西南、西北三大行政区。1952年3月回校。1951年9月，北京大学、清华大学两校政法各系学生800多人，根据教育部指示，分赴西北、中南、西南参加土地改革工作半年。北大法律系参

---

① 北京大学档案馆藏：《北京大学一九五一年教学计划大纲》。
② 北京大学档案馆藏：《法律学系一九五一年度第一学期教学计划执行情况检查报告》（1951年10月）。

加土改运动的学生主要是二、三、四学生年级学生。

由于二、三、四年级在1951年参加土改,只有一年级学生在校,除已申请休学和退学的外,在校学生仅44人。这些一年级同学入学时绝大部分是分配来的,与本人原考志愿不合,不了解政法工作的意义和性质。进校不久,系里就发现他们学习不安心,多有转系和重新投考学校的打算。法律系针对这种情况,希望一方面在课程讲授内容上加强学生对法律工作的认识和重视,另一方面,通过加强了课外辅导的方式稳定学生情绪。至于原定的教学计划,已难以实施。

现将1951年北大法律系各年级课程设置列举如下:

(一)一年级上下学期课程:

1.国文(6学分);2.外国语(6学分);3.政治课(6学分);4.中国通史(6学分);5.政治经济学(6学分、随文学院上课);6.国家法(4学分)。

二、三、四年级上学期课因同学全体参加土改,故停开。

(二)二年级下学期课程:

1.民法(一)(2学分);2.刑法(一)(2学分);3.婚姻法(2学分)。

(三)三年级下学期课程:

1.民法(二)(2学分);2.刑法(二)(2学分);3.国际公法(3学分)。

(四)四年级下学期课程:

1.国际私法(2学分);2.企业法(2学分);3.婚姻法(2学分);4.诉讼法(2学分)。

可见,由于二、三、四年级同学参加土改,1951年下半年的全系专业课程只开设了国家法一门,课程安排已受到严重冲击。至于二、三、四年级学生,要到1952年3月才回校,上课则从4月份开始。由于4—6月仅有两个月,时间短促,系里只好将1952年上半年的课程,4学分的课只上2学分,6学分的课只上3学分。

1951年上半年的总结报告中还提到了加强教研组的作用。教研组是1950

年北大各院系按照教育部颁布的《华北区高等学校教学研究指导组暂行办法》（以下简称《暂行办法》）的规定，开始逐步筹建的。教研组全称为教学研究指导组，是学习苏联的大学体制。在国内，中国人民大学、北京师范大学、湖南大学较早开始设立教研组。其中，人民大学到1950年只有一个教研组，即俄文教研组。北师大则在历史方面设立了一个教研组。北大响应教育部的号召，从1950年暑假开始推广教研组制度，到了1950年7月，北大各院系均相继设立了教研组，其数目从一个到四个不等。7月31日，各院系主任在扩大校务委员会会议上汇报了教研组的设立情况。

教研组是由一种科目或性质相近的几种科目的全体教师组成。每个教研组的组成不得少于3人。按照《暂行办法》第2条的规定，教研组"为高等学校的基本教学组织，担任进行一种或性质相近的几种课目的教学工作及与教学有关的问题的研究工作"。按照《暂行办法》第3条的规定，教研组应逐步进行的工作为：

1. 讨论、研究、制订和实施本组课目的教学计划与教学大纲；

2. 收集有关教学资料，编写教材；

3. 研讨教学过程中发生的问题，交流教学经验和切磋教学方法；

4. 领导与组织本组学生的实验、实习及参观等，指导本组学生的自习及讨论，并检查其学习成绩；

5. 制订研究工作的计划，进行研究工作；

6. 提高本组教师的政治与学术水平，并培养研究生。

从这一规定来看，教研组的任务既包括指导教学，也包括指导专门研究。但在当时，对于教研组的性质不无争议，一种看法是，教研组只专门致力于教材与教学方法的研究与改进；一种看法是，教研组应同时指导教学（包括教材及教学方面的研究与改进）与专门研究。北大校方的意见倾向于后一类，"按教研组名词，在俄文中原为'讲座'的意思，按此则后一说（教研组兼管教学与专门研究）应该是比较正确的。但是中国目前是处在新民主主义时代的初期，与苏联现在情形自不相同，因此不必过分作形式上的模仿。在这一两年的过渡期间，恐怕比较妥当的办法，还是运用教研组来改进教学，俟条件成熟，再转而兼顾专门研究。"①

由于对教研组的性质的认识不同，对于教研组的任务，各院系的安排也有区别。有的院系教研组任务比较单纯，有的比较繁重，史学系的教研组就设置了多达8项的任务。对此，学校的看法是："教研组的任务，不妨多列一些，但执行时宜有重点，有步骤，不必勉强一下子就将列举的任务完全执行了。在目前阶段中，编订教材应该是多数教研组的中心任务。"②根据这个精神，法学院设立了四个教研组，分别是，政治学系的马列主义国家论教研组，由楼邦彦任主任；经济学系的政治经济学教研组和中国近代经济史教研组，分别由樊弘、陈振汉任主任。法律系则仅设一个教研组，即刑法学教研组，由蔡枢衡任主任。刑法教研组提出的中心任务是："提高本课程的内容"。其工作范围设定为："（1）收集整理并研究人民政权有关刑法的法律、法令、命令、指示、通报、决议决定、条例及人民司法机关的判决书、处分表、总结、统计报告等文件；（2）研究教学提纲；（3）研究教学方法；（4）编辑讲授参考材料。"③从以上内容看，法律系是把教研组的性质定位在指导教学和编订教材上的。这种定位，为学者独立进行专门研究保留了一定的空间。

1951年10月，北京大学已经成立24个教研组，有200位以上的教员参加了这个工作。北京大学明确提出，要向人民大学的集体主义的教学经验学习，通过教研组或教学小组进行集体主义教学，发挥大家的智慧，提高教学质量和教学效果。④此后，教研组逐步成为北大的基层组织。不过，在法律系只有一个教研组的情况下，1952年取消法律系以前，教研组在法律系的作用尚不能过高估计。

---

① 《北京大学教研组的现况及其改进办法的建议》（修正稿），北京大学教务处，1950年8月，第4页。
② 《北京大学教研组的现况及其改进办法的建议》（修正稿），北京大学教务处，1950年8月，第5页。
③ 北京大学档案馆藏：《北大各院系设立教研组一览表》，第9—10页。
④ 《北京大学各系科一九五一年度教学计划审查报告（初稿）》，北京大学教务处，1951年10月17日。

1952年，法律系试图恢复正常的教学计划，但这个计划基本上与1950年的教学计划相当，只是按1951年的教育部的《法学院和法律系课程草案》，在必修课中恢复了国际私法，并将原来选修课中的苏联法律研究改为必修课。政策法令课则增加了外交政策法令这一内容。选修课方面增加了判例研究和法律大众化教育。另外，1952年的教学计划着重强调了主要课程中教师必须讲授的内容。[①]这一方面说明当时还缺少较为权威的教材可资参考，需要由系里来统一课程内容；另一方面说明在经过一段时间的对旧法的批判后，法律系已经在专业课讲授内容上逐渐达成了共识。而这一教学计划为我们了解建国初期的法学教育的内容和体例提供了线索。

其中，新民法原理课程应讲授的主要内容为，新民主主义社会的五种或六种经济形态，即（1）国营经济形态；（2）新民主主义国家与社会主义国家合营的经济形态；（3）新民主主义国家与国内外私人资本合营的经济形态；（4）合作社的经济形态；（5）私人资本主义的经济形态；（6）个体的经济形态。在此基础上，又应讲授"适合上述各种经济形态的所有权或权利"，包括：（1）国家的所有权与权利；（2）公共的所有权与权利；（3）资本主义的所有权与权利；（4）个人的所有权与权利。并应讲授所有权与权利的两种重要分类，即（1）以自己的劳动为标志的所有权与权利，又包括：①以集体劳动为标志的国家所有权与权利；②以合作劳动为标志的合同所有权与权利；③以个体劳动为标志的个人所有权与权利。（2）以他人的劳动为标志的资本主义所有权与权利，其中包括工业资本、商业资本与私贷资本所有权与权利。在讲授所有权的同时，并应讲授物权、债权、契约关系及其他权利关系。至于亲属法则于讲授婚姻法时附带讲，实际上是取消了原有的亲属法体系。继承法的讲授则应以适合新民主主义经济发展的精神。

新刑法原理的讲授则须强调新民主主义刑法是作为人民专政的工具，并应强调"镇压什么敌人，保护什么阶级"。犯罪的定义为："一切行为或不行为，凡反对新民主主义国家机构、破坏新民主主义社会秩序、妨碍新民主主义社会

[①] 北京大学档案馆藏：《北京大学法律系一九五二年教学计划大纲》。

发展者,皆为犯罪。"

新诉讼法原理的讲授,刑诉方面,必须强调刑事诉讼法的阶级性,应采用马列主义与社会发展史来阐明新刑诉制度的进步性,并简明批判旧的刑诉法。所谓刑事诉讼法的阶级性,"即从阶级立场、唯物观点及辩证方法阐明刑事诉讼法之本质及其作用,保护谁?反对谁?"另外,应"阐明新刑事诉讼制度的若干基本原理,例如群众路线、直接审理、职权主义、公开主义、发现客观真相、口头审理、不重口供而重证物证人等"。民诉方面,则需要"踢开旧统治阶级束缚人民的繁复的民事诉讼法,建立新的服务于人民、便利于人民的民事诉讼制度"。

北大法律系这一时期的教学内容,以马列主义为旗帜,欲图将阶级斗争学说全面贯彻到法学教育当中,因而更强调"法律必须服务政治斗争"的工具属性。进而,不仅新的法学研究和法学教育与政治实践深度绑定在一起,事实上法学也逐渐蜕化为政治学术的一部分。

第二节
短暂取消

至今,尽管我们努力探寻北大法律系在 1952 年院系调整中被取消的真正或直接原因,但仍然没有任何突破。所有能够看到的材料在这一原因的交代上面都是模糊不清的。我们期待着新材料的发现或知情人的介绍。但从 1952 年以前发生的各种事件来看,有一个因素一定是极为重要的,那就是,北大法律系原有的教师、学生、教学计划和遵循的法学观点均属改造对象。从被改造者的角度来看,无论其主观上有多么愿意服从改造,但改造总是难以适应的,也是难免会发生抵触的;而从改造者的角度来看,艰难的改造不如干脆取消较为省心。

总之，在没有任何征兆的情况下，北大法律系被取消的命运降临了。

到 1952 年 8 月中旬，北大教务处在公布教育部发布的《高等学校文法学院各系课程暂行规定修正草案（初稿）》时，还要求文法学院各系教师进行讨论，订出本系教学计划。修正草案的简要内容包括：（1）文法学院各系的总任务是根据共同纲领中的文化教育政策，培养具有全心全意为人民服务观点、掌握现代科学与技术能力的财经、政法、文教等项建设的专门人才，有步骤地培养工农出身的知识分子。（2）以马列主义课程为基本课程，以马列主义的立场、观点、方法切实改造其他一切课程；各系课程根据由简求精的原则，适当减少各院系组的必修课程，加强各课程之间的联系，每周学习时数最高以 60 小时为限，最低不得少于 40 小时；每学期授课时数以满 16 周为原则；毕业年限一般为 4 年，总数不得少于 120 学分；假期实习、实验、调查等以不计学分为原则。（3）文法学院公共必修课程规定为：辩证唯物论与历史唯物论（3 学分），新民主主义论（3 学分），政治经济学（6 学分），马列主义基础理论（暂定为 4 学分），中国文学名著选读与写作实习（6 学分，但达到一定程度者可免修），外国文（6—20 学分，必修一种），中国近代史（6 学分），毕业论文或专题报告（2—4 学分），体育（至少必修 2 年，不计学分）。

随后，北大、清华、燕京三校文法学院教师以系为单位，讨论了教育部的这个修正草案，并结合草案与本系实际情况，准备制订本系的教学计划。这个时候，三校法律系的教师还丝毫没有感到本系即将被取消的威胁。

但此时，教育部已经根据"以培养工业建设人才和师资为重点，发展专门学院，整顿和加强综合性大学"的方针，开始对全国高等院校进行调整。当时规定政法学院以培养各种政法干部为任务，每个大行政区如条件具备，得单独设立一所，由中央或大行政区政法委员会直接领导。据此，1952 年将新建北京政法学院、西南政法学院、华东政法学院。其中，北京政法学院的组建由原北京大学、清华大学、燕京大学、辅仁大学四校的政治、法律、社会民政系等专业合并而成。8 月 25 日，京津高等学校院系调整北京大学筹备委员会办公室公布了编制的"新北大系、专业及专修科设置"方案，其第 12 条规定，北大、清华、燕大、辅仁四所大学的政治系、法律系调整到北京政法学院。北大法律

第七章
转型中的北京大学法律学系（1949—1952）

系在它成立了近半个世纪后，第一次在建制上被抹掉了。

应该看到，1952年对政法院系的调整，是全国高校院系调整的核心工作之一。北大法律系的取消，是近代中国法学教育在这一重大转型时期的标志性事件。在院系调整中被撤销的不仅仅是北大法律系，在1952—1953年间，综合性大学的法律系基本上都被取消了。其中包括许多在民国时期法学界享有较高声誉的：清华大学、燕京大学、辅仁大学等校的法律系（以上并入北京政法学院）；复旦大学、南京大学、安徽大学、震旦大学、东吴大学、厦门大学等校的法律系或法学院（以上并入华东政法学院）；四川大学、重庆大学、辅仁学院、云南大学等校的法律系（以上并入西南政法学院）；湖南大学、中山大学等法律系（以上并入中南政法学院）。到1953年，旧的法律系能够保存下来的就仅剩武汉大学一所。另外两所综合性大学即中国人民大学和东北人民大学的法律系则是学习苏联、建立新中国高等法学教育的基地。（可见，政法院系调整的一个要目标，就是以院系调整为手段，对20世纪前半叶的中国法学教育进行根本清理，并组建新的政法教育体系）。

虽然，有的法律系如北大法律系在不久后得以重建，但这次院系调整已经斩断了从清末以来建立的中国现代法学教育和研究的传统，对中国法学教育造成了极大的伤害。一方面，这次院系调整后，一批有声望和学术建树的法学家被打散、"靠边站"或改行。如北大法律系的陈瑾昆、费青、刘志敫等教授从此从中国法学家的名单中消失了。另一方面，大量的法学书籍、资料从此散佚，难以复原。以北大法律系为例，原北大法律系图书馆的藏书，包括大量中文法学著作、日本法学专著、日本各级法院判例集、英美法学专著、各种法学刊物等，因为院系调整而被长期封存起来，重建后的法律系教员甚至不知原来的藏书情况，直到2003年夏天才因偶然的机会，使尚未流散的部分藏书得以重见天日。而东吴大学法学院、朝阳大学、清华大学法律系等民国时期著名的法律院系的藏书则至今下落不明。

说这些，并不是要否定1952年以后中国法学研究和教育的成果。需要说的是，知识需要积累和传承，人类的进步必须建立在对人类历史和知识积累的基础上，社会科学包括法学的进步也不例外。彻底否定历史与知识积累无论如何都是一种轻率的举措。1952年的法律院系调整,否定知识的历史性和知识传承的作用,使得中国法学教育和研究处于从零开始的状态,中断了半个世纪以来数代有识之士艰难维持的中国法学传统,使尚未长成的中国现代法学回到低水平状态。今天,当中国法学面临学术传统的重建这一任务时,这一历史事件对中国法学的影响是值得重新认识和评估的。

第八章

重建后的北京大学法律学系(1954—1976)

20世纪50年代北大学生组织春游

第一节
重建初期

1954年,在政务院副总理、中央政法委员会主任董必武的指导下,高教部决定恢复北京大学法律学系(简称"法律系"),时任司法部教育司司长的陈守一受命出任重建后的北大法律系第一届主任。"依靠老干部,大力培养青年教师,吸收有真才实学的老教师,充分发挥老教师的作用",是重建法律系的指导思想。8月,分别来自中央政法干校、北京政法学院、中国人民大学、中央政法机关及北京大学等处的教职工共41人组建了新的法律系。现在存放在北京大学档案馆的一份1954年8月6日的名单,记载了北大法律系1954年恢复时首批到位的教职员情况,见表13。

表13 1954年北大法律系重建时教职员名单 ①

序号	姓名	职别	序号	姓名	职别
1	陈守一	教授兼系主任	22	王 善	助教
2	肖永清	副教师兼副系主任	23	周新铭	助教
3	马振明	副教授兼副系主任	24	魏定仁	助教
4	程 鹏	系秘书	25	范 明	讲师兼刑法教研室副主任

---

① 北京大学档案馆藏:《法律系干部职务名单》02954002/1,1954年8月6日。本表按该名单格式和顺序抄录。从该名单上看,法律系共42人,而北京大学法律学系编辑的《北京大学法律学系手册》(1998年5月)上记载为41人,经核对,该手册中无毛朗和熊先觉二人,前述名单中则没有张若羽。熊先觉在名单中已注明"未完全确定",可能以后并未到系。毛朗是否到系不详,或者由张若羽代替毛朗,因资料缺乏,兹记之以存疑。另,手册中有"巫宇"一人,显系将巫宇甦错载。

（续表）

序号	姓名	职别	序号	姓名	职别
5	徐卓世	教务员	26	熊先觉	讲师（未完全确定）
6	徐振德	行政管理员	27	梁 西	助教
7	沈宗灵	讲师兼国家与法律理论教研室副主任	28	薛景元	助教
8	张国华	讲师	29	王存厚	助教
9	王作堂	讲师	30	王迎洲	助教
10	刘国任（女）	助教	31	张敏孚（女）	助教
11	张云秀（女）	助教	32	潘世照	助教
12	祝总斌	助教	33	芮 沐	教授兼民法教研室副主任
13	严光羽	助教	34	邹贞富	讲师
14	毛 朗	助教	35	周 密	助教
15	由 嵘	助教	36	刘家兴	助教
16	蒲 坚	助教	37	吴泽涵	助教
17	巫宇甦	讲师兼国家法教研室副主任	38	潘祜周	助教
18	龚祥瑞	教授	39	李志敏	助教
19	康树华	助教	40	刘怡宁（女）	助教
20	邢兰敏（女）	助教	41	孔繁荫	资料员
21	于燕林	助教	42	李华兰（女）	资料员

9月12日，马寅初校长宣布法律系重新成立，学制四年，以培养法院、检察署、律师团体、公证所以及其他国家机关、企业部门的法律专门人才为目标，1954年度预计招生100人。法律系下设系办公室：国家与法的理论教研室（沈宗灵代主任）、国家法教研室（龚祥瑞任主任）、民法教研室（芮沐任主

任)、刑法教研室(范明代主任)、资料室。1955年3月31日,高教部委托北京大学法律系制订及修订中国国家法、苏联国家法、苏联法权历史、中国法权史四种教学大纲。1956年8月增设国家与法的历史教研室(肖永清任主任,张国华任副主任)、审判法教研室(巫宇甦代主任)、国际法教研室(王铁崖任主任)。当时的指导思想和教学计划的基点是:"学习苏联先进经验,与中国实际相结合。"但是,到了1959年则认为:"现有的教学组织,特别是7个教研室的组织,已不能适应教学活动的需要。今后教研室究竟如何改变和设置,还缺乏经验。因此,在现阶段采取过渡性的措施:根据科学研究和教学的需要,重新组织教师力量(吸收同学参加),突破原有教研室的界限,但仍暂时保留原有的教研室的行政组织。"这样,教研室的教学和科研组织功能基本上停顿了,同时强调了,要"加强系务委员会的活动,在党总支的领导下,积极发挥系务委员会的作用。系主任与系办公室的工作要分工对口。在不增加行政干部的原则下,做到教学、科学研究、生产劳动等均有专人负责[①]"。到了1960年,教研室缩减到四个,分别是国家与法的理论教研室、国家与法的历史教研室、国际法教研室、政治业务教研室。另有编译室、资料室各一。[②]

北大法律系刚重建,就注重抓好科研工作。当时北大各院系都有科学讨论会,法律系也成立了法律学分会。1956年5月5日,法律学分会举行了第一次会议,由沈宗灵作主题为《我国过渡时期社会的法与道德的关系》的报告。5月6日举行第二次会议,由龚祥瑞作主题为《批判拉斯基改良主义的国家学说》的报告。法律系还对全系的科研工作作出了整体规划,从1955—1956年的科研计划表中(表14),我们可以发现当时法学研究的一些热点问题。[③]

---

① 《北京大学法律系教学改革方案》,1959年2月修订,第4页。
② 北京大学行政处制:《北京大学文科专业教研室及资料室统计表》,1960年7月27日。
③ 北京大学档案馆藏:《北京大学法律系1955—1956学年科学研究工作》(30355008)。

表14　1955—1956年北大法律系科研计划表

教研室名称	论文题名名称	开始时间	完成时间	执行人	学衔
刑法	有关反革命罪的问题	1955.10	1956.3	范明等	讲师
	有关律师制度的问题	1955.12	1956.6	王存厚	教员
	有关犯罪构成问题	1955.10	1955.11	梁　西	教员
	有关刑诉中证据理论问题	1955.10	1955.11	张敏孚 徐卓士	助教
	有关苏联刑诉中的侦查问题	1956.1	1956.3	王迎周	教员
民法	有关合作社法的问题	1955.10	1956.3	何士英	助教
	有关劳动法的问题	1955.10	1956.3	马　原	助教
	婚姻法专题报告	1955.10	1956.3	潘祐周	教员
	著作权法专题报告	1955.10	1956.3	吴泽涵	教员
	民事诉讼专题报告	1955.10	1956.3	周　密	教员
国家与法权理论	有关苏联法权史问题	1956.2	1956.7	张国华	讲师
	有关法权理论问题	1955.10	1956.3	沈宗灵	讲师
	有关中国法权史问题	1956.2	1956.7	中国法权史小组	
国家法	严肃革命法制,保障经济建设	1955.10	1956.1	巫宇甦 魏定仁	讲师 助教
	拉斯基政治思想理想的批判	1955.10	1956.1	龚祥瑞	教授
	中国国家法专题研究		1956.4.16	马振明	教员
	东欧、东南欧人民民主国家阶级结构		1956.5.2	康树华	教员

招生方面,1954年,法律系初建即制订了5年内的招生计划。招生计划规定,法律系学制四年。计划于1954—1955年度北大法律系招生计划100名,1955—1956年度北大法律系计划招生150名,以后直到1958年每年计划招收新生均为150名。这样,到1957年4个年级学生总和550名。1958年,1954级学生毕业,在校4个年级学生总和则保持在600名。① 不过,这个计划中,

---

① 北京大学档案馆藏:《北京大学大学生招生计划草案》(30354014/8),1954年6月24日。

只有 1954—1955 年度招生数字已确定，其他均为高教部提出的非正式参考数字，实际招生数每年尚有变动。①

到了 1955 年 8 月，高教部颁发了《高等学校法律专业（五年）教学计划（草案）》，北京大学、中国人民大学、复旦大学等校的法律系 1955—1956 学年入学的新生均改为五年制。五年制学制一直保持到 1958 年。

研究生招生方面，则准备聘请苏联专家帮助培养研究生。

从 1954—1955 年开始，在法权史方向下招收 10 名研究生，苏联专家将于 55 年度到校，聘期 3 年。1955—1956 年度在民法方向下招收 10 名研究生，苏联专家将于 57 年度到校，聘期 2 年。②但这一计划并未得到实施，由于中苏关系交恶，聘请苏联专家培养研究生的计划不久流产，法律系仍需从立足于自身力量出发培养研究生。1956 年，《北京大学 1956—1967 年研究生招收计划（草案）》显示，学校调整了法律系研究生招生计划，从 1956 年至 1962 年，法律

苏联国家与法权历史主讲教员张国华在讲课

---

① 1954—1966 年北大本科生招生人数见后节附表《1949—1966 年北大法律系招生情况表》。
② 北京大学档案馆藏：《北京大学研究生招生计划》（30354014），1954 年 6 月。

系研究生招收计划每年为5名，1963年至1967年扩大到每年10名，12年间预计共招收85名研究生。但实际上，直到1961年法律系才按计划招收了研究生5名，到1962年法律系研究生招生扩大到10名，其中：国际法方向2名，为罗祥文、曾华昌；国家与法的理论方向8名，分别是孟宪伟、姜同光、余先予、李步云、杨永华、潘爱珍、回沪明、罗俊明。但1963年随即停招，1964年仅招2名，到1966年，北大法律系未能再招研究生。北大法律系1966年以前招收的研究生，以后多成为"文革"后中国法学界的学术精英。

1954年，新成立的法律系重新制订教学计划，其培养目标仍定位为"政法工作者"，修业年限4年，采用学时制（课程名称和学时安排见表15[①]）。从这个教学计划来看，基本上是按照1953年7月由高教部颁发的《综合大学法律系教学计划》而制订的，它体现了进一步学习苏联经验的精神，突出了苏联法的教学内容。

表15 法律系1954年课程表

序号	课程名称	学时总计	讲授学时	序号	课程名称	学时总计	讲授学时
1	马列主义基础	272	170	8	国家与法权理论	136	104
2	政治经济学	136	96	9	国家与法权通史	108	92
3	辩证唯物主义与历史唯物主义	102	70	10	苏联国家与法权史	96	78
4	中国革命史	102	70	11	中国国家与法权史	72	60
5	逻辑学	72	56	12	苏联国家法	72	56
6	国文	102		13	人民民主国家法	36	36
7	俄文	374		14	中华人民共和国国家法	80	60

---

① 本节表格均摘自北京大学档案馆藏：《北京大学法律系教学计划》（30354045/1），1954年7月。

(续表)

序号	课程名称	学时总计	讲授学时	序号	课程名称	学时总计	讲授学时
15	资产阶级国家法	50	50	23	中国与苏联劳动法	94	74
16	中国与苏联法院组织	54	54	24	中国与苏联行政法	84	70
17	苏联民法	140	104	25	土地法与集体农庄法	78	78
18	中国民法	104	80	26	中国与苏联财政法	44	44
19	苏联刑法	144	110	27	犯罪对策	82	52
20	中国刑法	84	64	28	会计核算与司法检查会计	54	34
21	中国与苏联民事诉讼	112	84	29	国际公法	72	72
22	中国与苏联刑事诉讼	112	84	30	体育	192	

* 本表所谓的"学时总计"包括"讲授学时"和"实习作业、课堂讨论、习题课学时"两种。本表只列出"学时总计"和"讲授学时","讲授学时"未到"学时总计"的,为实习作业、课堂讨论、习题课学时。

20世纪50年代北大法律系国家法教研室苏联国家法教学小组讨论讲稿

20世纪50年代北大法律系教务会讨论教学问题

除了以上30门课，还有一门专门化课程。专门化课程由多门专业课程组成，分别在第四学年上学期第18周和下学期第8周开始讲授。现将专门化课程的学时数、每周时数等安排见表16。

表16　1954年法律系专门化课程表

序号	课程名称	时数总计	讲授	第7学期18周,每周时数	第8学期8周,每周时数
（一）	国家与法权理论与历史				
1	国家与法权理论专题讲授及作业	76	38	2	5
2	中国与苏联国家与法权史专题讲授与研究	40	20		5
3	政治学说史	54	54	3	
（二）	国家法				
1	中国与苏联国家法专题讲授与作业	76	38	2	5
2	中国与苏联行政法专题讲授与研究	40	20		5

(续表)

序号	课程名称	时数总计	讲授	第7学期18周,每周时数	第8学期8周,每周时数
3	政治学说史	54	54	3	
(三)	民法				
1	中国与苏联民法专题讲授与作业	84	42	2	6
2	中国与苏联民事诉讼专题讲授与研究	32	16		4
3	国际私法	54	54	3	
(四)	刑法				
1	中国与苏联刑法专题讲授与作业	76	38	2	5
2	刑事诉讼与犯罪对策专题讲授与研究	40	20		5
3	法医学与司法精神病学	72	66	4	

但是，到了1956年，这个计划已有所修改。除了政治理论课、外语、逻辑学、体育等课程不变外，其他专业课分别为：国家与法的理论、外国国家与法的历史、中国国家与法的历史、政治学说史、中华人民共和国国家法、苏联与人民民主国家法、资产阶级国际法、行政法、人民法院与人民检察院组织、民法、刑法、民诉、刑诉、犯罪对策、劳动法、农业合作社法、国际法、法医学、司法精神病学、国家与法的理论专题讲授与讨论、专门化等21门课程。其中，比较明显的变化是淡化了苏联法的讲授，如取消了苏联国家与法权史、苏联国家法、苏联民法、苏联刑法、土地法与集体农庄法、中国与苏联财政法等课程。保留的课程中，名称上也少了苏联法的味道，如不再称"国家与法权"，而是称"国家与法"；在刑诉、民诉、行政法等名称前也不再冠以"苏联"二字。

北大法律系重建时期的情况，也是新中国法学研究和法学教育的一个缩影。这一时期全国政法院系完全依靠苏联教材进行法学教育。苏联法学就是法

第八章
重建后的北京大学法律学系（1954—1976）

20世纪50年代北大法律系学生
进行犯罪对策课实习

学的代名词。由于彻底抛弃了清末以来的法学体系，另起炉灶，再加上政治挂帅，政法院系基本上谈不上独立的研究方法和成熟的研究成果，其局面颇似清末时期的中国法学。比如，同样处于全面移植别国法学并且处于"食洋不化"的时期，同样需要重新建构法学概念体系和价值观，同样地失去了自觉性、独立性等。不同的是，清末是通过日本而全面地服膺于大陆法系，1952年到1956年期间的中国法学（如果说还能称为"学"的话），则是对苏联法学亦步亦趋。另一个重要的不同之处在于，清末的法律移植时期是在对现代法律制度充分尊重的背景下展开的，而20世纪50年代的苏联法移植，则是在法律工具论的氛围中进行的。更为不同的是，在结局上，清末法律移植的成果在民国近40年的时间里得到了延续，而苏联法的移植却过早地因中苏关系交恶而夭折。

1957年董必武与北大法律系1956级学生座谈后在最高人民法院门前合影

第二节

跟跄而行

1956年，社会主义改造基本完成后，全国开始转入全面的大规模的社会主义建设，但由于1957年及其后工作指导方针上的严重失误，新中国法学教育进入了曲折的发展历程。首先，"反右"运动使得一些教授、讲师被扣上右派帽子，刚编写出版的教学大纲和教材受到批判，法学研究和教学上开始出现禁区。从此，法学教学和研究的主要内容变成对于有关法律法规的条文的解释。其次，1958年"大跃进"运动中，开始批判资产阶级法权，强调"政权消亡"的理论，助长了法律虚无主义的泛滥，高等法学教育再次受到冲击。最后，1958年至1960年，在全国掀起了教育大革命的高潮，全国法学教育再次受到重创。1962年，西南政法学院与四川公安学院合并后又与四川政法干校合并，改为四川行政学院，法律专业仅保留一个系；华东政法学院撤销；中南政法学

第八章
重建后的北京大学法律学系（1954—1976）

20世纪50年代北大法律系学生在义务劳动

院与财经学院及武汉大学法律系合并，成立湖北大学，变成其法律系等。其间，各高校开展学术大批判，在"红专辩论"和"向党交心"的基础上，把青年的热情引向"拔白旗"，法学界许多正确观点受到武断的批判。又大办工厂，大削大砍专业课，1958年全年，大部分高校师生都停课参加修水利、办工厂、农场、大炼钢铁的劳动。政法院校贯彻司法部把政法院校"办成党校性质的学校"的指示，修订教学计划，尽量加大政治课比例、大幅削减专业课。①北大法律系在这些运动中也未能幸免。

1958年，北京大学法律系开始调整专业方向，学校《文科各系专业设置、专业发展方向情况表》中，政治法律专业的主要方向是："培养提高在职干部，加强政治理论教育与党的政策方针的教育。"科研方面为："马列主义国家学说在中国的发展；人民民主政权的建立与发展的经验和历史、人民公社中的政法工作问题及资产阶级法学批判。"在"备注"一栏中是这样解释的：

---

① 汤能松等编著：《探索的轨迹——中国法学教育发展史略》，法律出版社1995年版，第393—399页。

"政法专业的方向问题：由于我国社会主义将要提前完成，并准备条件过渡到共产主义。在人民公社运动后，无产阶级专政加强了，但政法专业机构却逐渐缩小了，政法干部的需要数量也是逐渐减少的。根据这种情况，今后政法教育的量必须减缩，质更加要提高。"

到了1959年，法律系提出，科学研究"必须密切联系实际，并以马列主义、毛泽东思想为纲"，科研目的"首先是为了提高教学质量，所研究的问题应紧密结合国内外阶级斗争的实际，和服务于斗争的需要并重点研究马列主义法学在中国的运用和发展；其次是批判旧法观点与修正主义的法学观点"。科学研究的方式是："必须贯彻群众路线，充分发挥集体主义和个人钻研相结合的精神，并争取与各兄弟院校、各业务机关和研究机关协作，有计划地开展。科学研究必须抓紧时机，不论是参加政治运动、专业会议、劳动锻炼、基层工作、社会调查或是教学活动，都要围绕着已定的研究计划，刻苦钻研，保证质量，按期完成。"① 这样，法学研究已成为服务于政治斗争需要的工具，也在实质上取消了法学研究。

学制方面也有变化。1955年，高教部将北京大学、中国人民大学法律系的任务和其他大学法律系及政法学院的任务进行了分工。按照《高等院校法律专业（五年）教学计划草案》，北京大学、中国人民大学法律系法律专业的培养目标为"法学家"，学制五年；按照《法律专业（四年）教学计划》的规定，其他综合大学法律系及政法学院培养"法律高级专门人才"，学制四年，并相应修订了教学计划。但1957年以后，各政法院系在教育大革命的形势下，普遍对教学计划进行调整，培养目标一般不提"高级法律专门人才"和"法学家"，而改为"政法工作干部"。1958年8月，在北京大学其他各专业学制仍为五年的情况下，法律系"因实际工作部门迫切需要干部，因而要求改为四年制"②。但1959年8月，开始执行新的教学计划，原有培养目标再次改为了"政

---

① 《北京大学法律系教学改革方案》，1959年2月修订，第3页。
② 《北京大学关于修改教学计划情况的报告》，1958年8月1日，第2页。

第八章

重建后的北京大学法律学系（1954—1976）

法研究人才与师资"，随后，法律系本科学制又恢复五年制。①

招生方面，1959年2月，根据《北京大学法律系教学改革方案》，招生对象要求具备以下条件：（1）有3年以上工作经验，并有相当于高中毕业文化水平的在职政法干部或党群工作干部；（2）中共党员或政治上完全可靠的非党员。培养的规格则"要求学生毕业后能成为一个具有共产主义觉悟的、有较高的文化和政法专业知识的普通劳动者"。具体来说，学生除了要求具有"较广泛的社会科学知识和先进的法律科学水平，在此基础上能精研一门学科，毕业后，即能担任教学和科学研究任务；具有总结实际工作经验的能力；至少有一种阅读外国语法律专业书籍的能力；在工农业生产上能掌握一种以上的生产技能；在军事上能成为一个优秀民兵；在体育锻炼上能达到劳卫制一级或二级标准"等之外，还特别强调了学生要"能够掌握马列主义、毛泽东思想的基本理论（特别是阶级斗争和人民民主专政的学说），并能坚决地贯彻执行党的方针

同志们，我们宣誓！

---

① 《北京大学1960年学系、专业设置、年制表》，1960年6月2日。

政策",为党的根本利益服务。①

另外,1963年,北大法律系招生密级被设定为"绝密"。1963年4月24日,北京大学曾向教育部写过关于要求将某些专业列为绝密或秘密专业的报告。报告中称:"按照中央关于高等学校机密、绝密专业目录,我校所有专业均为一般专业。"但是,某些专业虽然属于一般专业,"学生进行生产实习和毕业分配的工作性质往往对学生的政治条件要求较高。过去由于有些学生的政治条件较差,以致在安排学生的生产实习和毕业生分配工作中发生不少困难",特别是法律系、政治系,"这两个系都是党性、阶级性较强的学科。毕业生主要从事政权工作或马列主义理论研究和教学工作,所以对学生的政治条件理应要求严格一些。过去有些学生由于政治条件的关系,以致在阅读资料、听报告上受到限制,不能到公安部门和其他接触内部资料的部门去实习或工作。政治思想不好的学生也不能真正掌握马列主义理论,而且为了保证从事马列主义理论研究和教学工作和政法工作的干部队伍的纯洁,也必须提高学生的政治质量"。因此,北大建议最好能够按机密专业的政治审查标准录取新生。同时还强调:"按照中央在1962年修订的《高等学校录取新生和各方面录用高等学校毕业生的政治审查标准》,大多数考生是可能符合机密专业的政治条件的,所以如果上述几个专业按机密专业的政治审查标准录取新生,只是限制了部分政治条件较差的考生不能报考,而不会影响多数考生的志愿。"② 由于条件所限,我们尚未查到1962年的《高等学校录取新生和各方面录用高等学校毕业生的政治审查标准》,但可以发现,到1963年4月,北京大学各专业均为一般专业,法律系、政治系等尚未列为机密专业。1963年7月11日,教育部下发了通知,对北京大学等一些学校就设立机密专业的报告作出了回应。通知说:"根据中央批转'教育部党组关于高等学校招生工作情况和改进意见的报告'的精神,我们认为绝密、机密专业范围的划分仍应按去年的规定执行,不再扩大。但是在一般性质的专业中,少数专门为涉外和机要部门培养干部,学生毕

---

① 《北京大学法律系教学改革方案》,1959年2月修订。
② 北京大学(63)京教发字第14号,1963年4月24日。

第八章
重建后的北京大学法律学系（1954—1976）

业后，如涉外或机要部门不能分配工作，其他部门因专业口径不对，不易安排工作的专业，可按照绝密或机密专业政治审查标准录取新生。"①该通知是以秘密级文件形式下发的，从内容上可知，部分申请设立机密专业的报告得到了允许。根据该通知后面的附表可以知道，教育部下属的北京政法学院、中国人民大学、北京大学、吉林大学的法律系，以及湖北省教育厅下属的湖北大学法律系、四川省高教局下属的四川政法学院法律系、陕西省高教局下属的西北政法学院法律系，都在此后"按绝密专业标准招生"。

在教学计划上，北大法律系的1958年的教学计划同样受到了极大冲击。在当年的教学计划中，除政治理论课、逻辑学、外国语、现代汉语、体育、劳动锻炼以外，业务必修课大规模地削减，只剩下国家与法的理论、农业生产合作社法、中国国家与法的历史、中华人民共和国宪法、劳动法、婚姻家庭与房屋租赁、刑法、司法组织与程序、司法鉴定、工商财经政策法令、国际法、专题讲授等12门。选修课为外国国家与法的历史、支持阶级法学批判、法医学、国际私法等4门。②最重要的变化是取消了民法、民事诉讼法、刑事诉讼法。

到了1959年上半年，从教学计划看，法律系的教学工作已处于瓦解的边缘。虽然课程仍分为了必修课、选修课和专门化三类，汉语、俄语、逻辑学和体育等4门也没有变化，但政治理论课则由4门增加到6门，分别是：形势与任务、社会主义与共产主义概论、哲学、政治经济学、中国革命史和马列主义关于国家与法的理论。并且，政治理论课的学时明显加大，其中，形势与任务的总学时要求为472学时，社会主义与共产主义概论的总学时要求为460学时，政治经济学总学时要求为560学时，中国革命史总学时要求为350学时，哲学（辩证唯物主义与历史唯物主义）的总学时要求为560学时。之所以加大政治理论课的学时量，一方面原因是，"几年来根据政法工作的实际经验特别是通过整风、反右等运动鲜明地看出，政法工作干部能否真正执行党的方针政

---

① 教育部《关于高等学校一般专业按绝密、机密专业政治审查标准录取新生的通知》，1963年7月11日。
② 《北京大学法律系教学计划》，1958年7月。

策，主要取决于立场、观点和思想方法是否得到彻底的改造。因此，加强学生的政治思想教育，通过课程联系思想实际，不断提高学生的共产主义思想水平，在政法教育方面就显得尤为重要。为此，我们将政治理论课比例加大，并且将政治理论课也作为法律系的业务课来进行学习"①。但另一方面，也是因为政治理论课可以用劳动实践的时间来冲抵。

同时，业务课进一步萎缩，原来的法律专业课有20门，选修课10门；现在必修课只有9门，分别为：中国国家法、中国国家与法的历史、人民公社法、国际法、司法业务、社会主义国家法律介绍、资产阶级法学批判、基层工作、专题讲座等。选修课除了第二外国语之外，主要有3门法律知识专业课：外国国家与法的历史、资本主义国家（包括亚非民族独立国家）的法律介绍和政治学说史。财政法、司法精神病学、法医学等"目前不必要的课程"被取消。最重大的变化是，"根据四届司法会议的精神，结合当前实际工作的需要，暂时取消了民法、刑法、民事诉讼法、刑事诉讼法、劳动法、司法鉴定等课程名称，并吸取原来课程中仍为当前需要的内容，集中在司法业务一课中进行讲授"②，司法业务课的总学时为470学时，但讲授学时仅为110学时，其余360学时则为自学时间。

专门化仍设置在四年级，但已经名存实亡。当时的教学改革方案只是提出："要根据国家需要和教学力量的增长条件，如可能时则先考虑国家与法的理论，中国国家与法的历史，或者再逐步增加国际法等。"③

除课堂学习外，该方案还强调了劳动和基层锻炼。"现有在校学生除一、二年级下放一年基本上实行半读书半劳动，三、四年级下放4—6个月基本上参加基层工作外，今后在劳动生产上贯彻'一、三、八制'（其中集中劳动两个月）。每个学生在四年内参加一次到两次基层工作。"④

实际上，从1958年起，上一方案中提到的"半读书半劳动"（"半工半

---

① 《北京大学法律系教学改革方案》"修订教学计划的说明"，1959年2月修订，第3页。
② 《北京大学法律系教学改革方案》"修订教学计划的说明"，1959年2月修订，第4页。
③ 《北京大学法律系教学改革方案》，1959年2月修订，第2页。
④ 《北京大学法律系教学改革方案》，1959年2月修订，第3页。

读")已经开始进行。学校和法律系对于体力劳动与脑力劳动的关系和知识来源的正确认识等问题,在新生中普遍开展了辩论。法律系新生由于95%都是工农同学,因此,许多人认为"工农同学学习基础差,现在的主要任务是学习,工农同学从小就参加劳动,目前不参加劳动问题不大"。针对这些情况,法律系除了组织同学们在辩论会上从理论上来批驳,还请了海淀人民公社党委书记来系作报告并组织同学参加海淀人民公社的劳动和工作,"给了同学很大的启发,有的人见到农民在劳动中都拣困难的活来做等","不少人检讨自己忘本了,有的人检讨自己并哭了,说形势发展一日千里,自己目前一个工农出身的共产党员那样斤斤计较个人的得失,比一个农民老太太都不如了"①。通过这种"触及灵魂"的教育,在学生中树立了用劳动课代替专业课的正当性。不过,据当时的材料反映,法律系学生的集中劳动及社会调查和现场教学的时间占总的学习时间(以55个月计)的比例仍是全校各系中最低的,为33.9%,最高的哲学系为49%。②

到了1958年12月,北大法律系302名学生全部到农场、矿区半工半读,专业教学基本上取消。其中,一、二年级到京西矿区斋堂半读书半劳动,1959年7月回校。在斋堂期间基本上每周三日生产劳动,三日进行学习,一日休整。共产主义思想教育(包括时事政策教育)在学习时间内每周以一段时间进行。在斋堂期间的课程有:政治经济学、哲学、汉语、俄语、体育、逻辑学6门。三、四年级则分别到河南省禹县和长葛县。三年级下放4或6个月,四年级下放4个月,1959年4月回校,继续学习国际法、司法鉴定、专题讲授(包括司法业务和哲学)三门课。至于56名教师,除了与人民大学合作参加人民公社调查的一部分,基本上全部随学生下放。国家与法的理论教研室、国家与法的历史教研室、国际法教研室的教师和系办公室的干部到斋堂;民法教研室、刑法教研室、审判法教研室、国家法教研室的教师到河南。

在教学方法上,这一时期已经开始提倡鸣放、辩论,并应结合现场教学。

---

① 北大党委宣传部:《新生学习教育方针情况简报》,1958年9月22日,第5页。
② 《北京大学关于修改教学计划情况的报告》,1958年8月1日,第4页。

法律系在教学方案中提出,"对知识性较多的课程,如文化课和选修课等,基本上以讲授为主。政治理论课与业务课要着重启发思想,以鸣放辩论、自学、辅导、总结等方式进行,有些业务课,如人民公社法、司法业务等,则以现场教学为主,并可结合基层工作、社会调查、科学研究进行教学。在教学中必须贯彻群众路线,积极发挥教师的主导作用和师生合作、教学相长的作用。"[①]"结合基层工作、社会调查、科学研究"的教学方式,即后来所谓的"三结合"。

总之,新的教学计划,是要贯彻教学、科研、生产劳动紧密结合的原则,但更加突出生产劳动。"把生产劳动列入教学计划中,这对培养政法工作者是极其重要的一环。因为学生不仅要懂得书本知识,而且还必须通过生产劳动、改造思想,从而获得生产知识与阶级斗争的知识,这样既锻炼了学生的劳动观点,又培养了他们的工农感情和学会如何做好群众工作。显然这是培养政法干部又红又专的必经道路。"[②]

可以说,1958年北大法律系的教学计划是其建系以来安排教学计划的年份中最为混乱的一年,实际上,当时的教学已处于被取消的状态。这种情况一直持续到1959年8月才出现好转,好转的迹象表现在以下一些方面。首先,北大法律系在1959年的培养目标上出现了这样一个醒目的词汇:"政法研究人才与师资"。这对北大法律系来说是一个重大的转变,也是一个大胆的转变,特别是当时的主流还在提倡将政法系学生培养为"驯服工具",大多数政法院系都在大砍专业课的时候,北大法律系却已经出现了重视科研、培养法学研究人才的苗头。应该说,这个转变绝不是偶然的,而是有意识地去接续1955年高教部对北大法律系的定位,在随后1960年的教学计划中又特别重申了这一培养目标,保证了培养目标的连续性。到了1963年,这一培养目标得到了进一步的确认。1963年7月11日,中共中央批转中央政法小组、教育部党组《关于加强高等政法教育和调整政法院系问题的请示报告》中规定:"北京大学、

---

① 《北京大学法律系教学改革方案》,1959年2月修订,第4页。
② 《北京大学法律系教学改革方案》,1959年2月修订,第2页,"修订教学计划的说明"。

中国人民大学法律系培养法学理论人才,学制为五年"。从那以后直到现在,北大法律系一直都将培养研究型人才作为其主要的或核心的目标。怎样估计这一目标对北大法律系的意义都不过分。这一目标的确立,使得北大法律系更加重视科研力量的储备,更加重视教学与科研的结合,并因此使其在"文化大革命"后很短的时间里,就能够为中国法学界输送优秀的法学研究人才,也为其直到今天仍能保持国内法学研究重镇的地位奠定了基础。其次,1959年的教学计划中恢复了行政法、民法、诉讼法等专业课。另外,政治理论课的学时缩减到正常水平。这些具体安排可参见表17。①

表17 1959年北大法律系课程安排

序号	课程名称	总学时	讲授学时	序号	课程名称	总学时	讲授学时
1	形势与任务			12	中华人民共和国宪法	85	69
2	科学社会主义	132	108	13	政治学说史	100	90
3	政治经济学	200	164	14	罗马法	48	42
4	哲学	200	164	15	苏联与人民民主国家法	64	56
5	俄文	396	396	16	资产阶级国家法	64	56
6	汉语语法修辞	132	132	17	行政法	48	40
7	逻辑学	68	58	18	人民公社规章制度	68	54
8	体育	132	132	19	公检法组织的任务	64	56
9	国家与法的理论	132	108	20	诉讼法	98	78
10	外国国家与法的通史	149	116	21	刑事侦查	85	40
11	中国国家与法的历史	149	116	22	刑法	85	73

---

① 北京大学档案馆藏:《北京大学法律系教学计划——1959—1960年入学学生使用》(30359001/4),1958年8月。

(续表)

序号	课程名称	总学时	讲授学时	序号	课程名称	总学时	讲授学时
23	民法	85	71	27	资产阶级民商法	68	60
24	苏联与人民民主国家民法	68	54	28	国际法	98	82
25	婚姻法	34	30	29	国际关系史	48	38
26	劳动法	68	60	30	专门化课程	282	282

其中，表17尚不包括选修课的320学时。可见，在经过1958年的动荡以后，北大法律系迅速地恢复正常。这一时期，由于课程与1956年以前有一定的连续性，所以，大多数课程均有油印教材，如国家与法的理论（刘昇平）、外国国家与法的通史（孙孝堃等）、中国国家与法的历史（祝总斌）、资产阶级国际法（龚祥瑞）、公检法组织的任务（王存厚）、苏联与人民民主国家法律介绍（陈宝音）、司法鉴定（薛景元）、刑法（饶鑫贤）等，不过，仍有少数课程只有教师自己写的大纲，如人民公社规章制度（皮纯协）。① 到了1961年，一些课程才有了教科书，如国家与法的理论、外国国家与法的历史、宪法、政治学说史、现代国际关系史等，但中国国家与法的历史、刑事侦查、婚姻法等仍使用讲义，中华人民共和国政法机关与司法制度仍只有详细大纲。② 而1962年的教材解决情况调查表显示，仍有相当数目的专业课程只有讲义，如刑事政策与法律（范明）、民法（王作堂）、婚姻法（金瑞林）、国家与法的理论（赵震江）、中国国家与法的历史（祝总斌）、罗马法（谢邦宇）、政治学说史（张国华）、资产阶级民商法（芮沐）、对外关系与对外政策（程鹏）、外国国家与法的历史（由嵘）等。③

到了1960年，北大法律系的培养目标进一步修改为培养"政治研究人

---

① 《1959学年第一学期法律系课程与教材调查表》。
② 《1961年秋季北京大学各系教材解决情况调查表》，1961年9月27日，"法律系"。
③ 《北京大学1962年春季法律系教材解决情况调查表》，1962年8月1日。

才",更加强调了教学与科研的结合。教学完全恢复了正常。专业课除了继续1959年下学期的教学计划外,还有了明显的增加。当年的专门化课程分为三种:第一种是国家与法的理论、国家与法的历史专门化;第二种是国际法、国家法专门化;第三种是民刑审判专门化。在三大类下面,又有较为细致的分类。

国家与法的理论、国家与法的历史专门化课程中包括:

1. 马列主义关于国家与法经典著作介绍

2. 资产阶级国家与法古典部分介绍

3. 亚非国家法律介绍

4. 封建中央集权制的宰相制度

5. 封建中央集权制的诉讼制度

6. 唐律专题研究、国民党伪六法批判

7. 明治维新以后日本的国家与法,对资产阶级发展的作用

8. 近现代印度的国家与法

国际法、国家法专门化课程中包括:

1. 中华人民共和国对外政策与国际关系

2. 马列主义关于国际关系的理论

3. 联合国问题研究

4. 资产阶级国际法

5. 世界经济与国际政治

6. 马列主义关于宪法学说

7. 关于民族问题

民刑审判专门化课程包括:

1. 对调整社会经济的具体法律部门建设问题

2. 国有化问题

3. 资产阶级关于"法人"理论

4. 资产阶级国家司法制度

5. 十年来司法工作经验总结专题

6. 十年来肃反斗争总结

7. 治安保卫

8. 资产阶级刑法

总之,1959年制订的教学计划一直执行到1962年。在此期间,北大法律系的教学、科研等工作都逐渐恢复正常,教师队伍也相对稳定下来。1962年4月的《法律系教职工人数统计表》显示,当时的法律系的7个教研室均已得到恢复。国家与法的理论教研室共14名教师,其中2名教授;国家法教研室共7名教师;国家与法的历史教研室共13名教师;国际法教研室共9名教师,其中2名教授;民法教研室10名教师,其中1名教授;刑法教研室8名教师;审判法教研室3名教师。加上总支办公室2人,行政办公室4人,资料室4人,全系教职员共计74人。在校学生共计221人,其中本科生208人,研究生13人。

到了1963年,不仅是北京大学法律系,全国政法界都已开始反省前一时期政法教育工作中出现的问题。1963年10月7日—15日,教育部和最高人民法院联合召开全国政法教育工作会议,会议主要贯彻落实中共中央批转的中央政法小组、教育部党组《关于加强高等政法教育和调整政法院系问题的请示报告》(以下简称《请示报告》)。《请示报告》指出:全国高等政法教育近年有所削弱,培养的学生无论数量还是质量,都不能满足补充政法干部队伍的需要,亟待加强。从1958年以后,政法院系数量减少,在校生从8200多人降到3500多人;教师由805人减少到520人。报告还指出:学生的质量也不高,过去历届毕业生中都有相当一部分不符合政法干部条件,不能分配做政法工作。《请示报告》分析了造成上述情况的主要原因:(1)高等政法教育缺乏长远规划,忽视了政法干部须不断补充的需要;(2)政法院系的教学方针不明确,培养什么样的干部,毕业生应具备哪些必要的条件,怎样才能把学校办好,这些问题没有解决;(3)1958年学校管理权限下放后,中央政法部门和教育部放松了领导,院系的调整和教学计划的变动,都没有加以必要的管理。

为了加强高等政法教育,《请示报告》提出:

1. 调整政法院系设置,适当稳定招生人数。集中办好几所政法院系,着重提高质量。把全国政法院系调整为北京政法学院、西南政法学院、华东政法学院、西北政法学院共四所（西南、西北两校现有政法以外专业都要逐步停办）。北京大学、人民大学、吉林大学、湖北大学四个法律系不变。规定全国政法院系每年招生1000人至1500人，并规定政法学院除招收一部分高中毕业生以外，还必须招收一批政治上好、有一定文化程度的转业军人，以及初中毕业后在农村劳动三年以上的初中毕业生和下放农村和工厂两年以上的年轻干部。

2. 政法院系除必须贯彻执行党的教育方针、政策和高等教育制度外，应注意教师和学生的政治质量，培养政治坚定、思想健康、组织纪律性强、具有较好的理论水平、文化水平和政法专业知识的学生。北京大学、中国人民大学法律系培养理论人才，学制定为五年，其他院系学制定为四年。

3. 补充、调整教师队伍，加强师资培养提高工作。

4. 严格掌握招生政治条件，按机密专业招生。毕业生实行统一分配，绝大部分要分配到公安、检察、法院系统工作。

5. 明确领导关系，各政法学院都由教育部和最高人民法院双重领导。北京政法学院以教育部领导为主，其余学校以最高人民法院领导为主。设有法律系的北京大学、中国人民大学、吉林大学为教育部直属学校，按现行管理体制不变。各法律系在业务上都接受最高人民法院的指导。[①]

这次会议明确了教育方针、任务、规模和培养对象，稳定了政法院系的教学秩序，对全国政法教育工作和北大法律系的发展也有重大意义。

1963年，北京大学法律系再次制订教学计划。在这次计划中，再次明确了培养的学生在毕业后"能从事法学研究工作和政法实际工作"的要求。该计划的"培养目标"指出，毕业生应达到以下标准："（一）具有爱国主义和国际主义精神，具有共产主义道德品质，拥护共产党的领导，拥护社会主义，愿为社会主义事业服务、为人民服务；通过马克思列宁主义、毛泽东著作的学习，和一定的生产劳动、实际工作的锻炼，逐步树立工人阶级的阶级观点、劳动观

---

① 汤能松等编著：《探索的轨迹——中国法学教育发展史略》，法律出版社1995年版，第400—402页。

点、群众观点、辩证唯物主义观点。（二）正确理解马克思列宁主义、毛泽东著作中关于法学的基本理论，特别是关于阶级、阶级斗争、无产阶级革命、无产阶级专政和革命法制的理论；正确理解党的路线、政策，包括政法工作的路线、政策，以及国家的主要法律、法令；能够初步运用所学的理论分析研究实际问题。（三）具有中外政治、法律的历史和现状的基本知识；对现代资产阶级法学主要流派和现代修正主义有一定的批判能力；获得从事科学研究的初步训练。（四）汉语写作做到文理通顺；具有运用一种外语阅读专业书刊的能力。（五）有健全的体魄。"①

课程设置方面，共分四大类，分别是：共同政治理论课；专业课；其他课；加修课。总计3039学时，修业年限为5年。其中，共同政治理论课共516学时，占上课总学时的17%。包括：（1）思想政治教育报告（153学时）；（2）中共党史（99学时）；（3）政治经济学（132学时）；（4）哲学（132学时）。其他课共756学时，占上课总学时的24.9%。包括：（1）汉语写作（102学时）；（2）古代汉语（93学时）；（3）第一外语（363学时）；（4）逻辑学（66学时）；（5）体育（132学时）。另外，加修课则是"成绩优良的学生，经系主任批准，可以加选第二外语或其他与法律专业有关的课程"。除此之外，将专业课的设置列举如下：

专业课（共1767学时，占上课总学时的58.1%）

1. 基础课（共1578学时，占上课总学时的51.9%）

（1）法学基础理论（132学时）

（2）中华人民共和国宪法（72学时）

（3）中国法制史（132学时）

（4）中国政治法律思想史（76学时）

（5）中华人民共和国刑法（132学时）

（6）中华人民共和国民法（124学时）

（7）中华人民共和国法院检察院组织法（54学时）

---

① 《北京大学法律系法律专业教学计划（草案）》，1963年5月，第1页。

（8）中华人民共和国刑事诉讼法（64学时）

（9）中华人民共和国民事诉讼法（36学时）

（10）中华人民共和国婚姻法（30学时）

（11）人民公社法（30学时）

（12）刑事侦查学（95学时）

（13）现代国际关系史（87学时）

（14）国际法（95学时）

（15）马克思列宁主义毛泽东著作选读（99学时）

（16）外国国家与法的历史（132学时）

（17）苏联及其他社会主义国家法律专题介绍（60学时）

（18）资产阶级政治制度（68学时）

（19）现代资产阶级法学流派（60学时）

2. 专门课和选修课（共189学时，占上课总学时的6.2%，自第四学年开始每学期可选一门）

（1）外国政治思想史（60学时）

（2）资产阶级刑法（36学时）

（3）资产阶级民商法（48学时）

（4）国际私法（45学时）

（5）专题讲授①（109学时）

1963年，北大法律系的教学计划，仅从设置课程的名称和结构来看，部分地恢复了大陆法系的传统教学课程，一些课程与今天的课程已较为接近。从北大法律系的发展来看，如果不是因为后来"文革"的开始，1963年本来会成为一个极为重要的发展起点。在这一年里，北大法律系的法学教育在经过中华人民共和国后一段时期的混乱局面后，渐渐明确了方向。一方面，基本上吸收了

---

① 专题讲授是1963年新开课程，包括五门专业课程，即（1）法学基础理论；（2）中国法制史；（3）国际法；（4）民法；（5）刑法。另外，法律系拟组织专题讲座，讲授当前国际斗争中的重大事件，邀请有关部门的同志进行讲授，以增进学生对国际阶级斗争现状的了解。

苏联法学的成果，同时又摆脱了对苏联的迷信。另一方面，加重专业课程和缩减政治理论课的做法，说明了新中国的法学教育正在政治挂帅和专业教育之间找到了某种平衡。不过，困难也是明显的。重新修订教学计划后，1963年9月给新生开课时，大多数专业课并没有正式教材。法学基础理论（朱华泽、赵震江）、外国国家与法的历史（杨锡娟）、宪法（陈荷夫、肖秀梧）、中国法制史（蒲坚、范勖之）、刑法（杨春洗）、婚姻法（金瑞林）、刑事侦查学（杨殿升）等科目只有讲义，而民法（魏振瀛）、资产阶级政治制度（龚祥瑞）、资产阶级民商法（芮沐）、国际关系史（邵津）、法学概论（为政治系开的课，张云秀）、中国政治思想史（张国华）等科目均只有详细大纲。①到了1964年1月，新的学期除了上学期的部分课程外，所开的法院检察院组织法（饶鑫贤）、国际法（王铁崖、程鹏）也只有讲义，资产阶级政治制度（罗豪才、龚祥瑞）则只有详细大纲。

1963年的教学计划，到1965—1966学年的第一学期尚在有效地执行。在1965—1966年第一学期的课程表上，除了正常的年级课程外，还可发现1964年招收的四名越南留学生的课表，他们在这一学期里需要修习政治经济学、英语、中华人民共和国宪法（单开班）、中国法制史、外国国家与法的历史等五门课程。但是，到了1966年"文革"全面展开时，法律系的教学工作彻底陷入了停顿。

最后，将1949年到1966年北大法律系招生情况附表于后，详见表18，从招生情况表可以发现，北大法律系自1954年复办以来，招生情况与国家经济状况、国家对法学教育的态度等均有联系。1954年、1955年、1956年法律系招生情况良好，这也是北大法律系刚刚复办，国家对法学教育较为重视的年份。1958年开始有萎缩的迹象，1960年以后进一步萎缩，到1962年招生人数降到最低仅为19人。从1963年开始，教育部、最高人民法院联合召开政法教育工作会议后，国家对法学教育有所重视，1963年招生情况有所好转。1964年、1965年招生情况平稳，但尚不能恢复到1957年以前一半的水平。

---

① 《1963年秋季各课选用教材计划》，1964年9月2日。

表 18　1949—1966 年北大法律系招生情况表[①]

年份	本科生招生数	研究生招生数
1949	24	
1950	34	
1951	47[②]	
1952	停招	
1953	停招	
1954	97	
1955	102	
1956	95	
1957	83	
1958	69（60）	
1959	71	
1960	29	
19615	23	
1962	19	10
1963	48（50）[③]	
1964	37	2
1965	（40）	

[①] 本表根据北大教务处历年学生情况统计表制作，其数目以第一学期注册人数为准。学生第一学期注册后，因转学、休学等原因，历年均有增减，增幅大小不等，本表不一一注明。本表注册人数旁括号内数字为现在可查到的当年计划招生人数。

[②] 报到人数 48 人，1 人未注册，原因不详。

[③] 实际录取人数为 51 人，实际注册人数为 48 人。

第三节
"文革"风云

1963年的教学计划还未得以认真执行,教育部在1963年10月以及中共中央、国务院在1964年9月先后两次发出通知,组织高等学校文科师生参加社会主义教育运动,简称"社教"。1963年通知指出:"全国各地农村社会主义教育运动正在进行,这是向学生进行阶级和阶级斗争教育的良好时机,设有文科的高等学校(包括综合大学、高师的文科各系,政法、财经、外语、艺术等院校),应积极地、有计划地组织文科学生参加这一运动,使他们在实际斗争中受到锻炼和教育。"1964年9月的通知规定:"本年冬季开始,高等学校文科师生都应该分批下去参加社会主义教育运动,……四、五年制的中文等各专业师生(包括研究生),参加运动的时间为一年到一年半,必须参加一期'四清'的整个过程和一期'五反'的主要过程。"各高等院校纷纷遵照这一通知精神组织学生参加农村社会主义教育运动,时间大体为1964年4月—1965年4月。政法院系二年级以上学生基本上参加了这次运动。虽然教育部规定参加社教运动后应当补课,但大多数学生以社教代替了部分专业学习。①社教运动严重地冲击了正常的教学秩序,北京大学法律系二、三、四年级在此一年时间内已无法正常开课。1965年4月师生回校,刚上了总计不到一学期的课,1965年11月5日,教育部和最高人民法院召开全国政法教育工作会议,又确定了一个革命的规划,即政法学院要办成"抗大式的党校性质的学校",而且要"逐步过渡到半工半读"。此后,各政法院系又认真执行这一规定,直到"文革"开始。

---

① 汤能松等编著:《探索的轨迹——中国法学教育发展史略》,法律出版社1995年版,第404页。

第八章
重建后的北京大学法律学系（1954—1976）

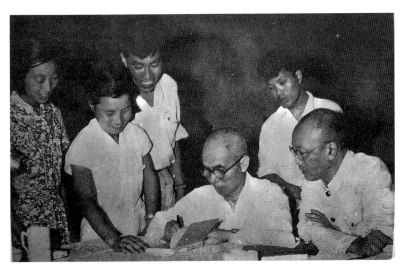

1964年最高检察院检察长张鼎丞到北大法律系参观

"文革"的发动，是中国历史上少有的灾难之一。北京大学法律系和全国其他政法院系一样在"文革"期间遭受重创。1963年的教学计划停止执行。1966—1971年，招生、教学、科研均陷入停顿状态。1970年以前，法律系已处于被解散的边缘，当时的五个教研室即马列主义国家与法的理论教研室、国际法教研室、国家与法的历史教研室、民法教研室、刑事审判教研室，全部"到农村、工厂、政法机关进行普查和教改探索，总结无产阶级文化大革命的伟大成果"。并且，在北京大学文科专业安排情况表的"今后打算"一栏中还强调："将来逐步考虑在北大有没有单设此专业的必要"[①]。1970年，在"清队"（即"清理阶级队伍"）时，迟群（北大军代表）在北大法律系"蹲点"，宣布了法律系停办。全系65名教职员，有60%被立案审查，10余人定为"敌我"矛盾。但之后，法律系教员团结一致、据理力争，又因为毛泽东关于取消专业要慎重的指示的下达，法律系才得以保存，成为全国仅有的两个免遭解散厄运的政法院系之一，图书资料基本没有流失，教职员基本没有分散。不过，除被审查的以外，法律系教职员共49名全部下放或从事其他工作。其中，总校的

---

① 北京大学档案馆藏：《学校原有专业（文科）安排情况表》（30370009）。

13名，7名到工厂劳动，2名在农场锻炼，只剩1名行政人员和3名专案人员留校。分校教员36名，35名在农村锻炼，1名作为"专政对象"而"不能使用"。①不过，一张1971年的登记表显示，1970年还将八名本系毕业生留校，在该表的"将来安排"一栏中，孙绍有、李俊庆、张玉镶三人为："原确定留系，若法律系招生，拟回系工作"。孙保国、刘守芬、沈四宝、罗玉中、赵昆坡等五人则为："原确定留校，分配在仪器厂学习劳动，若法律系招生，拟调回系。"②这说明，当时法律系仍积极为将来恢复招生教学而暗作准备。这些工作，为法律系恢复教学和研究工作后，保存了力量。

1972年，一批教师在刚刚得到平反之后，即致力于恢复正常的教学工作。首先开办了北京市政法、公安干部短训班，随后举办了华北五省市政法干部短训班。这些行动，在当时的环境下是需要极大勇气的，确实就有人说："法律教师是一批批的特务。他们还给公安机关办干训班？应该是公安局给他们办学习班。"③1974年至1976年，又继续举办多期干部培训班，为恢复法学教育和法制建设做出了贡献。

1973年，中国人民大学法律系部分教职员（36名）合并到北京大学法律系，直到1978年中国人民大学法律系恢复时他们中的大多数才回到中国人民大学，这批教员也在北大法律系恢复教学工作上做出了贡献。从1974年至1976年，法律系连续招收三届共150余名工农兵学员。工农兵学员的学制为3年，没有专业培养目标，因为当时全国各大专院校只有一个共同的培养目标，即1970年6月27日中共中央批转《北京大学、清华大学关于招生（试点）的请示报告》中提出的："培养高举毛泽东思想伟大旗帜、无限忠于毛主席、无限忠于毛泽东思想、无限忠于毛主席革命路线的全心全意为社会主义革命和建

---

① 北京大学档案馆藏：《文科各系学生教员情况统计表》（30371017/8），1971年6月23日。
② 《法律70届留系毕业生登记表》，1971年6月20日。又，1971年6月22日的《留校生情况统计表（文科）》显示，当时留校生8名，当时安排的工作为职员1名，其他（搞专案）2名，在工厂劳动5名。在该表"备注"栏中写道："如果法律系招生时，要求全调回本系。"
③ 《高等学校文科教学工作座谈会简报》（第4期），1978年6月13日。

设服务的有文化科学理论又有实践经验的劳动者。"所谓"劳动者",实际是指体力劳动者,这已经完全否定了高等专业教育的特点,取消了高等教育培养人才的规格要求。

从 1974 年北京大学法律系制订的三年制法律专业教学计划看,没有课程设置总目,只是按照学年安排课程。课程也不分类,而且没有学时要求,只按周安排,并将"学军、劳动"作为课程。另外,为了配合学校党委提出的"坚持开门办学、结合战斗任务组织教学"的指示,还需要在教学安排上突出"结合战斗任务"这一点。如哲学课需要"(1)结合学马列的战斗任务到厂矿进行;(2)结合政法专业特点,有针对性地进行教学"。刑法课"(1)以办案为战斗任务;(2)去公安部门搞敌情调查;(3)培训治保干部;(4)结合政法斗争实践,修改教材"。国际法的战斗任务选择则"以港口为主,结合法院、公安业务方面进行"。①而这些战斗任务大多是在校外进行。如 1974 年 11 月至 1975 年 2 月下农村开门办学,战斗任务在农村开门办学期间完成。1975 年 3 月至 1975 年 4 月学军,中共党史课则结合学军时学习。

1974 年的计划带有鲜明的"文革"时代特色,它全面体现了当时教育领域的极左思潮。它抛弃系统的基础理论学习,彻底否定课题教学的作用,把学校教育搬到农村、军营、工厂,违背学校教学的基本原则,歪曲理论联系实践的意义。同时,片面强调政治作用,"把法学教育推向了假大空政治口号的说教和政治活动代替专业教学的邪路"②。当然,在对其批判的同时,也应看到它的一个附带的功能,那就是,使北大法律系这一法学教育机构能够在"文化大革命"中找到生存的理由,保护了一批法学教师在"文革"中能够从事教学活动,也为北大法律系保留了一个微弱的火种。

这种情况到 1976 年得到改善。1976 级北大法律系的教学安排中单列了"学工学农学军周数",三学年中,第一学年 11 周,第二学年 5 周,第三学年

---

① 北京大学档案馆藏:《法律系一九七四级教学安排(讨论稿)》(02974001/1)。
② 汤能松等编著:《探索的轨迹——中国法学教育发展史略》,法律出版社 1995 年版,第 509 页。

2周。"以社会为工厂或专业实习周数"则安排在毕业年。这样，其他政治理论课、文化课和专业课就可以单独安排和计算学时，这些课程共18门，分别为：形势教育、中共党史、政治经济学、哲学、经典著作选读、逻辑（44学时）、汉语（76学时）、体育、国家与法的理论（144学时）、宪法（38学时）、刑法（76学时）、刑事侦查（72学时）、民法（68学时）、婚姻法（34学时）、国际法（50学时）、中国政治法律史、外国政治法律史（72学时）、资产阶级政治制度（24学时）。[①] 从这一教学计划看，各专业课开始设置固定的教学学时，学生又回到教室中来。1976年的教学计划说明，北京大学法律系正在渐渐复苏，它已经挺过了"文革"十年的折腾，并为全面复兴作好了准备。

[①] 北京大学档案馆藏：《法律学系一九七六级教学进度计划表》。

第九章

改革开放以来的北京大学法律学系/法学院(1977—2004)

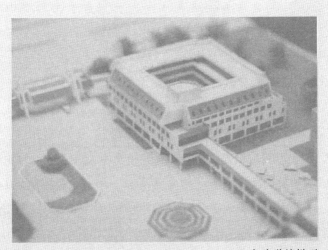

1988年法学楼模型

第一节 复办初期

1977年，随着正常的招生制度在全国得以恢复，北京大学法律学系（简称"法律系"）因准备充分，随即开始招生。当年计划招生60人（实际招生81人），学制4年，开学时间为1978年2月。① 在当年学校的专业简介上，表明培养目标："掌握马列主义、毛泽东思想关于阶级斗争和人民民主专政的理论，掌握党在社会主义历史阶段的基本路线和党的政法工作路线、方针和政策，能从事政法理论宣传、研究、教学和实际工作。"② 法律系教学计划中的培养目标为："根据党的教育方针，法律系培养德智体全面发展，能从事法学研究和政法实际工作的专门人才。"可见，北京大学法律系在恢复招生以后，在相当程度上延续了1959年以来确定的培养目标，把培养法学研究型人才放在一个重要的位置上。从教学计划来看，1977级与1976级设置的课程大致相当，课程总数为22门。除形势教育、中共党史、政治经济学、哲学、经典著作选读、逻辑（选修）、汉语、体育、外语（第三学年选修）和学年论文等政治理论课和文化课外，专业课增加了资产阶级法学批判（38学时）和政法业务专题（38学时）。另外，要求学生第三学年去人民法院、第四学年去公安部门参加实践。为加强科研能力，第三学年要求写学年论文，第四学年写毕业论文。③

从后来学校对1977级文科学生的调查报告来看，老师对1977级学生反映较好，总体评价是："77级学生学习基础比较好，程度较齐，理解力较强，有

---

① 北京大学档案馆藏：《北京大学一九七七年度普通班招生计划及要求》。
② 北京大学招生办：《北京大学部分专业简介》，1977年。
③ 北京大学档案馆藏：《法律学系一九七七级教学进度计划表》，载《北大法律系1977级教学计划》。

第九章
改革开放以来的北京大学法律学系/法学院（1977—2004）

潜力。学生入校后，学习积极性高。……各系学生学习都很刻苦认真。不少学生，每天早上五点多钟起床，晚上十一至十二点睡觉，少数学生学习到下午一点。平常学生们一般不看电视。早饭、午休，甚至走路时都随身装着半导体收音机，戴上耳塞，听广播外语。其中一些学生已经开始自学第二外国语，个别学生同时自学三种外国语。各系 77 级学生学习风气都较浓厚。"从第一学期考试、考查成绩来看，1977 级学生"优、良占绝大多数，没有学习太困难的"[①]。法律系也不例外，第一学期考试科目两门，共 83 人参加考试。其中国家与法的理论成绩为优的共 23 人，成绩为良的 60 人。中共党史的成绩为优的共 64 人，成绩为良的 38 人，成绩为中的仅 4 人。考查课外语全部及格。[②]

但是，调查报告也认为，1977 级的教学工作还存在一些问题。因为这些问题都具有时代的特色，从侧面反映了当时的学习条件和学习氛围，是极有意思的资料，兹录于下。

当前教学工作主要存在的一些问题：

1. 教师和学生都普遍感到学习资料少，尤其是外文资料，种种限制，几乎难得看到。

2. 学生学外语的积极性高，程度高的学生要求能看一些外国电影，开辟外语活动室等。教师对这方面要求也很迫切。

3. 学生普遍存在重视外语课、专业课，轻视政治课的苗头。

4. 有的学生学习时间过长，体能有所下降，实行劳卫制后有所扭转，学生们加强了体育锻炼，但对这个问题仍需要工作中注意。[③]

至此，北大法律系招收的"文革"后第一届本科生教学已经走上正轨。北大法律系揭开了她的新篇章。

1978 年，北大法律系逐渐"解密"。未解密前的北大法律系对外交往极不方便。2003 年 9 月，瑞士汉学家、法学家胜雅律（Harro von Senger）回忆起他

[①] 北京大学教育革命部：《文科各系 1977 级大学生教学调查情况》，1978 年 10 月 12 日。
[②] 北京大学档案馆藏：《文科各系 1977 级第一学期考试考查成绩统计》，1978 年 10 月。
[③] 北京大学教育革命部：《文科各系 1977 级大学生教学调查情况》，1978 年 10 月 12 日。

1977年在北大留学时曾经要求和法律系的师生交流的情况时说，直到学期结束时，学校才满足了他的要求，组织了一次座谈会，但到会的除一名法律系的教师外，其他都不是法律系的，并且不可能做学术上的交流。造成这样的局面，正是因为法律系尚处于保密时期。1978年7月3日，教育部向各省、市、自治区招生委员会下发文件，同意最高人民法院关于各政法院校和各大学法律系按绝密专业的政审标准录取新生的意见[①]，该文抄送中国人民大学、北京大学、吉林大学、西南政法大学等四所院校。实际上，北京大学法律系在1977年的招生计划中已注明法律系招生密级为绝密，1978年只是再次明确了这一点。但是，对于法律系是何时解密的，由于资料有限，现在还没有搞清楚。根据1978年的一份学校内部的机密级文件，当年的国务院科教组招生工作座谈会上，普遍意见认为，过去机密、绝密专业的范围划得太宽，许多不应保密的专业也保了密，结果真正要保密的却没有保好，反而给政治上、科学技术发展上带来不利影响。大家一致认为，高等学校的专业分为绝密、机密、一般三级，按不同要求来定学生的政治审查标准，比较切合实际。机密、绝密专业应只限于国防系统的高等学校中的一部分专为军用的专业，和非国防系统的少数高等学校中若干有关国防的专业，其他绝大多数专业，都应该是一般专业，不能把这些一般专业列入报名范围内。[②]如果按照这一会议精神，很可能在1978年秋天，北京大学法律系又得以解密。所以1979年中美建交以后，北京大学法律系也就可以接待美国来访学者了。

1978年，法律系硕士点虽然还没有通过国务院批准，但已经作为试点开始招生，共招收17名硕士生。同时，北大法律系开始招收第二届本科生。1978年北京大学法律系计划招生数仍为60人（实际招生65人）。[③]教学计划上与1977级的主要不同之处在于，必修课增加了民事诉讼（38学时）、刑事诉讼法（36

---

① 北京大学档案馆藏：《教育部文件（78）教学字620号》。
② 北京大学档案馆藏：《关于高等学校机、绝密专业录取新生的政治审查标准问题（内部文件）》。
③ 北京大学档案馆藏：《一九七八年普通高等学校、中等专业学校招生调整计划》，1978年6月26日。

学时)、国际私法(76学时)等三门重要的专业课程,这说明,程序法重新受到了重视,但此时的教学和科研基础还较为薄弱。另外,中国政治法律史、外国政治法律史两门课分解为中国国家与法律制度史(85学时)、中国政治法律思想史(76学时)、外国国家与法律制度史(72学时)、西方政治思想史(76学时)等四门课,能够加大法律史的学时量,与北大法律系一贯重视"史论"的传统是分不开的,这也说明当时的北大法律系在史论方面的科研和教学已经具有较为厚实的基础。同时,资产阶级法学批判、汉语改为选修课。另外,选修课中增加了环境保护法,这在全国的法学教育课程设置中都是较早的。①

1979年法律系进一步扩大招生,当年预计招生数为140人(实际招生180人)。从这一年开始,法律系设立国际法专业,教学计划分法律专业和国际法专业两类分别制作。法律专业的教学计划中,专业课程的学时数进一步调整,如中国法制史从85学时增加到93学时,中国政治法律思想史从76学时增加到90学时,西方政治思想史从76学时增加到80学时,外国法制史从72学时增加到76学时,刑事诉讼从36学时增加到80学时,民事诉讼从38学时增加到46学时。新开的专业必修课是经济法(102学时),必修课总数达到25门。新开的专业选修课有资产阶级民商法、资产阶级刑法、劳动法等,选修课总数6门。②

1979级国际法专业除时事政治学习、中共党史、哲学、政治经济学、体育等与法律专业相同外,外国语的学时为820学时。其他专业课为:法学基础理论(146学时)、民法(56学时)、刑法(76学时)、中华人民共和国宪法(56学时)、资本主义国家政治制度(54学时)、民事诉讼(46学时)、刑事诉讼(80学时)、国际关系史(134学时)、中国对外关系史(136学时)、国际公法(114学时)、国际私法(96学时)、国际组织(60学时)、世界政治经济地理(68学时)、战后国际关系专题(46学时)、中华人民共和国对外关系史

---

① 《法律学系一九七八年教学时间计划表》,载《北京大学法律学系法律专业学时制一九七八年教学方案》。
② 《法律学系79级法律专业教学计划表》,载《北京大学法律学系法律专业学时制一九七九年教学方案》。

原北大法律系领导在商讨工作

（68学时）、国际经济法（80学时）、国际法专题（94学时）。另外，选修课为：第二外国语、资产阶级民商法、资产阶级刑法、现代资产阶级法学流派、西方政治思想史、语法修辞等6门。①

由于过去二十多年来，特别是在"文革"中遗留的问题很多，受到错误处理和批判的有一百多人，涉及干部、教师、学生，因此，1980年前两年大部分工作是清理这些问题和落实各项政策，任务十分繁重。经过两年的工作，这些问题基本清理完毕，沉重的包袱已经甩掉，从1980年起，法律系的工作重点开始转移到抓好科研和教学管理方面。

在教学方面，首先，系里开始健全班、级主任制度。当时系里本科还只有三个年级。法律系决定在1978级、1979级每班设一个班主任，年级设一个年级主任。1977级因学生较少，只设年级主任。暑假后进校的1980级，三个专业共招生230人，拟分5个班，需设5个班主任，其中1人兼级主任。这5个班的班主任，分别由国际法教研室（国际法专业）、经济法教研室（经济法专

---

① 《法律学系79级国际法专业教学计划表》，载《北京大学法律学系国际法专业学时制一九七九年教学方案》。

业）出 1 名教师担任各自专业的班主任，法律专业 3 个班，由理论教研室、刑法教研室、民法教研室各出 1 人担任。年级主任由教师特别是中青年教师轮流担任。

1980 年，教育部批准北大法律系率先增设经济法专业。为筹备办好经济法专业，法律系增设了经济法教研室。这个教研室担负着国内经济法和国际经济法两个方面的教学、科研任务。法律系从有关教研室调集部分人员组建该教研室，计有芮沐、杨紫烜、刘隆亨、陈立新、段瑞林、孙蓉珠、张力行、魏英等 8 人，教研室由芮沐教授负责。这样，在 1980 年 4 月上旬，要完成法律、国际法、经济法三个专业的教学计划的制订工作，对此，系里的基本指导思想是："基础理论要厚些，知识面要宽些，因材施教，增开一些选修课，以适应形势的发展。""在切实加强基础课和专业基础课的教学的同时，搞好高年级的选修课和专题课，对世界上有影响的学说、学派，对我国法制建设有参考价值的法律、法典以及最新科学技术在司法中的运用方面等等，逐步开设专题课或选修课进行介绍，使学生增长知识，开阔视野，并在比较鉴别中增强马列主义的法学观，提高分析问题的能力。"①这个指导思想很快得到了落实，经济法专业必修课共设置 22 门，包括：时事政治学习、中共党史、政治经济学、哲学、外国语、体育、法学基础理论、宪法、刑法、民法、经济法概论、人民公社法、工业企业法、商业管理法、财政金融法、劳动法、经济司法与仲裁、国际公法、国际经济法概论、国际贸易法、国际投资法、国际私法。选修课 11 门，分别是：第二外国语、逻辑学、中华人民共和国经济史、会计与统计基本知识、世界经济概论、国际金融与贸易、诉讼法、自然资源法、环境保护法、专利商标法、海商空运法等。此外，还计划开设中国近现代经济立法史、基本建设法、交通运输法、外国民商法等选修课。②

而法律专业和国际法专业的教学计划中，除必修课仍然强调基础理论教学

---

① 《法律学系一九八〇年工作计划》，1980 年 3 月，第 4—5 页。
② 《北京大学法律系经济法专业一九八〇级教育方案（试行）》及《法律系经济法专业1980 年级教学时间计划表（试行）》。

外，也大大增加了选修课程。当年，法律专业选修课从6门猛增到16门，新增专业课程有：现代西方法律哲学、罗马法、西方国家司法制度、外国刑法、外国刑诉、犯罪心理学、法医学、公安业务专题、外国民商法、劳动法等10门①，国际法专业的选修课也从6门猛增到16门，新增专业选修课有：国际贸易、航空法、海洋法、外层空间法、国际环保法、外交关系法、国际法院、条约法、外国民商法等9门，另将共运史、世界经济地理、战后国际关系专题、国际法专题等原来的必修课移入选修课。②

课程增加了，却没有合适的教材，为了保证教学质量的提高，系里要求各门课程都要尽快制订符合本门课程对象、体系、任务的教学大纲。教学大纲的内容，必须涵括课程内容要点、基本观点、授课计划、思考题、参考书目等，并由教研室和系审定。讲稿内容要经过教学小组或教研室讨论，要符合教学大纲的规定，并力求反映法学方面的最新成就。"史的课程必须注意史料真实，史论结合，古为今用"③。

另外，随着课程加大，系里的师资力量已显不足，"需要调进一些人，特别是新建专业以及一些力量薄弱的课程，急需在数量上适当增加，提请学校予以解决"。而系里从长远角度考虑，在师资力量不足的情况下，还需要有计划地陆续选派一些教员出国进修，"争取每年选送一、二人"④。

另一个值得一提的工作是，《中华人民共和国学位条例》将于1981年1月1日施行，北大法律系作为授予法学学位的试点，要在暑期前提出授予学位的方案。为完成方案，系里需要拟定法学学士、硕士、博士学位标准及其实施办法；设立法学学位评定委员会；确定研究生学制以及招收研究生班的问题；研究关于接受外单位和外国留学生以及具有同等学力的人员的学位审查和授予问题。这项工作的完成，为北大法律系的长远发展打下了良好的基础。

---

① 《法律学系法律专业1980年教学时间计划表》，载《北京大学法律学系法律专业教学方案（1980级）》。
② 北京大学档案馆藏：《北京大学法律学系国际法专业学时制一九八〇年教学方案》。
③ 《法律学系一九八〇年工作计划》，1980年3月，第4页。
④ 《法律学系一九八〇年工作计划》，1980年3月，第6—7页。

研究生教学方面，除总结以往教学经验，修订研究生教学计划外，1978级研究生于1980年进入了确定选题和审查选题阶段，这是"文革"后我国招收的首批研究生，研究生的教育和毕业等仍在摸索中，因此，系里拟定各门学科论文答辩程序，并组织答辩委员会。

在科研方面，系里要求各教研室于4月修订出一个科研计划，内容需要包括教材、专著、论文、资料以及进行社会调查、参加立法活动、组织学术讨论等。但鉴于当时的科研尚处于起步阶段，"重点抓教材，计划所定任务要落实到人"。系里的要求是，"要编印出一批具有一定质量的教材"，当年需要完成的有：《法学基础理论》《中国法制史》《外国法制史》《宪法》《刑法》《刑事诉讼法》《国际法》等[①]。这批教材不久之后得以面世，它们不但对北大法律系，也在全国范围内缓解了法学教育缺少教材的局面。到了1980年8月，司法部召开了全国司法行政工作座谈会，研究法学教材建设问题。会后正式成立了司法部、教育部领导的法学教材编辑部，着手组织法学教材的编写审定工作，法学教材编辑部组织了25个单位的300多位教授专家，北大法律系也参加了这次教材编写工作。这次编写的"高等学校法学试用教材"和在职干部及中专用的"简明法学教材"共花了两年的时间，基本满足了高等法学教育和干部培训的急需。

为了加大科研力度，法律系还于1980年增设国外法学研究室，其任务是研究国外法学、法律制度，翻译有关资料，编辑出版《国外法学》(《中外法学》的前身)双月刊。这个机构任务紧急，又缺乏人手，系里决定由康树华、焦庞颙、李秀兰、张美英、王克勤等人先期筹备，由康树华担任召集人，系里由肖永清副主任联系代管。根据教学、科研的需要，已开始筹建审判法教研室、刑事侦查教研室、国际法研究室等机构，待条件成熟后，把任务、人员、编制、研究方向等具体问题定下来，报学校审批。同时，为了推动科研工作，鼓励多出成果，系里计划将师生中比较优秀的科研成果汇集成册，从1980年起编辑《法学文集》。这一计划直到1983年才落实，截至1988年，北大法律系已出版四本《法学文集》。

---

① 《法律学系一九八〇年工作计划》，1980年3月，第9页。

20世纪80年代,北大国际经济法研究所研制出中国第一个法律电脑

从1977年到1981年,北大法律系已经出版教材、专著、翻译、资料等16部,分别是:《法学基础理论》(陈守一、张宏生主编)、《法学基础理论参考资料》(五册,王勇飞编)、《刑法总论》(杨春洗、甘雨沛等著)、《中国法制史》(肖永清主编)、《刑事诉讼法概论》(王国枢等著)、《宪法资料选编》(五册,肖蔚云等编)、《西方国家的司法制度》(龚祥瑞、罗豪才、吴撷英著)、《美国合同法》(汪士贤等译)、《美国标准公司法》(沈四宝译)、《学习宪法讲话》(肖蔚云等著)、《英汉法律词汇》(何士英、罗豪才、沈四宝编)、《西方政治思想简史》(由嵘编著)、《联合国宪章的修改问题》(赵理海著)、《法国民法典》(马育民译)、《外国保护儿童选编》(康树华

20世纪80年代法学家陈守一在指导研究生

等编)、《经济法简论》(刘隆亨著)。这些成果在中国法学研究尚处于荒芜的时期，是非常引人瞩目的。

1981年11月3日，北京大学共25个学科、专业获得博士学位授予资格，法律系三个专业名列其中，分别是：法学理论(指导教师陈守一教授)、国际经济法(指导教师芮沐教授)、国际法(指导教师王铁崖教授)。同日，首批国务院批准硕士点中，北京大学法律系获得8个，分别是：法学理论、法律思想史、法制史、宪法、刑法、经济法、国际经济法和国际法。同时，北京大学公布学校学位评定委员会名单，法律系王铁崖教授名列委员。北京大学学位评定委员会法律学分会委员会也告成立，名单如下。

主席：芮沐

委员：陈守一 沈宗灵 肖永清 李志敏 杨春洗 赵理海 张国华 张宏生 龚祥瑞

1981年10月，北京大学"文革"后首批硕士研究生共355名毕业，法律系硕士毕业生共16名，他们是：

王久华、巩献田、张春发、彭文耀、魏军、张文、郭自力、刘振民、周忠海、程正康、程信和、李贵连、俞建平、段秋关、张铭新、曹三明。

接着，1982年1月，北大法律系在"文革"后招收的第一批法学本科生即1977级(1978年2月入校)81名学生顺利毕业。该届毕业生中产生了27名校优秀毕业生，法律系的林以萃、姜明安等同学名列其中。

从1982年开始，北京大学1981级的教学计划改为学分制。法律专业、国际法专业都按照学分制重新于1981年5月制订了新的教学计划。此时，法律系已经拥有了四届本科和三届研究生的培养经验，教学计划的制订已趋于稳定。总结教学计划的工作已呈水到渠成之势。正在此时，学校提出"四月份把各专业本科生教学计划进行修订，铅印成册。希望稳定一段时期，要求不得随意修改"。法律系遂决定在三月份召开系务委员会讨论修订各专业和研究生的教学计划，确定后上报学校。同时根据学校要求，由各教研室制订各门课程的教学大纲，组织有关教师共同审定，保证在开课前印发给学生，解决各门必修课教学内容之间衔接与不必要的重复问题。[①] 随后，一个更加成熟的教学计划于1982年4月修订完毕。现将三个专业的教学计划摘录如下：

一、法律学专业教学计划

学制为四年。要求修满的总学分数为170学分（必修课为133学分；限制性选修课为30学分；非限制性选修课为7学分）。

课程：

（一）学校要求的必修课程共5门，共38学分：

中共党史（6学分）、政治经济学（6学分）、哲学（6学分）、外语（16学分）、体育（4学分）。

（二）专业要求的必修课程共21门，共95学分：

马列主义国家学说（3学分）、法学基础理论（6学分）、中国法制史（6学分）、外国法制史（4学分）、中国法律思想史（5学分）、西方政治法律思想史（4学分）、中国宪法（4学分）、刑事侦察学（5学分）、民法学（6学分）、婚姻法（2学分）、民事诉讼法（4学分）、环境保护法（3学分）、经济法概论（4学分）、国际私法（4学分）、西方国家宪法（4学分）、行政法（3学分）、刑法学（6学分）、刑事诉讼法（4学分）、国际法（4学分）、业务实习（8学分）、毕业论文（6学分）。

（三）限制性选修课共21门，应在下列课程中选学30学分：

语法修辞（4学分）、逻辑学（4学分）、法学基础理论专题（2学分）、现代西方法律哲学（2学分）、伦理学（3学分）、社会学（3学分）、罗马法（2学分）、苏联东欧国家宪法（2学分）、犯罪心理学（4学分）、比较刑法（2学分）、外国刑事诉讼法（2学分）、劳动改造法（2学分）、法医学（2学分）、公安业务基础（2学分）、司法制度（2学分）、外国民商法（3学分）、劳动法（3学分）、合同法概论（2学分）、外国婚姻法（2学分）、外国民事诉讼法（3学分）、自然科学基础课（2

---

① 《1982年法律学系行政工作要点》，1982年，第1页、第4页。

学分）。

（四）非限制性选修课共10门，应选7学分：

中国新民主主义时期法律概括（2学分）、中国古代刑法史略（2学分）、沈家本法律思想研究（2学分）、孙中山的法律思想研究（2学分）、青少年保护法（2学分）、证据学（2学分）、司法精神病学（2学分）、外国青少年司法制度（2学分）、中国民法史（3学分）、外国环保法（2学分）。①

二、国际法专业教学计划

学制为四年。要求修满的总学分数为170学分（必修课为125学分；限制性选修课为40学分；非限制性选修课为5学分）。

课程：

（一）学校要求的必修课程共5门，共46学分：

中共党史（6学分）、政治经济学（6学分）、哲学（6学分）、外语（24学分）、体育（4学分）。

（二）专业要求的必修课程17门，共79学分：

法学基础理论（6学分）、宪法学（3学分）、刑法学（4学分）、民法学（4学分）、西方国家宪法（3学分）、民事诉讼法（4学分）、刑事诉讼法（4学分）、国际关系史（8学分）、中国对外关系史（8学分）、国际法（6学分）、国际组织（3学分）、战争法（2学分）、国际私法（4学分）、国际经济法（3学分）、世界政治经济地理（3学分）、业务实习（6学分）、毕业论文（8学分）。

（三）限制性选修课17门，应在下列课程中选学40学分：

国际法专题（4学分）、国际私法专题（4学分）、国际航空法（2学分）、海洋法（4学分）、外层空间法（2学分）、外交关系法（3学分）、

---

① 汤能松等编著：《探索的轨迹——中国法学教育发展史略》，法律出版社1995年版，第400—402页。

国际法院（3学分）、条约法（4学分）、外国民商法（4学分）、国际贸易法（4学分）、国际环保法（2学分）、战后国际关系（2学分）、国际法专题讲座（2学分）、第二外国语（16—20学分）、中国法制史（6学分）、中国法律思想史（5学分）、领事关系（3学分）。

（四）非限制性选修课4门，应选5学分：

现代西方法律哲学（2学分）、西方政治法律思想史（4学分）、罗马法（2学分）、世界经济（4学分）。

三、经济法专业教学计划

学制为四年。要求修满的总学分数：167学分（必修课：130学分；限制性选修课：25学分；非限制性选修课：12学分）。

课程：

（一）学校要求的必修课程共5门，共40学分：

中共党史（6学分）、政治经济学（8学分）、哲学（6学分）、外语（16学分）、体育（4学分）。

（二）专业要求的必修课程共24门，共89学分：

法学基础理论（6学分）、宪法学（3学分）、刑法学（4学分）、民法学（4学分）、中国近代经济立法史（3学分）、经济法总论（2学分）、计划法（2学分）、财政金融法（4学分）、人民公社法（3学分）、工业企业法（3学分）、商业法（3学分）、经济合同法（3学分）、劳动法（3学分）、自然资源与能源法（3学分）、环境保护法（3学分）、经济仲裁与诉讼（2学分）、国际法（4学分）、国际经济法总论（2学分）、国际贸易法（4学分）、国际投资法（3学分）、国际私法（4学分）、外国民商法（3学分）、业务实习（8学分）、毕业论文（10学分）。

（三）限制性选修课15门，应在下列课程中选学25学分：

逻辑学（4学分）、会计学（4学分）、统计学（4学分）、世界经济概论（4学分）、国际金融与贸易（4学分）、司法制度（3学分）、刑事诉讼法（4学分）、民事诉讼法（4学分）、国际组织（2学分）、交通运输法(3学分)、专利商标法(3学分)、国际金融法(2学分)、国际海上空运法(4学分)、经济法专题(3学分)、自然科学基础课(2学分)。

(四)非限制性选修课,应选12学分(学生可在本专业教师的指导下,选修本系或外系开设的有关课程)。

这样,到1982年,北大法律系完成了"文革"后第一批本科生、硕士生的教育工作,教学计划已相对稳定,为此后的本科生和研究生教育积累了丰富的经验。同时,硕士点和博士点获得批准,也为科研和师资力量的储备、学科建设等打下了坚实的基础。在科研方面,法律系开始为三级以上老教授配备助手,并着手组织以老教授为学术领导人的科学体系,吸取其特长以充实、提高教学质量、科研水平。而法律系教师以中年教师为主,中年教师已经成为教学、科研的骨干力量,法律系正努力为中年教师创造良好的教学和科研环境,希望他们能承担起振兴法律系的重任。对青年教师,则首先安排教学工作,使他们在教学实践中取得经验。总之,要"保证教师六分之五的时间从事教学科研工作"[①]。此时的北大法律系,老、中、青学者的搭配较为合理,可以充分发挥传帮带的作用,科研成果开始涌现,在科研和教学上已走在了全国法学界前列。北大法律系甩掉了笼罩她多年的阴影,艰难地走出困境,她现在是轻装前进,朝气蓬勃,一派欣欣向荣的景象,她似乎知道,对她来说,又一个黄金时期已经到来。

---

① 《一九八二年法律学系行政工作要点》,1982年,第3—4页。

第二节

继往开来

  1982年修订的法律系教学计划，在以后很多年内成为法律系教学安排的参考标准，法律系的教学计划由此大体上稳定下来。当然，小的调整还是有的。以1984年的专业必修课为例，法律专业由1982年要求的95学分降低到75学分，取消了马列主义国家学说、西方政治法律思想史、西方国家宪法、环境保护法，增加了汉语写作、国际经济法。学分上也有小的调整，如将法学基础理论下调为5学分，中国法制史下调为4学分、刑事侦查学下调为2学分等。经济法专业由1982年要求的90学分下调到74学分，取消了中国近代经济立法史、计划法、人民公社法、商业法、国际经济法总论、外国民商法、自然资源与能源法、经济仲裁与诉讼等，增加了中国法制史、民事诉讼法、刑事诉讼法，1982年的财政金融法分为财政法和金融法两门。国际法专业由1982年79学分下调为75学分，取消了西方国家宪法、战争法、国际经济法、世界政治经济地理等，增加了西方法律思想史、国际法基本理论、海洋法、空间法、国际法其他专题、国际贸易法、经济合同法等。

  同时，全系的选修课打通。这些选修课为：高等数学（8学分）或计算机基础（2学分）限选一门、逻辑学（3学分）、外国宪法（2学分）、日本法介绍（2学分）、美国法介绍（2学分）、香港法介绍（2学分）、苏联东欧国家宪法（2学分）、立法学（2学分）、外国刑法（2学分）、外国民商法（2学分）、外国刑事诉讼法（2学分）、外国民事诉讼法（2学分）、刑事技术（3学分）、法医学（3学分）、司法精神病学（2学分）、劳动改造学（2学分）、犯罪心理学（3学分）、犯罪学（2学分）、青少年法（2学分）、法院检察院组织法（2学分）、现代西方法律哲学（3学分）、政治学（2学分）、社会学

（2学分）、马列经典著作选读（3学分）、罗马法（2学分）、劳动法（3学分）、农业法（2学分）、商业法（2学分）、自然资源与能源法（3学分）、专利与商标法（2学分）、国际经济组织（2学分）、国际海商空运法（3学分）、会计与审计（3学分）、世界经济概论（2学分）、律师与公证（2学分）[①]等。

1985年5月17日，中共中央召开全国教育工作会议，5月27日颁布《关于教育体制改革的决定》。该决定强调，政法是薄弱的系科之一，要加快发展。6月，邓小平提出："一个法律院校，一个管理干部学院，要发展，要扩大，要搞快一些。"7月，中央书记处指出："广开渠道，多形式、多层次大力培养合格的法律人才。"此后，高等法学教育更是驶进了快车道。根据这一形势，1986年6月，法律系再次修订各专业教学计划，这次修订跟1984年的教学计划相比，变动并不大，或者可以说是将1984年的改动固定下来。不过，这次修订时，将课程设置做了更细致的内容提要，并附加了使用教材和主讲教师的情况。从此，学生可以在学习课程或选修课程之前对课程情况一目了然。同时，这份资料也为我们了解当时法律系的师资配备提供了重要线索。现将该份材料整理列表如下，详见表19：

表19　北京大学法律系1986年专业课开课情况简表

序号	课程名称	主讲教师	教材	授课对象	性质
1	国际法	李鸣、朱晓红、魏敏	全国统编《国际法》	法律专业本科	必
2	国际法	罗祥文、刘高龙、白桂梅	全国统编《国际法》	国际法、经济法专业本科	必
3	中国对外关系史	刘培华、程道德、饶戈平	《中国对外关系史》讲义	国际法专业本科	必
4	国际关系史	袁明	《国际关系史》统编教材	国际法专业本科	必

---

① 北京大学档案馆藏：《北京大学法律学系本科教学计划（1984年）》。

（续表）

序号	课程名称	主讲教师	教材	授课对象	性质
5	战争法	魏敏	《国际法》教科书"战争法"部分	国际法专业本科	必
6	国际组织	兰明良、梅小侃	梁西著《现代国际组织》	国际法专业本科	必
7	国际法其他专题			国际法专业本科	选
8	国际法基本理论	白桂梅、魏敏	王铁崖主编《国际法》、费德罗斯著《奥本海国际法》《国际法》	国际法专业本科	必
9	中国近现代经济立法史	曹三明	《中国经济法史概要》讲义	经济法专业本科	必
10	中国经济法史			经济法专业本科	必
11	经济法总论	盛杰民	《经济法基础理论》法律出版社	经济法专业本科	必
12	国际经济法	陈大刚		法律专业本科	必
13	经济合同法	宁城		经济法、国际法专业本科	必
14	金融法	刘隆亨、李建生		经济法专业本科	必
15	企业法	丛培国	《工业企业法教程》法律出版社	经济法专业本科	必
16	农业法	朱锦清		经济法专业本科	必
17	国际投资法	张力行		经济法专业本科	必
18	国际法贸易法	段瑞林	《国际贸易法》北京大学出版社	经济法、国际法专业本科	必
19	商业法	刘芮芸		经济法专业本科	必
20	劳动法	贾俊玲	《劳动法学》群众出版社、《劳动法教程》自编讲义	经济法、法律专业本科	必

(续表)

序号	课程名称	主讲教师	教材	授课对象	性质
21	经济法概论	王守渝、魏英	《经济法学》群众出版社	法律专业本科	必
22	财政法	刘隆亨、李方		经济法专业本科	必
23	知识产权法	段瑞林		经济法专业本科	必
24	国际经济法概论	芮沐		经济法、国际法研究生	必
25	自然资源与能源法	魏英、李鹰守	《自然资源法》法律出版社	经济法专业本科	必
26	国际私法	孙蓉珠	《国际私法教程》	全系本科	必
27	国际海商空运法	张力行		经济法专业本科	必
28	国际经济组织	陈大刚		经济法专业本科	必
29	法学基础理论	刘升平、朱华泽、赵震江	《法学基础理论》(新编本)	全系本科	必
30	现代西方法律哲学	汪静珊、齐海滨	《现代西方法律哲学》	全系本科	选
31	比较行政法	罗豪才、姜明安	《行政法学》	全系本科	选
32	中华人民共和国宪法	魏定仁、甘藏春、陈宝音	《宪法学概论》	全系本科,经济法专修班	必
33	行政法	罗豪才、姜明安	《行政法概论》	法律专业本科	必
34	西方国家宪法	罗豪才、吴撷英	《西方国家宪法与政治制度》北大出版社	全系本科	选
35	日本法介绍	吴撷英	自编讲义	全系本科	必
36	美国法律制度	韩玉琳、罗豪才		全系本科	必
37	香港法介绍			全系本科	必
38	苏联东欧国家宪法	陈宝音	《苏联与东欧各国宪法学原理》	全系本科	必

(续表)

序号	课程名称	主讲教师	教材	授课对象	性质
39	中国法制史	蒲坚、张国福、曹三明、赵昆坡	《中国法律史简编》	法律专业	必
				国际法专业	选
40	中国法律思想史	张国华、饶鑫贤、郑兆兰、李贵连、武树臣	张国华、饶鑫贤主编《中国法律思想史纲》（上下册）	法律专业	必
				国际法专业	选
41	西方政治法律思想史	王哲、杨锡娟、沈叔平	《西方政治思想通史》	法律专业	必
				国际法专业	选
42	外国法制史	孙孝堃、陈阳、由嵘	法学教材编辑部编《外国法制史》，北京大学出版社出版	法律专业本科	必
43	罗马法	孙孝堃	法学教材编辑部编《罗马法》	全系本科	必
44	中国民法学（上、下）	魏振瀛、朱启超	《民法教程》	法律专业本科	必
45	中国民法学	董强	《民法教程》	国际法专业本科	必
46	民法学总论	魏振瀛、朱启超	《民法教程》	经济法专业本科	必
47	中华人民共和国婚姻法	李志敏、马忆南	《婚姻法教程》	法律专业本科	必
48	外国民商法	李志敏、王小能		经济法专业本科	必
				国际法、法律专业本科	选
49	环境法	程正康		经济法专业本科	必
				法律专业本科	选
50	中国刑法（上、下）	杨敦先、张文	《刑法总论》《刑法学概论》	法律专业本科	必
51	中国刑法	刘守芬	《刑法学概论》	经济法专业本科	

(续表)

序号	课程名称	主讲教师	教材	授课对象	性质
52	中国刑法	刘勇、王世洲	《刑法学概论》	国际法专业本科	必
53	外国刑法		甘雨沛等著《外国刑法学》	法律专业本科	必
54	刑事侦查学	赵国玲、张若羽、张玉镶		法律专业本科	必
55	法医学	李宝珍		法律专业本科	选
56	刑事技术	赵国玲、张若羽		法律专业本科	选
57	犯罪心理学			法律专业本科	选
58	公安业务基础			法律专业本科	选
59	青少年法学	康树华	自编	法律专业本科	必
60	犯罪学	康树华、刘勇、王亚山	《资产阶级犯罪学简介》	法律专业本科	必
61	民事诉讼法	刘家兴	《民事诉讼教程》	法律专业本科	必
62	民事诉讼法	邹士杰	《民事诉讼教程》	国际法专业本科	必
63	刑事诉讼法	王存勇、徐友军、袁红兵	《刑事诉讼法》	全系本科	必
64	外国刑事诉讼法	王以真、徐友军		全系本科	必
65	民事诉讼法	刘家兴、邹士杰、潘剑锋	《民事诉讼教程》	全系本科	必
66	法院检察院组织法			全系本科	必
67	证据学	袁红兵、王国权		全系本科	必
68	法学概论	张云秀、孙绍友、齐海滨	北大法学理论教研室编《法学概论》	文科(法律系除外)、理科本科	选

1989年、1990年，北大法律系的教学计划再作修订，培养目标更加实事求是和注重专业训练。以1990年的法律专业教学计划为例，其专业培养要求为："培养学生具有较坚实的马克思主义法学基础理论；系统地掌握宪法、民法、刑法、行政法、经济法、诉讼法、国际法以及这些法律部门相关的法学知识和法律规定；了解国内外法学理论发展及国内立法信息；能用一门外国语阅读专业书刊。通过培养，使学生能正确理解党和国家在政法工作方面的路线、方针和政策；能较熟练地运用有关法律知识和法律规定办理各类法律事务，分析各类法律纠纷；具有较强的问题分析能力、综合能力和较高的文字表达、口头表达能力；具有良好的从事政法实际工作、法学研究工作、法学教育工作以及与法律有关的各项工作的心理和素质，具有较广泛的适应能力。"①

同时，法律专业、经济法专业、国际法专业学生毕业均要求总学分必须修满180学分，其中，必修课117学分，包括公共必修课48学分，专业必修课69学分，占总学分65%；限制性选修课40学分，占总学分22%；并要求二、三年级学生必须完成学年论文1篇，论文为2学分；非限制性选修课13学分，占总分数7%；业务实习5学分，占3%；毕业论文5学分，占3%。生产劳动虽然规定每学期一周，但不计学分。

专业课方面，法律专业要求必修23门专业课，分别是：法学基础理论（5学分）、中国法制史（3学分）、中国法律思想史（3学分）、外国法制史（3学分）、宪法学（3学分）、民法学（5学分）、合同法学（3学分）、婚姻法（2学分）、家庭法学（2学分）、刑法学（4学分）、行政法学（3学分）、民事诉讼法学（4学分）、刑事诉讼法学（4学分）、行政诉讼法学（2学分）、经济法概论（4学分）、税法（3学分）、犯罪学（2学分）、司法鉴定学总论（3学分）、国际法（4学分）、国际私法（3学分）、国际经济法（4学分）、法律文书（1学分）、律师公证实务（1学分）。

经济法专业要求必修20门专业课，分别是：法学基础理论（5学分）、宪法学（3学分）、民法学（5学分）、刑法学（4学分）、民事诉讼法学（4学

---

① 《法律系法律学专业教学计划》，1990年12月修订。

分）、刑事诉讼法学（3学分）、企业法学（4学分）、劳动法学（3学分）、税法（4学分）、金融法（4学分）、经济合同法与经济合同实务（4学分）、市场与竞争法（3学分）、环境法（4学分）、知识产权法（3学分）、国际法（3学分）、国际私法（3学分）、国际投资法（3学分）、国际贸易法（4学分）、国际金融法（3学分）、经济律师实务（1学分）。

国际法专业要求必修22门专业课，分别是：法学基础理论（5学分）、西方法律思想史（3学分）、国际关系史（4学分）、中国对外关系史（4学分）、宪法学（3学分）、民法学（5学分）、合同法学（3学分）、刑法学（4学分）、民事诉讼法学（4学分）、刑事诉讼法学（3学分）、国际法（4学分）、国际法专题（2学分）、国际组织（2学分）、海洋法（2学分）、空间法（2学分）、国际金融法（3学分）、国际投资法（3学分）、国际贸易法（4学分）、国际私法（4学分）、环境法（3学分）、律师实务（1学分）、法律文书（1学分）。

1993年10月，法律系申请设立国际经济法专业。此时，国际经济法教研室成立已有十余年的历史，教研室教师7人：程正康、吴志攀、王慧、张潇剑、李方、刘东进、邹志渊。开设有9门专业必修课。国际经济法专业批准设立后，开设专业必修课18门：法学基础理论、宪法学、刑法学、民法学、刑事诉讼法学、民事诉讼法学、国际法、国际私法、国际投资法、国际贸易法、国际金融法、海商法、国际税收、国际经济组织、国际知识产权的保护与转让、国际经济法术语文书与律师实务、企业法、合同法等，共69学分。

这样，法律系就形成一个包括法律学专业、经济法学专业、国际法学专业、国际经济法学专业在内的，在国内属于尤为完整的法学专业体系。

同时，法律系的教学研究机构继续发展。到1998年2月已设9个教研室，即法学理论教研室、法律史教研室、宪法与行政法教研室、刑法与犯罪学教研室、民商法教研室、经济法教研室、国际经济法教研室、国际法教研室、诉讼法与司法鉴定学教研室。其中法学理论和国际法为国家教委批准的重点学科；另有资料室和办公室等教学管理和教学辅助机构。在发展专业体系的同时，法律系的课程设置体系也不断发展。经多次调整，1993年开始，本科生进校后任选专业，学满两个专业学分的可取得双专业毕业文凭。与此同时，再次修订教学计划，贯彻"加强基础，淡化专业"的精神，加大了基础课比重。

1999年法律系改系为院，北大法学院所开本科生专业课程已逾70门。其中全院各专业必修课17门，即法理学、中国法律思想史、中国法制史、西方法律思想史、外国法制史、宪法学、行政法学、民法概论、合同法、刑法学、国际法、国际私法、民事诉讼法、行政诉讼法、刑事诉讼法、法律文书、律师实务与律师道德。法律学专业必修课6门：知识产权法、婚姻家庭法与继承法、企业法/公司法、司法鉴定学、犯罪学、劳改法。经济法学专业必修课9门：经济法总论、企业法/公司法、反不正当竞争法、计划法与投资法、财政法与税法、金融法/银行法、会计法与审计法、劳动法与社会保障法、环境法。国际法学专业必修课8门：中国外交史、国际环境法、国际经济法、国际组织、海洋法、航空航天法、国际司法判例、专业外语。国际经济法专业必修课8门：国际贸易法、国际投资法、国际金融法、国际税法、海商法、国际技术转让法、国际经济组织、专业外语。全系各专业限制性选修课23门：现代西方法律哲学、立法学、当代西方法律思潮、中国司法制度、中国法律文化、香港特别行政区基本法、外国宪法、公务员法、罗马法、外国民商法、实用刑法学、青少年法学、外国刑法、刑事侦察学、刑事技术概论、法医学、保险法、中国经济立法史、司法精神病学、外国婚姻法、票据法、国际税法、国际法与国际组织专题。除专业课程外，还有若干门全校性公共课程。

研究生的研究方向和课程设置经过多年发展，到1998年，已有12个专业36个研究方向招收硕士研究生。这12个专业分别是：法学理论、法律思想史、法制史、宪法学、行政法学、刑法学、民法学、诉讼法学、经济法学、国际经济法、国际法、环境法。法学院已有8个授予博士学位的专业，它们是：法学理论、法律思想史、宪法学、刑法学、国际经济法、国际法、环境法、经济法。3个年级中在校的硕士生、博士生这几年都近600人或超过600人，是北京大学在校研究生人数最多的学院之一。2003年7月30日，国务院学位委员会公布了中华人民共和国第九批博士学位授权学科和专业名单，北京大学法学院和其他五个单位一起获得了新增一级学科法学博士学位授权点。一级学科

第九章
改革开放以来的北京大学法律学系/法学院（1977—2004）

博士学位授权点的获得，为北大法学院的发展提供了新的契机。

在科研方面，1999年，原有的教研室取消，全院的科研以学科群为基本单位，这一结构一直延续到今天。但学科群并不发挥科研组织和领导工作，实际上，法学院鼓励教师独立研究，成熟的或有特色的学科或专业则在教授的带领下，陆续成立研究所或研究中心，因此，研究所或研究中心已经逐渐成为法学院科研的主导力量。到2003年，北大法学院代管或隶属于法律系的26个研究机构：国际法研究所、经济法研究所、国际经济法研究所、环境与资源法研究所、比较法与法律社会学研究所、劳动法与社会保障法研究所、近代法研究所、刑事法理论研究所、犯罪问题研究中心、科技法研究中心、港澳台法律研究中心、立法研究中心、司法研究中心、法治研究中心、金融法研究中心、海商法研究中心、法律经济学研究中心、经济法与比较法研究中心、房地产法研究中心、世界贸易组织法律研究中心、中日法律文化研究与交流中心、公法研究中心、非营利组织法研究中心、财经法研究中心、人权研究中心、税法研究

20世纪八九十年代北大法律系出版的部分法学著作

中心。全院共编撰各类高等法学教材近百部，出版学术专著200余部，发表论文2100余篇，编纂各类工具书60余部。教材中有30余部系由北京大学法学院教员主持或参与国家教委、司法部组织编写的统编教材。获奖教材为：《法学基础理论（新编本）》《宪法学概论》《民法教程》《民事诉讼法教程》《国际法》《经济法原理》等。专著中有许多是属于国家级或省部级科研项目。许多教材由于编写与出版早、质量好，在法学教育界仍然发挥着良好的作用。此外，在北京大学出版社的大力支持下，法学院教师集体编写的包括9卷26个学科约1800万字的《北京大学法学百科全书》陆续出版。

另外，设有北京大学法制信息中心、同和律师事务所、燕园法律事务所、司法鉴定室、妇女法律研究与服务中心。这些研究机构和法律服务机构中，有的是国内仅有的，有的是国内最先设立的。法学院所辖的北京大学法律图书馆是保存、管理图书资料工作进行得较好的图书馆。法律系时期即通过研制《CHINALAW电脑辅助法律研究系统工程》，建立了中国首个法律数据库，填补了国内法学领域的一项空白。由香港知名人士邵逸夫先生捐款和国家教委拨款投资兴建的"法学楼"于1993年3月交付使用，为法律系的教学、科研工作提供了更为有利的物质条件。

1979年创刊的《国外法学》于1988年改刊名为《中外法学》，现已成为国内法学类核心刊物。院内创办的其他杂志还有：《国际法与比较法评论》《金融法苑》《刑事法评论》《北大法律评论》《海商法研究》《北大知识产权评论》《北大法律人》《行政法论丛》《网络法律评论》《金融法制》《经济法研究》《法律述评》《刑事法判例》《财税法论丛》等14种。

对外交流方面，法学院已成为北京大学对外学术交流活动最为活跃的学院之一。"文革"以前，法律系被列为绝密专业，对外交流活动很少。解密后，其对外交往迅速发展。1972年中日建交，法律系接待了大批来自日本的学者和团体。1979年中美建交，迎来了美国学者来访的高潮。之后，交流活动进一步发展。全系90%以上的教员曾赴国外或境外讲学、访问、进修，出席国际会议。与北京大学法学院建立不同形式交流关系的有：美国的哈佛大学、哥伦比亚大学、斯坦福大学、密西根大学、加州大学伯克利分校、西雅图华盛顿大学等,加拿大的哥伦比亚大学等,日本的东京大学、京都大学、早稻田大学、法政大学、明治大学、九州大学、名古屋大学、北海道大学、爱知大学、立命馆大学、一桥大学、新泻大学、东海大学等,英国的牛津大学、剑桥大学等;德国的哥廷根大学、马普研究所等,法国的巴黎大学等,澳大利亚的墨尔本大学、悉尼大学等,以及苏联莫斯科大学、列宁格勒大学等诸多著名大学。北京大学法学院还与香港树仁学院建立了联合办学的合作关系,与香港城市理工学院、香港大学以及台湾大学、东吴大学进行了学术或资料交流活动。北京大学法学院举办了系列国际学术研讨会,例如:1985年的中日环境法学术研讨会、1990年的立法与现代化国际研讨会、1991年的国际法教学讨论会、1992年的比较法国际学术研讨会、1994年与西雅图华盛顿大学联合举办的知识产权研讨会等。此外,1993年在台湾大学举办了海峡两岸著作权学术研讨会,1994年在北大举办了海峡两岸知识产权研讨会。近些年来,北京大学法学院教员应邀参加的国际学术研讨会多达数十次。

2004年,北京大学法学院迎来她的百年华诞,同时也是她自1954年重建以来的五十周年。回顾百年,北大法学院的历史,就是一部中国百年法学教育的浓缩史。北大法学院与中国法学教育事业一起度过了艰难岁月,与中国法学教育一起迎接改革开放的新时代。对于个人来说,百年是一个漫长的岁月,对于中国的法学教育来说,百年却是一个刚刚展开的旅程。在新时代,振兴中华法学教育,推动中国依宪治国与法治建设,始终是每一个北大法律人的共同心愿。

附录：京师大学堂以来历任法政科监督、法科学长、法律门主任、法律（学）系主任、法学院院长简介[①]

林棨：

字少旭，1885年生，福建闽侯人。日本早稻田大学政治经济科毕业。历任京师大学堂进士馆及仕学馆教习、教务提调、学部参事、京师法政专门学校教务长、宪政编查馆统计局科员、教育部专门教育司司长、大理院推事、京师、江苏及湖北等处高等审判厅厅长等职。1909年4月至1912年4月，任京师大学堂法政科监督。

王世澂：

字峨孙，1877年生，福建闽侯人。光绪癸卯科（1903）进士。英国伦敦林肯法律专门学校毕业。历任驻英使馆随员、学部二等咨议官、约法会议议员、参政院参政、宪法起草委员会委员等职。1912年5月至同年7月，任国立北京大学法政科学长。

张祥麟：

1891年生，江苏川沙人。美国哥伦比亚大学毕业。历任国民政府国务院秘书、内务部参事上任事、交通部秘书上任事、华盛顿会议中国代表团秘书、驻纽约总领事、记名公使等职。1912年7月至1913年2月，任国立北京大学法政科学长。

[①] 为配合北大法学院120周年院庆，附录内容增补至2024年。

余棨昌：

字戟门，1882年生，浙江绍兴人。日本东京帝国大学法学学士。曾任清朝度支部候补参事。民国成立后，历任法制局参事、大理院推事、司法讲习所所长、修订法律馆顾问、大理院院长、修订法律馆总裁及国立北平大学法学院教授等职。1913年2月至12月，任国立北京大学法科学长。后被聘为国立北京大学法律学系讲师，主讲民法继承、票据及海船法等课程，著有《民法要论总则》等书。

林行规：

字斐成，1885年生，浙江鄞县人。英国伦敦大学法学学士。历任大理院推事、司法部民治司司长、法院编查会编查员、司法部部长、调查治外法权委员会专门委员等职；1914年1月至1916年2月，任国立北京大学法科学长。

王建祖：

字长信，1878年生，广东番禺人。美国加利福尼亚大学经济学硕士。历任清朝度支部秘书、江苏财政监理官、国立北京法政专门学校及燕京大学经济学教授、上海租界临时法院推事及国民政府司法院秘书等职。译有《基特经济学》《经济学史》等书。1916年3月至1918年3月，任国立北京大学法科学长。后在国立北京大学经济系任讲师、教授。

黄右昌：

字黼馨，笔名凄江子，1885年10月生，湖南临沣人。1899年就读于湖南时务学堂。1902年入日本岩仓铁道学校，后转入法政大学。归国后，历任湖南省私立及公立法政学校民法教授。民国成立后，任湖南省立第二法政学校校长。1918年4月，当选国立北京大学法科学长，兼任法律门主任。五四运动后，撤科改系，出任第一任法律学系主任，至1922年4月。同时兼国立北京大学法律学系教授，主讲民法、罗马法等课程，与王世杰等主编《北大社会科学季刊》。又兼任国立清华大学政治学教授、国立北平大学法学院讲师等职。

1930年至1947年，出任国民政府立法院立法委员。1948年9月至11月，任国民政府司法院大法官。后回湖南大学法律学系任教授。著作丰富，有《罗马法与现代》《民法诠解》《民法诠解继承论》《民法释义亲属论》等。

何基鸿：

字海秋，1888年生，河北藁城人。日本东京帝国大学法学学士。历任大理院书记官、大理院推事、司法部参事、国民政府考试院编撰、国立清华大学政治学系讲师等职。1922年4月当选国立北京大学法律学系主任。1923年9月，请假一年，赴英、德等国留学。归国后，在京师大学校及北平大学时期，力主危局，贡献尤巨，再任国立北京大学法律学系主任、教务长兼第三院（社会科学学院）主任及政治系主任。兼法律学系教授，主讲民法总则、德国法、民法债编总论、法院组织法等课程。与沈钧儒合著有《宪法要览》等。

王世杰：

字雪艇，1892年生，湖北崇阳人。天津北洋大学毕业后，赴英留学。1917年，获英国伦敦大学政治经济学学士，1921年获法国巴黎大学法学博士。1923年9月至1924年3月，因原系主任何基鸿出国留学，暂代法律学系主任。1924年4月至1929年3月，任国立北京大学法律学系主任，兼本系教授，主讲比较宪法等课程。创办《北大社会科学季刊》，影响卓著。又创办《现代评论》，为北方军阀所忌，转而投奔南方国民政府。其离京后，法律学系主任一职由黄右昌短暂接任。历任国民政府法制局局长、海牙国际法庭公断员、国立社会科学研究所法制办主任、立法委员、国立武汉大学校长、国民政府教育部部长、国立中央大学法学院政治学顾问、国民党中央宣传部部长、国民政府外交部部长等职。著有《比较宪法》《中国奴婢制度》等，译著有《中国外交关系略史》等。

林修竹：

字茂泉，山东峄县人。日本东京高等工业学校毕业。历任山东河务局局长、教育次长、俄国庚款委员。1927年8月，京师大学校成立后，曾任京师大学校法科学长。

戴修瓒：

字君亮，1888年生，湖南常德人。日本中央大学毕业。历任国立北京法政大学教务长、京师地方检察厅检察长、河南司法厅厅长、国民政府最高法院首席检察官、上海法学院法律学系主任、中国公学法律学系主任。1931年9月到国立北京大学法律学系任教，1933年7月继何基鸿为法律学系主任，直至抗战爆发。长沙临时大学时期，被选为法律教授会主席。1938年年初，西南联合大学成立，仍被推选为法律学系教授会主席。但迄是年7月，戴先生仍未到校。联大常委会议决，改任燕树棠先生为法律学系教授会主席。戴先生长期执掌国立北京大学法律学系，擘画经营，多有兴革。抗战前曾在法律学系主讲债编总论、法院组织法、票据法、保险法等课程。长沙临时大学及西南联大时期，同时身兼数门课程，如公司法、票据法、海商法、保险法、债权分论、刑事诉讼法等，爱育英才，不遗余力。

陈序经：

字怀民，1903年生，海南文昌人。1925年毕业于复旦大学社会学系，1928年获美国伊利诺伊大学博士学位。抗战前任教于南开大学政治学系。1938年，西南联大成立后，被推为法商学院第一任院院长，1944年8月，奉派赴美，辞去院长一职。中华人民共和国成立后，任岭南大学副校长。1967年2月，就任南开大学副校长，于是年因心脏病突发去世。

周炳琳：

字枚荪，1893年生，浙江黄岩人。国立北京大学学士。1920年9月起，留学美、英、法、德等国。归国后，历任国立武昌商科大学、广州国立中山大学及北平国立清华大学经济系教授。自1932年6月任国立北京大学法学院首任院长，直至抗战时期。其间兼任法科研究所主任及经济系主任，主讲社会经济史、经济学等课程。西南联大时期，于1944年8月起，继陈序经任法商学院主任兼法科研究所主任，直到联大结束。三校回迁后，继续担任国立北京大学法学院院长，在燕树棠先生离去后，短暂兼代法律学系主任，1948年4月辞去法律学系主任。中华人民共和国成立后，被免去法学院院长职务，改由钱端升担任。1954年，在北京大学经济学系讲授政治经济学、外国经济史等课程。

燕树棠：

字召亭，1892年生，河北定县人。美国耶鲁大学法学博士。历任国立北京大学法律学系教授、国民政府法制局编译、国立武汉大学法学院教授等职。1938年7月起担任西南联大法律学系主任兼法科研究所法律学部主任，直到联大结束及回迁后一年。1947年，按例休假，后去国立武汉大学，任法律学系主任兼教授。在国立北京大学法律学系期间，讲授国际公法、国际私法、法理学、民法概要、宪法等课程。

冀贡泉：

字育堂，号醴亭，1892年生，山西汾阳人。日本明治大学法学学士。历任北洋政府教育部教育司第一科干事、山西省法政专门学校教育长、山西大学法科学长、山西省教育厅厅长。1938年冀贡泉先生全家移居美国，曾出任《美洲华侨日报》首任总编辑，并曾在华盛顿战时新闻署工作。1946年12月，被聘为北京大学法律学系教授。1948年4月起任国立北京大学法律学系主任，并主讲诉讼实务、民法物权、中国司法组织、破产法等科目。中华人民共和国成立后，曾担任中央人民政府法制委员会专门委员，并任山西省人民政协委员。

钱端升：

1900年生，江苏上海人。1919年毕业于清华学校，1923年获美国哈佛大学哲学博士。回国后，历任国立北京大学及国立北京师范大学讲师、国民党中央宣传部国际组编纂、国民政府大学院文化事业处处长、国立中央大学法学院政治系副教授、国立清华大学政治学教授。1949年5月5日，被任命为北京大学法学院院长。著有《法国的政治组织》《中国政府与政治》《民国政治史》等。

费青：

字仲南，1904年生，江苏吴江人。西南联大时期即受聘于北京大学法律学系，主讲债权总论、民法物权、民法继承、国际私法等课程。1950年被任命为北京大学法律系主任（黄觉非代），兼法律系教授。著有《国际私法上反致原则之肯定论》等，译著有《黑格尔法律哲学批判导言》。

陈守一：

1906年生，江苏邳县人。1929年毕业于北京朝阳大学法科政治学系。历任中共河南信阳地委政权部部长、统战部部长、豫鄂边区行署秘书长兼民政处处长、司法处处长等职，曾参与筹建中国政法大学，任一部主任。中华人民共和国成立后，曾任中央人民政府司法部第五司（教育司）司长，兼中央司法干部轮训班主任、中国新法学研究院教务长、中央政法干部学校副教务长等职。1954年，北京大学法律系重建后，长期担任法律系主任。曾担任全国人大法制委员会委员、中国法学会副会长、北京市法学会会长、北京市律师协会会长等职。著有《法学研究与法学教育论》《马克思主义关于国家学说》等专题和专著，并主编我国第一本高校法学教科书《法学基础理论》。

马振明：

1921年生，山东泰安人。1938年至1949年，曾在八路军山东部队任指导员。1949年至1951年在华东革命大学和华东局党校工作。1953年毕业于中央政法干校。1954年8月到北京大学法律系工作。1980年至1981年任北京大学法律系主任。1985年12月离休。曾与肖蔚云教授合著《中华人民共和国宪法讲义》。

张国华：

1922年生，湖南醴陵人。先后在中山大学建筑系，湖南大学机械系，西南联大哲学系、政治系及北京大学政治系学习，1949年毕业于北京大学政治学系。曾任北京大学法律系教授、博士生导师,国务院学位委员会法学评议组成员,中国法学会副会长。1981年至1986年任北京大学法律系主任。主要著作有《中国法律思想史新编》《中国法律思想史纲》(主编)、《中国法律思想通史》(主编)等。

赵震江:

1930年生,河北广宗人。1958年毕业于北京大学法律系,留校任教。曾任北京大学法律系教授、博士生导师。1987年至1991年担任北京大学法律系主任。1999年11月离休。曾主编《中国法制四十年：1949—1989》《法律社会学》《科技法学》等多部著作。

魏振瀛:

1933年生,河北威县人。1950年参加工作,1960年毕业于北京大学法律系,后留校任教。曾任北京大学法律系教授、博士生导师。1992年至1996年担任北京大学法律系主任。2000年11月离休。曾主编《民法》《民商法原理与实务》《疑难合同案例研究》《市场经济与法律》等多部著作,合著《民法原理》曾获国家优秀教材奖。

吴志攀:

1956年生,四川西昌人。1978年至1988年相继获北京大学法学学士、硕士、博士学位,毕业后留校任教。1991年至1992年美国哈佛大学法学院访问学者。首倡成立北京大学法学院金融法研究中心,1993年9月,该中心成立,担任首届主任。1997年美国艾森豪威尔基金会学者。1996年至1999年任北京大学法律系主任。1999年北京大学法学院成立,任北京大学法学院院长。兼任最高人民法院专家咨询员、北京市检察院监督咨询员、中国人民银行条法司《银行法》起草小组顾问、教育部法学教育指导委员会委员、北京市人民检察院专家咨询员、中国法学会经济法学研究会会长、中国法学教育研究会副会长等职。主要研究领域为金融法。著作有《金融法概论》《国际经济法》《国际金融法》《商业银行法论》《香港商业银行与法律》《金融全球化与中国金融法》《资本市场与法律》等。曾任北京大学党委常委、常务副校长。

朱苏力：

1955年生，江苏东台人。1982年毕业于北京大学法律系，获法学学士学位。1985年在北京大学攻读硕士学位期间赴美国留学，先后获得美国麦克乔治法学院商法税法硕士、美国亚里桑那大学法律交叉学科研究博士。1999年至2000年美国哈佛燕京学社访问学者，2000年4月耶鲁大学法学院访问学者。主要研究领域为：中国法律、西方法律史、美国商税法、法社会学、美国法律制度、法哲学、法律经济学分析、比较法、比较法律文化。2001年至2010年任北京大学法学院院长。主要著作有《大国宪制：历史中国的制度构成》《法治及其本土资源》《阅读秩序》《制度是如何形成的》《送法下乡》等，合著有《学问中国》《规制与发展》等，译著有《法理学问题》《司法过程的性质》等，另有学术论文、评论等百余篇。

张守文：

1966年生，籍贯黑龙江齐齐哈尔。1989年至1999年相继获北京大学法学学士、硕士、博士学位，1994年留校任教，历任讲师、副教授、教授、博士生导师，自1996年起先后任北京大学法律系副系主任、法学院副院长、党委书记兼副院长。2010年至2018年任北京大学法学院院长。兼任中国法学会经济法学研究会会长等。主要研究领域涉及经济法总论、财税法、竞争法、信息法、社会法等。著有《市场经济与新经济法》《信息法学》《税法原理》《税法的困境与挑战》《经济法理论的重构》《财税法疏议》《分配危机与经济法规制》《当代中国经济法理论的新视域》《发展法学：经济法维度的解析》等，独著教材《经济法总论》《经济法学》《财税法学》《经济法原理》等，被评为第三届"全国十大杰出中青年法学家"、"中国当代法学名家"，入选教育部首届"高校优秀青年教师奖"、教育部首届"新世纪人才"、国家"百千万人才工程"国家级人选、教育部"长江学者"特聘教授、国家"万人计划"哲学社科学领军人才、文化名家暨"四个一批"人才等，获教育部高校人文社科优秀成果奖一等奖、首届全国优秀教材奖二等奖、司法部首届法学研究成果和法学教材一等奖等。

潘剑锋：

1962年生，籍贯福建建瓯。先后获北京大学法律系学士、硕士学位。1983年北京大学法律系毕业后留校任教，历任助教、讲师、副教授、教授、博士生导师，享受国务院政府特殊津贴。2010年至2018年任北京大学法学院党委书记兼副院长，2018年至2023年任北京大学法学院院长。现（曾）兼任的社会职务主要有：中国教育部"法学教育指导委员会"副主任委员、最高人民检察院咨询委员会委员、中国法学会常务理事、中国法学会民事诉讼法学研究会常务副会长、中国法学会律师学研究会副会长、中国法学会法律文书研究会副会长、北京市法学会副会长、北京市委法律顾问，福建省委和省政府法律顾问。主要研究领域为民事诉讼法学、司法制度和仲裁法学。著有《民事诉讼原理》，参与编写《民事诉讼法学》《法院与检察院组织制度》等教材10余部，在《法学研究》《中国法学》《中外法学》等核心刊物及日本《法政理论》《法商研究》等海外法学刊物上发表学术论文50余篇，在《人民日报》《工人日报》《法治日报》《人民法院报》等报纸上发表文章若干篇，另与他人合著著作和编写教材若干部。所主持的民事诉讼法学课程在2005年被评为北京大学精品课程，并于2023年被评为国家一流本科课程和法律专业学位研究生在线示范课程。2014年、2023年先后两次作为首席专家主持国家社会科学基金重大项目，曾获司法部"育才奖"、北京大学优秀教学奖、北京大学教学成就奖等多项教学奖励，2022年获"北京市优秀教师"称号，获中国法学会诉讼法学中青年优秀科研成果奖、"七省市自治区法学会学术论文一等奖"等多项科研奖励。

郭雳：

1975年生，籍贯山西襄垣。1997年获北京大学法学学士学位，2003年获北京大学法学博士学位，另于美国南美以美大学、哈佛大学分获法学硕士学位。2003年至2005年北京大学光华管理学院应用经济学博士后。2005年出站后留校任教，历任北京大学法学院讲师、副教授、教授、博士生导师。2014年至2023年任北京大学法学院副院长。2018年至今，任北京大学法学院党委书记。2023年至今任北京大学法学院院长。北京大学博雅特聘教授，教育部"青年长江学者"，北京市优秀教师，德国洪堡学者，曾客座任教于康奈尔大学、杜克大学、悉尼大学等。主要从事经济法、国际经济法、比较法，特别是金融法及相关交叉学科的教学研究，在国内外出版独著专著6部，包括《中国智能投顾的行业发展与监管重塑》《主权财富基金的监管因应与治理改革》《证券律师的行业发展与制度规范》《中国银行业创新与发展的法律思考》《美国证券私募发行法律问题研究》，合著译著若干，在SSCI、CSSCI核心期刊发表中英文论文80余篇。担任国家级涉外法治研究基地负责人，中国银行法学研究会副会长，北京市法学会副会长等。获中国法学优秀成果奖、中国法学教育研究成果奖、教育部高校人文社科优秀成果奖、司法部全国法学科研成果奖、北京市哲学社科优秀成果奖、北京市教学成果奖、安子介国际贸易研究奖、董必武青年法学成果奖等奖励。